ROSA LUXEMBURGO

E A REINVENÇÃO DA POLÍTICA

HERNÁN OUVIÑA

ROSA LUXEMBURGO
E A REINVENÇÃO DA POLÍTICA

UMA LEITURA LATINO-AMERICANA

TRADUÇÃO
IGOR OJEDA

REVISÃO TÉCNICA
ISABEL LOUREIRO

[cc] Fundação Rosa Luxemburgo, 2021

Traduzido do original em espanhol *Rosa Luxemburgo y la reinvención de la política: una lectura desde América Latina* (publicado conjuntamente por El Colectivo, Argentina; Quimantú, Chile; Bajo Tierra, México; e La Fogata, Colômbia, 2. ed., 2020).

Fundação Rosa Luxemburgo

Diretor Torge Löding

Coordenadores
Christiane Gomes; Daniel Santini; Elis Soldatelli; Jorge Pereira Filho; Katarine Costa (Comunicação); Verena Glass

Administrativo
Aidee Sequeira; Andressa Rosa; Artur Minotelli; Davide Simadon; Debora Ruiz; Everalda Novaes; Marilisa Egushi

Boitempo

Direção-geral Ivana Jinkings

Edição Carolina Mercês

Assistência editorial Pedro Davoglio

Coordenação de produção Livia Campos

Equipe de apoio
Alexander Lima, Artur Renzo, Débora Rodrigues, Elaine Ramos, Frederico Indiani, Heleni Andrade, Higor Alves, Ivam Oliveira, Jessica Soares, Kim Doria, Luciana Capelli, Marina Valeriano, Marissol Robles, Marlene Baptista, Maurício Barbosa, Raí Alves, Thais Rimkus, Tulio Candiotto

Rua Ferreira de Araújo, 36
05428-000 São Paulo SP – Brasil
Tel. (11) 3796-9901
info.saoPaulo@rosalux.org
www.rosalux.org.br/
@RosaluxSaoPauloBuenosAires

Jinkings Editores Associados Ltda.
Rua Pereira Leite, 373
05442-000 São Paulo SP – Brasil
Tel.: (11) 3875-7250 / 3875-7285
editor@boitempoeditorial.com.br boitempoeditorial.com.b
blogdaboitempo.com.br | facebook.com/boitempo
twitter.com/editoraboitempo | youtube.com/tvboitempo

Preparação Mariana Echalar
Revisão Silvia Balderama Nara
Diagramação Antonio Kehl
Capa e ilustração (p. 2) Maikon Nery
Ilustrações (p. 16 e 162) Oscar González (Guache)

CIP-BRASIL. CATALOGAÇÃO NA PUBLICAÇÃO
SINDICATO NACIONAL DOS EDITORES DE LIVROS, RJ

O97r
    Ouviña, Hernán
      Rosa Luxemburgo e a reinvenção da política : uma leitura latino-americana / Hernán Ouviña ; tradução Igor Ojeda ; revisão técnica Isabel Loureiro. - 1. ed. - São Paulo : Boitempo : Fundação Rosa Luxemburgo, 2021.

      Tradução de: Rosa Luxemburgo y la reinvención de la política : una lectura desde América Latina
      Inclui bibliografia
      ISBN 978-65-5717-044-1 (Boitempo)
      ISBN 978-65-990744-9-3 (Fundação Rosa Luxemburgo)

      1. Luxemburg, Rosa, 1871-1919. 2. Socialistas - Polônia - Biografia. I. Ojeda, Igor. II. Loureiro, Isabel. II. Fundação Rosa Luxemburgo. IV. Título.

21-69335
    CDD: 923.2
    CDU: 929:32

Meri Gleice Rodrigues de Souza - Bibliotecária - CRB-7/6439

Esta publicação foi realizada pela Fundação Rosa Luxemburgo com fundos do Ministério Federal para a Cooperação Econômica e de Desenvolvimento da Alemanha (BMZ).

Somente alguns direitos reservados. Esta obra possui a licença Creative Commons de 'Atribuição + Uso não comercial + Não a obras derivadas' (BY-NC-ND)

1ª edição: março de 2021

Ao meu velho, trabalhador autodidata, que estimulou em mim a paixão pela leitura desde criança e me relatou pela primeira vez as peripécias de Rosa.

Sumário

Apresentação da edição brasileira – *Isabel Loureiro* 9

Prefácio – *Silvia Federici* 13

À guisa de introdução (ou por que nem tudo é cor-de-Rosa) 17

Nosso encontro secreto 23

1. Uma vida marcada por múltiplas opressões e infinitas ânsias de liberdade 29

2. Conhecer o capitalismo para poder combatê-lo 41

3. Protagonismo popular e organização revolucionária 69

4. Formação política e disputa cultural para a emancipação 87

5. Estado, luta de classes e política prefigurativa: da dialética reforma-revolução ao exercício de uma democracia socialista..... 103

6. Mulheres, povos indígenas e natureza na reprodução da vida..... 127

7. Revitalizar o internacionalismo com base na diversidade........... 151

Epílogo – Apostar na revolução: socialismo ou barbárie! 163

Referências bibliográficas 169

Breve cronologia – Rosa Luxemburgo.................................... 179

Sobre o autor 183

APRESENTAÇÃO DA EDIÇÃO BRASILEIRA
Isabel Loureiro[1]

Hernán Ouviña, professor de ciência política na Universidade de Buenos Aires e militante socialista que conhece como ninguém os movimentos sociais da América Latina, mostra seu talento de educador popular nesta ótima introdução à vida e obra de Rosa Luxemburgo, de grande interesse para a militância de esquerda. Ao levar a sério Walter Benjamin e seu "encontro secreto [...] marcado entre as gerações passadas e a nossa", Hernán volta ao pensamento da revolucionária judia polonesa a partir das questões que mobilizam a militância de esquerda posterior à "onda rosa" na América Latina: rejeição do patriarcalismo e do colonialismo, preservação dos modos de vida das populações originárias, Estado plurinacional, questão socioambiental. Mas ele não ignora o núcleo do pensamento político de Luxemburgo, que gira em torno de problemas como a dialética entre reforma e revolução, entre partido e classe, base e liderança, autonomia das massas, defesa do vínculo indissociável entre democracia e socialismo. Hernán dá outra vida aos conhecidos textos de Rosa, tornando a leitura prazerosa e fonte de novas descobertas. Segue o conselho da própria autora que, cansada da monotonia rotineira da imprensa social-democrata, recomendava que o escritor devia a cada vez se entusiasmar e refletir sobre o tema na sua "plenitude, e assim se encontrariam palavras novas para as coisas velhas e conhecidas, palavras vindas do coração e dirigidas ao coração"[2].

E assim o faz Hernán, tecendo um diálogo instigante de Rosa Luxemburgo com as práticas políticas da América Latina, desvelando traços da influência do pensamento da revolucionária polonesa na região. No Brasil, em particular,

---

[1] Professora aposentada do Departamento de Filosofia da Unesp, campus de Marília, e atual colaboradora da Fundação Rosa Luxemburgo em São Paulo.

[2] Rosa Luxemburgo, *Textos escolhidos III (Cartas)* (org. Isabel Loureiro, trad. Mario Luiz Frungillo, 3. ed., São Paulo, Editora Unesp/Fundação Rosa Luxemburgo, 2017), p. 35.

sabemos que as ideias de Luxemburgo começaram a ser divulgadas por Mário Pedrosa – fundador da oposição trotskista e nosso maior crítico de artes plásticas – nas páginas do semanário *Vanguarda Socialista*, editado por ele no Rio de Janeiro de fins de 1945 a meados de 1948. Aí foram publicados alguns dos artigos políticos mais importantes de Rosa Luxemburgo, com cuja obra Mário tivera um primeiro contato em Berlim e Paris no fim da década de 1920. No cenário imediatamente posterior à Segunda Guerra Mundial, quando o pensamento de esquerda era dominado pelo stalinismo, a divulgação do ideário socialista democrático, popular e antiburocrático de Luxemburgo tinha o fito de criar uma nova esquerda, humanista e independente, tanto da social-democracia quanto do stalinismo. Nesse intuito ele polemiza incisivamente com a concepção leninista de partido-vanguarda centralizado, formado por um pequeno núcleo de revolucionários profissionais, hierarquicamente separados das grandes massas populares. Contra o que considera o principal responsável pelo definhamento burocrático da Revolução Russa, o partido-vanguarda, ele toma posição pelo partido-classe de Luxemburgo, formado a partir da ação autônoma dos de baixo, tanto na luta cotidiana pela ampliação de direitos quanto para transformar estruturalmente o estado de coisas vigente. Concordando com sua crítica ao aniquilamento das liberdades democráticas pelos bolcheviques, Pedrosa argumenta que a falta de liberdade leva à barbarização da vida pública, o que impede a construção do socialismo e a emancipação social. A via régia rumo ao socialismo só pode ser pavimentada pela ação livre da grande maioria, politicamente formada na luta, e não por decretos de uma vanguarda iluminada que se põe no lugar das massas. Essa é a primeira lição que Pedrosa tira das ideias políticas de Luxemburgo.

Trinta anos mais tarde, no fim da década de 1970, ele publica um livro sobre as ideias econômicas da nossa revolucionária, *A crise mundial do imperialismo e Rosa Luxemburgo**. Nessa época, já crítico do eurocentrismo e do desenvolvimentismo, desencantado com a arte racionalista e admirador da arte indígena, vê na análise de Luxemburgo das formações sociais pré-capitalistas e do seu aniquilamento pelo rolo compressor do capital uma explicação original do capitalismo histórico como processo global. Concorda com ela que a violência do capital não se restringe às suas origens, ao processo de "acumulação primitiva", mas que o saque e a destruição, quer da força de trabalho, quer da natureza, são necessidades permanentes da acumulação. Mário Pedrosa, ao se apropriar da face terceiro-mundista do pensamento de Rosa Luxemburgo, intui aquilo que 25 anos depois David Harvey chamará de "acumulação por expropriação".

---

* Mário Pedrosa, *A crise mundial do imperialismo e Rosa Luxemburgo* (Rio de Janeiro, Civilização Brasileira, 1979). (N. E.)

Por sua vez, Paul Singer, também herdeiro de Luxemburgo, formou-se politicamente com a leitura de *Vanguarda Socialista*, na qual aprendeu o nexo indissolúvel entre socialismo e democracia que o acompanhou durante a vida inteira. Leitor de *A acumulação do capital*, obra magna da revolucionária judia polonesa, Singer reconhece que sua grande contribuição teórica foi ter percebido, contra Marx, que nunca existiu um modo único de produção no mundo, mas vários modos de produção interagindo entre si. O mundo real analisado por ela mostrava formas de artesanato e de pequena agricultura coexistindo com o capitalismo (mas sobretudo sendo destruídas por ele), o que Singer via como exemplo iluminador para a elaboração teórica da economia solidária. Não custa lembrar que Mário Pedrosa e Paul Singer, empenhados em criar um partido socialista de massas, enraizado na democracia interna e que lutasse pelos direitos dos trabalhadores e pela transformação estrutural do arcaísmo brasileiro, fizeram parte do núcleo fundador do Partido dos Trabalhadores (PT).

Ainda podemos acrescentar a esses dois casos da recepção brasileira de Rosa Luxemburgo Michael Löwy e Maurício Tragtenberg. O primeiro, para além de adepto do ideário socialista democrático enraizado na autoatividade dos subalternos – ou seja, na soberania popular –, introduziu entre nós uma leitura muito frutífera da economia política da nossa revolucionária. Argumenta que Rosa, com sua admiração pelas antigas formações sociais não capitalistas e sua rejeição da violência da modernização capitalista como um capítulo necessário no caminho do socialismo, aposta numa história aberta à ação humana, dando elementos para criticar a ideia determinista do progresso linear, típica do positivismo. No pensamento de Rosa Luxemburgo já encontraríamos o germe de uma crítica da ideologia do progresso que seria desenvolvida posteriormente por Walter Benjamin. Já Maurício Tragtenberg, com suas análises ironicamente demolidoras dos fenômenos burocráticos, inclusive no campo da esquerda, via em Luxemburgo a mãe das ideias libertárias e antiburocráticas.

Não resta dúvida de que o livro de Hernán Ouviña entronca com essa história aqui esquematicamente delineada. Com uma leitura renovada do pensamento da revolucionária polonesa, ele dá voz a uma nova geração de militantes que se forjou na América Latina nas lutas contra o neoliberalismo, mas também na crítica aos limites dos chamados "governos progressistas", acrescentando mais um capítulo à recepção de Rosa Luxemburgo entre nós.

janeiro de 2021

Prefácio

Silvia Federici[1]

A homenagem de Hernán Ouviña a Rosa Luxemburgo é um exemplo poderoso de como nossa leitura do passado se torna viva quando é motivada por perguntas, lutas e preocupações do presente. Tem-se escrito muito sobre Luxemburgo. Não obstante, em um texto animado por uma profunda empatia por sua obra e trabalho, Ouviña nos proporciona um olhar arejado, que mostra a relevância das teorias de Luxemburgo para a nova geração de ativistas, para quem este livro foi pensado, assim como a afinidade de suas propostas políticas com as aspirações que caracterizam as lutas populares na América Latina em tempos recentes. Um dos méritos deste livro reside em que, ao repensar a vida e a obra de Luxemburgo, Ouviña nunca perde de vista seus leitores, que hoje se estendem num amplo espectro de movimentos feministas, ecológicos e indígenas que, cada vez mais, estão construindo terrenos comuns e ocupando as ruas em uma nova onda de lutas insurrecionais. Seu propósito é mostrar que em Luxemburgo eles podem encontrar uma "camarada de armas", em cuja luta podem reconhecer a própria.

É com esse objetivo em mente que Ouviña reconstrói a trajetória política de Luxemburgo e revisita uma série de problemas que há muito tempo vem angustiando e dividindo gerações de ativistas: sua concepção sobre a relação entre espontaneidade e organização, sua crítica à centralização organizativa proposta pelo Lênin de *O que fazer?*, seu apoio às políticas revolucionárias contra as tendências reformistas promovidas por Eduard Bernstein na Segunda Internacional

---

[1] Professora, escritora e ativista feminista. Nasceu na Itália e está radicada nos Estados Unidos desde 1967. É autora, entre outros, de *Calibã e a bruxa: mulheres, corpo e acumulação primitiva* (trad. Coletivo Sycorax, São Paulo, Elefante, 2017); *Mulheres e caça às bruxas: da Idade Média aos dias atuais* (trad. Heci Regina Candiani, São Paulo, Boitempo, 2019); *O ponto zero da revolução* (trad. Coletivo Sycorax, São Paulo, Elefante, 2019).

e seu internacionalismo. Ouviña retorna a essas questões em um conjunto de capítulos que reconstroem cuidadosamente o contexto de envolvimento teórico e político de Luxemburgo, ao mesmo tempo que corrige as interpretações equivocadas mais comuns a respeito das posições que ela assumiu nos debates gerados dentro da Segunda Internacional e do nascente bolchevismo.

Ele argumenta, por exemplo, contra a frequente caracterização de Luxemburgo como "espontaneísta", que seu objetivo não era difamar a organização, mas sim alertar para sua degeneração em profissionalismo político, uma vez que, baseada em sua confiança na criatividade das massas, ela concebia a organização como um processo. De modo notável, nesse caso, como em todas as discussões sobre o trabalho de Luxemburgo, Ouviña não somente examina suas teorias, mas coloca-as à prova por uma constante comparação com sua prática política. Muito recomendável é o estilo pedagógico de sua apresentação, que se organiza com clareza como uma espécie de diálogo com o leitor, com constantes referências ao contexto histórico, como uma lição a ser aprendida para as tarefas políticas atuais.

Para além disso, a principal contribuição do livro é a atenção que Ouviña dedica aos interesses de Luxemburgo sobre temas que a ortodoxia marxista ignorou ou marginalizou, mas agora estão na vanguarda do pensamento e da ação radicais.

Como Ouviña reconhece, cabe debater se Luxemburgo pode ser considerada uma feminista no sentido contemporâneo do termo, já que ela nunca olhou para o capitalismo e para a atividade revolucionária a partir de uma "perspectiva da mulher" e sempre priorizou o ponto de vista da classe como perspectiva totalizadora e não afetada por questões de gênero e raça. Ao mesmo tempo, Ouviña mostra que sua vida era um feminismo em ação, que rechaçava as formas e as normas de conduta – vigentes também em círculos radicais – que lhe poderiam exigir que, como mulher, guardasse seu lugar e se curvasse a seus camaradas homens, uma regra que ela permanentemente violava, tanto na política como no amor. É preciso acrescentar que, embora nunca tenha chamado a si mesma de feminista, Luxemburgo inspira ativistas e teóricas feministas, como Maria Mies e Claudia von Werlhof – fundadoras da escola de Bielefeld –, que, a partir do reconhecimento da colonialidade estrutural do capitalismo, teorizaram a continuidade subjacente entre a colonização e a subjugação das "donas de casa", ambas expressões da necessidade do capitalismo de se expandir, incorporando áreas ainda não reduzidas à dominação do mercado. Como Mies escreveu em seu *Patriarcado y acumulación a escala mundial*,

> o que [Rosa Luxemburgo] nos ajudou a desenvolver, em relação à nossa análise feminista do trabalho das mulheres em todo o planeta, foi uma perspectiva que ia além do limitado horizonte das sociedades industrializadas e das donas de casa desses países. Ajudou-nos também a transcender teoricamente as diferentes

divisões artificiais criadas pelo capital, particularmente a divisão sexual do trabalho e a divisão internacional do trabalho, graças às quais essas áreas se invisibilizam, exploradas nas relações de trabalho não assalariadas e nas quais as normas e as regulações relativas ao trabalho assalariado ficam suspensas.[2]

Enquanto o feminismo de Rosa Luxemburgo pode ser questionado, não é possível ignorar seu profundo amor pela natureza, manifesto na paixão pela botânica que manteve em seus muitos dias na prisão, quando coletou espécies de plantas e flores que poderiam ter formado um verdadeiro herbário. Aqui, outra vez, Ouviña identifica a conexão política e ideológica de Luxemburgo com a cosmovisão e a luta dos povos indígenas, assim como com o crescimento da preocupação dos/as jovens de hoje com a devastação produzida pelo desenvolvimento capitalista que vem consumindo o planeta. Igualmente forte, como mostra Ouviña, foi seu amor pelos animais, como evidenciou em uma carta que enviou a uma amiga, na qual descreve a dor e o horror que sentiu ao ver um búfalo cruelmente abatido por um soldado no pátio do presídio. "Oh, meu pobre búfalo, meu pobre irmão amado, nós dois estamos aqui impotentes e mudos e somos um só na dor, na impotência, na saudade", escreveu Luxemburgo, e nós, que agora lemos suas palavras, devemos agradecer a Ouviña por reproduzir essa e tantas outras cartas que ela enviou a amigas e amores, e que nos fazem escutar sua voz, ver seu generoso caráter e sua profunda paixão pela justiça.

Como poderosamente demonstra este livro, o assassinato de Rosa Luxemburgo não alcançou seu objetivo. Ela não foi silenciada. Mais do que isso. Como Ouviña aponta, enquanto muitos marxistas caíram na total obscuridade, sua visão política – sobretudo, seu anticolonialismo e seu anticapitalismo – é mais relevante do que nunca. E não só: autores tão diversos como Maria Mies e David Harvey, entre outros, foram influenciados por seu trabalho. Sua previsão sobre a inevitável expansão planetária do desenvolvimento capitalista tem sido plenamente confirmada, assim como sua confiança na capacidade dos/as explorados/as de se mobilizar e inventar novas práticas políticas para bloquear essa expansão.

novembro de 2019

---

[2] Maria Mies, *Patriarcado y acumulación a escala mundial* (Madri, Traficantes de Sueños, 2019), p. 91.

À GUISA DE INTRODUÇÃO
(ou por que nem tudo é cor-de-Rosa)

Se a efeméride dos cem anos do assassinato de Rosa Luxemburgo, em janeiro de 2019, foi uma excelente oportunidade para trazer ao presente sua figura e sua obra, a celebração dos 150 anos de seu nascimento em março de 2021 constitui um momento propício para revitalizá-la, como marxista e revolucionária que realizou notáveis contribuições para repensarmos os projetos emancipatórios, a partir de uma perspectiva não dogmática e ressaltando a centralidade do protagonismo popular na construção de um projeto de caráter socialista.

Vivemos imersos/as em uma crise civilizatória de proporções colossais. Embora a pandemia de covid-19 não a tenha desencadeado, colocou em evidência e exacerbou de maneira abismal suas contradições mais profundas. Rosa, em pleno cataclismo da Primeira Guerra Mundial, advertiu de forma premonitória sobre a *catástrofe como forma de vida* imposta pelo capitalismo, do seu início ao fim. Apesar disso, quem imaginaria que cenas tão improváveis como extraordinárias, que vimos à exaustão em filmes de ficção científica, contemplamos em quadros e pinturas aterrorizantes, ou lemos em romances distópicos, futuristas e apocalípticos, seriam hoje registros desoladores e fidedignos do vivido em grande parte do mundo?

Diante desse panorama muito parecido com o colapso sistêmico previsto por Rosa, reler sua obra se torna um certeiro anticorpo pessoal e coletivo. Em primeiro lugar, porque seu internacionalismo militante é hoje amplamente vigente, uma vez que fornece pistas para entendermos as complexidades de territórios heterogêneos e plurinacionais, tanto na Europa quanto na América Latina, e também para reimpulsionarmos a solidariedade e a irmanação entre os povos e os/as trabalhadores/as e contra-atacar o avanço da xenofobia e do ódio racial em grande parte do mundo, agravados por uma pandemia que apenas revelou as desigualdades extremas inerentes a um sistema que Rosa definiu como um verdadeiro "vírus planetário".

Da mesma forma, a atenção que dá às comunidades camponesas e indígenas como sujeitos que resistem à voraz expansão e subjugação do capitalismo nas periferias do Sul global hoje ressurge com mais vitalidade do que nunca, em um contexto marcado pela acumulação por espoliação, pela pecuária industrial em grandes fábricas e pela tentativa de privatização e saque dos bens comuns. Isso sem desconsiderar, claro, sua proposta de reivindicar a necessidade da organização social e política dos/as explorado/as e oprimido/as, ainda que se distanciando dos formatos mais ultrapassados e burocráticos, sempre em diálogo fraterno e mútua retroalimentação com a espontaneidade de massas – esta mesma que, na esteira de greves políticas, lutas de barricada e levantes populares, despontou em 2019 e também em 2020 nas ruas do Equador, Haiti, Chile e Colômbia.

Por último, a importância que Rosa Luxemburgo deu à luta cultural e educativa, à defesa dos direitos e da autodeterminação das mulheres, assim como sua tentativa de mesclar socialismo e democracia a partir de uma ótica de repúdio a toda lógica autoritária configuram, em seu conjunto, um ponto de referência ineludível para o caldeirão de movimentos populares, coletivos feministas, de comunicação alternativa e de educação libertadora, plataformas de articulação, sindicatos classistas, espaços comunitários e organizações de esquerda que lutam por uma sociedade radicalmente oposta àquela em que vivemos.

A América Latina é, para nós, uma imensa escola a céu aberto, habitada por povos tão mágicos quanto valentes, que resistem à violência, à exploração e ao saque sem deixar de ensaiar, paralelamente, e com alegre rebeldia, propostas de autogoverno, poder popular e vida digna em seus territórios. Como se sabe, esse continente foi precursor tanto na gênese e implementação do neoliberalismo quanto no surgimento de resistências e alternativas a ele. Pertencemos a uma geração que deu seus primeiros passos militantes e de luta na longa noite neoliberal dos anos 1990. Os levantes indígenas no Equador, a rebelião do Exército Zapatista de Libertação Nacional (EZLN), em 1º de janeiro de 1994 em Chiapas, as guerras da água e do gás na Bolívia, o 19 e o 20 de dezembro de 2001 na Argentina, assim como inúmeras rebeliões e processos políticos levados a cabo nos anos posteriores, constituíram uma alma matinal, referência fundante de uma nova subjetividade e forma de pensar-fazer política, que veio para estragar a festa de quem proclamava naqueles tempos sombrios o "fim da história".

Esse espírito insubmisso pulsa e desperta atualmente tanto em âmbitos rurais quanto urbanos populares, na esteira de construções de base, assembleias comunitárias, processos de deliberação e mobilizações das mais diversas, que, em suas heterogêneas regiões, semeiam, tecem e cultivam alternativas na contramão dos maus governos e do extrativismo. É, sobretudo, a rebeldia que forjaram e edificam coletivamente esses/as inumeráveis ativistas anônimos/as, intelectuais orgânicos/as, grupos, organizações e movimentos subterrâneos que se encontram – segundo a bela expressão de Rodolfo Walsh – ameaçados/as de insignificância, justamente por haverem optado por construir com as próprias mãos, sem pressa e sem pausa, outro projeto de sociedade que provavelmente nunca sairá nas capas e nos noticiários da mídia hegemônica, e que envolve uma América profunda e "muito outra": anticapitalista, plurinacional, comunitária, descolonizada, de poder popular, feminista, migrante, afro-indígena, autônoma, insurgente, radical, subversiva, multicolorida, mestiça, ecossocialista, das dissidências e do bem viver. A elas e eles, nosso imenso agradecimento por nos mostrar mais do que nunca que resistir é criar.

Publicar este livro a partir da iniciativa conjunta da Fundação Rosa Luxemburgo e da Boitempo é uma enorme alegria e nos estimula a dobrar a aposta no fortalecimento de projetos similares, tecidos com a perspectiva de ampliar a difusão do pensamento crítico e da práxis transformadora no Brasil e na Nossa América.

Por isso, estendemos o reconhecimento às e aos integrantes desta e das demais editoras – de quatro editoras tão queridas como El Colectivo (Argentina), Quimantú (Chile), La Fogata/Lanzas y Letras (Colômbia) e Bajo Tierra (México) – que foram responsáveis pela edição em rede deste livro e que, coletivamente, mantêm um compromisso cultural e uma coerência política no caminho em que, já há muito tempo, temos lutado pelas mesmas ideias rebeldes, cumplicidades afetivas e práticas sentipensantes, tornando as fronteiras cálidos territórios de luta e pontes de comunicabilidade, que nos irmanam cada dia mais.

Também agradecemos à Fundação Rosa Luxemburgo – escritório de São Paulo – pelo apoio à produção e publicação de um material como este. Com seu acompanhamento constante a organizações e movimentos populares latino-americanos, rende a melhor homenagem à militante internacionalista e revolucionária que foi Rosa Luxemburgo.

A Isabel Loureiro, *Bel*, por sua paixão e rigorosidade na atenta leitura da primeira versão deste livro, assim como pela cuidadosa revisão da tradução ao português, pelas sugestões para aprimorar o texto e pela imponente "Apresentação da edição brasileira". Não exageramos em afirmar que seu aporte ao conhecimento de primeira mão, à irradiação e à reinterpretação crítica da obra luxemburguista, não apenas no Brasil, mas em vastos territórios da América Latina, é de incalculável e enorme importância, sem o qual este livro não seria possível.

A Silvia Federici, mestra maior entre as bruxas do Sul global, agradecemos o generoso prefácio escrito para este livro, mas especialmente por nos mostrar que a militância contra o capitalismo, o patriarcado e a colonialidade pode constituir uma forma de vida, e por reafirmar, com sua atitude ética, seu compromisso feminista e suas reflexões sempre agudas, que conceitos são afetos.

Por fim, agradecemos a Oscar González (Guache), encantador artista visual e muralista popular colombiano, a disposição para ilustrar este livro com seus incríveis desenhos. David Viña dizia que "toda estética é, em última instância, teoria política", e as composições que Guache nos oferece o demonstram amplamente.

Em um plano mais geral, queremos deixar registrada a infinidade de agrupamentos, movimentos, coletivos e plataformas da América Latina e do Caribe com os quais – particularmente nos últimos vinte anos – temos aprendido e compartilhado saberes, sentires e fazeres, a partir de leituras, textos, pensamentos, práticas, festejos, dúvidas, interpretações e angústias em comum sobre os tópicos e as facetas que ao longo destas páginas são expostos e analisados. Fazemos nossas as palavras de Antonio Gramsci em uma de suas cartas do cárcere, em que expressa que lhe "é impossível pensar 'desinteressadamente' ou estudar por estudar. Apenas em poucas ocasiões me abandonei a alguma linha particular de pensamento e analisei algo por causa de seu interesse intrínseco".

No nosso caso, sem aquele diálogo fraterno e militante com cada uma das organizações e ativistas com os/as quais tivemos o privilégio de debater, (con)viver e aprender em diferentes espaços de formação e transformação, teria sido impossível redigir este livro.

Considerando essa intencionalidade política, o objetivo que nos propusemos ao elaborá-lo foi proporcionar uma primeira aproximação à obra de Rosa Luxemburgo (entendendo por isso, seguindo Antonio Gramsci, não somente o que ela escreveu, mas também suas iniciativas políticas, culturais e educativas como militante revolucionária, sem desconsiderar suas expressões afetivas e sentimentais mais humanas). Interessa-nos, portanto, reconstruir o que foi pensado, sentido e realizado por Rosa, com o propósito de destacar suas contribuições para recriarmos a luta política e reinventarmos a práxis emancipatória em pleno século XXI, tendo como eixos transversais as críticas que formulou ao capitalismo, ao patriarcado, à espoliação dos bens comuns e ao colonialismo, assim como as propostas de organização e disputa que realizou ao longo de sua vida para superar esse sistema de exploração e opressão.

Desejamos que este material sirva tanto para quem quer aprofundar-se em sua obra e ideias principais em razão de uma inquietude intelectual ou teórica – sem haver tido necessariamente uma aproximação prévia a elas –, quanto para a militância e o ativismo popular da Nossa América e do Sul global se formarem em termos políticos, tendo como principal referência a Rosa pensadora e militante revolucionária original, não rotulável nas tradições clássicas do marxismo.

Nesse sentido, este registro escrito tenta combinar ao rigor – e, por momentos, à grande complexidade – da obra de Rosa uma linguagem amena e uma vocação pedagógica, de tal modo que, uma vez contextualizados, seus conceitos e propostas teórico-políticas mais substanciais sejam compreensíveis e, ao mesmo tempo, que seja possível compartilhar e destacar certos fragmentos de seus principais textos e cartas, além dos de pessoas próximas a ela, a fim de complementarmos o processo formativo de quem lê este livro.

Como tentamos evidenciar ao longo destas páginas, longe de considerar a preocupação teórica e as iniciativas de formação política e educação popular algo residual ou secundário, Rosa nos mostra que, embora soe paradoxal, em conjunturas adversas como a que vivemos em escala continental, ou em momentos em que a mobilização acontece de maneira constante nas ruas, os processos de autoformação, análise e estudo, leitura crítica e investigação da própria realidade que se pretende revolucionar, assim como de experiências e processos históricos emblemáticos, são cruciais e de grande relevância. E, diante dos *palos de ciegos* recebidos numa virada de época como a atual, nas palavras de Mario Benedetti, não nos resta alternativa a não ser poder dar *palos de vidente**. E, para isso, é fundamental assumir que Karl Marx, em sua tese 11, não propunha descartar a interpretação do mundo, e sim reconhecer que esse exercício não pode nunca estar dissociado da intervenção crítica e transformadora da própria realidade, motivo pelo qual talvez valha a pena inverter sua frase e postular que, para mudar o mundo, é imprescindível ao mesmo tempo compreendê-lo.

Precisamente nesse contexto histórico tão intricado e difícil de enfrentar, a palavra de ordem "Socialismo ou barbárie!", lançada por Rosa pouco antes de ser assassinada, parece ter mais força do que nunca. Serve de grito de socorro para sobreviver em meio a tanta desolação, violência estrutural, pandemia e fascismo despudorado. Nosso amigo Miguel Mazzeo nos fala em seu livro *Marx populi* quão árduo e ao mesmo tempo quão urgente é reconstruir uma esquerda "em tempos de naufrágio"[1]. E, diferentemente de muitas referências do marxismo que deixaram de ser lidas, ou cujos escritos e propostas nos parecem antiquados e parte do velho que ainda está morrendo, Rosa se destaca pela jovialidade, pela indisciplina e pela extrema atualidade para este convulsionado século que habitamos e ansiamos transformar.

Portanto, mesmo com todas as adversidades da conjuntura anômala por que passam a América Latina e o Sul global – ou talvez precisamente por essa razão –, revitalizar Rosa nos parece urgente. Não para exercitar a necrofilia das esquerdas ultrapassadas e das burocracias de todo tipo, com a qual estamos acostumados, mas para colocar em prática uma biofilia que celebre e defenda precisamente a vida em todas as suas formas. Porque, como já disse Walter Benjamin, se o inimigo triunfa, nem sequer nossos mortos estarão a salvo; incluída, obviamente, a nossa querida Rosa Luxemburgo.

---

* Em tradução livre, a expressão "*dar palos de ciegos*" significa agir às cegas. Referência ao poema "Contraofensiva", do escritor uruguaio Mario Benedetti: "*Si a uno/ le dan/ palos de ciego/ la única/ respuesta eficaz/ es dar/ palos de vidente*". (N. E.)

[1] Miguel Mazzeo, *Marx populi* (Buenos Aires, El Colectivo, 2018).

Nosso encontro secreto

Não nos afaga, pois, levemente um sopro de ar que envolveu os que nos precederam? Não ressoa nas vozes a que damos ouvido um eco das que estão agora caladas? [...] Se assim é, um encontro secreto está então marcado entre as gerações passadas e a nossa.

Walter Benjamin

Duas tragédias marcaram a vida de Rosa Luxemburgo e impediram que nosso encontro com ela se concretizasse mais cedo. Ao seu covarde assassinato – um verdadeiro crime de Estado que hoje, inclusive, caberia ser catalogado como *feminicídio*[1] –, sucedeu-se a construção do chamado "luxemburguismo", epíteto que tendeu a ser generalizado de modo pejorativo para denunciar militantes e organizações distantes da linha stalinista da União das Repúblicas Socialistas Soviéticas (URSS). Se, pouco tempo depois de sua morte, Ruth Fischer pede que se elimine das fileiras do Partido Comunista da Alemanha (KPD) o "bacilo da sífilis" introduzido por Rosa, em 1931 Stálin denuncia seu "semimenchevismo" e a ela atribui a criação, juntamente com Párvus, da perigosa "teoria da revolução permanente".

Por sua vez, setores que desde o início se opuseram ao processo soviético, ou foram inimigos da opção de um socialismo de caráter anticapitalista fora da institucionalidade estatal, tenderam a fazer um uso instrumental de certos textos e rascunhos de Rosa com a mesma malícia. A omissão deliberada de seus posicionamentos contrários ao parlamentarismo burguês e favoráveis a uma democracia de conselhos, ou sua coerência ética e internacionalista em relação à claudicação da social-democracia europeia durante a Primeira Guerra Mundial,

---

[1] Na noite de 15 de janeiro de 1919, soldados dos *Freikorps* [Corpos Livres], grupo paramilitar de voluntários do antigo exército imperial do kaiser, detêm Rosa Luxemburgo e Karl Liebknecht, ambos de 48 anos. De ultradireita e extremamente misóginos, investem à traição contra ela: "Lá vai a prostituta velha", exclamam seus captores quando a identificam. Arrastam-na pelo chão e golpeiam-na na cabeça com a coronha dos rifles, para em seguida executá-la a tiros em um veículo cheio de militares. Por fim, de cima de uma ponte, jogam-na sem vida em um canal. "A velha mulherzinha agora está nadando", diz com sarcasmo um de seus assassinos. Depois de cinco meses desaparecido, seu corpo foi encontrado no rio Spree, em Berlim. O crime contra ela e Liebknecht continua sem reparação.

fez com que eles perdessem relevância diante da ênfase quase exclusiva em suas críticas ao bolchevismo e a Lênin em particular. Em paralelo, alguns de seus textos começaram a ser difundidos a conta-gotas para além da Alemanha e da Polônia, ainda que, às vezes, por meio de truques de ilusionismo que resultaram na edição de livros ou compilações de sua "autoria" na Europa, com títulos como *Marxismo contra ditadura* (1934) ou *A revolução russa: um exame crítico* (1948).

Na contramão de sua original proposta de releitura do marxismo, não nos termos de um sistema acabado a ser "aplicado", mas sim como uma caixa de ferramentas e um estímulo para o pensamento crítico e a ação disruptiva, o "luxemburguismo" se tornou uma doutrina fechada. Isso empobreceu e desvirtuou as notáveis contribuições de Rosa e fez de certas reflexões conjunturais e interpretações embasadas um rígido e descontextualizado ditame à margem de todo tempo e espaço, acusado indiferentemente de "menchevique", "catastrofista", "antiorganizacional" e "ultraesquerdista".

Daí por diante, as comemorações e recordações de sua figura se mantiveram em pé à custa da invisibilização de sua rica e complexa produção teórica e política. E, apesar do rápido chamado de Lênin para que fossem publicadas as obras completas dessa "águia" de quem gostava muito, a despeito de diferenças e supostos equívocos, Rosa se converteu em mero ícone de luta, sem maiores conhecimentos de sua herança intelectual e militante; apenas uma referência de dignidade e integridade, de vida nobre interrompida abruptamente a coronhadas. Mas pouco ou nada se conhecia em profundidade de seu pensamento e ação, nem de seus conceitos e propostas políticas mais potentes. Menos ainda da Revolução Alemã da qual chegou a fazer parte antes de ser assassinada. A sangrenta derrota desse processo virou um rotundo "fracasso" que sob nenhum ponto de vista deveria ser apreendido ou estudado. Assim, seus ensinamentos e suas potências disruptivas foram enterrados para sempre na lata de lixo da história.

Apesar disso, a figura de José Carlos Mariátegui, marxista peruano e um dos mais originais intelectuais militantes da América Latina, destaca-se em meio a esse deserto em razão de sua sugestiva apropriação do legado luxemburguista, inclusive por conta das notáveis afinidades que ostenta com a trajetória de Rosa como revolucionária incômoda para a época[2]. Em ambos os casos, estamos na presença de figuras desafortunadas, cujas vidas foram abruptamente interrompidas e que batalharam tanto contra o reformismo e as leituras positivistas do marxismo quanto contra as visões que pretendiam fazer da Revolução Russa um "modelo" a ser replicado em todo tempo e lugar.

---

[2] José Carlos Mariátegui, *Historia de la crisis mundial* (Lima, Amauta, 1973); *Siete ensayos de interpretación de la realidad peruana* (Lima, Amauta, 1975).

A unidade indissolúvel entre teoria e ação, o ponto de vista da totalidade como princípio epistemológico do marxismo, a crítica às perspectivas eurocêntricas da imensa maioria da esquerda na época, a denúncia das formas imperiais de espoliação na periferia capitalista, a revalorização das formas comunitárias de vida social, a defesa firme do internacionalismo sem descuidar da análise situada da realidade, a aposta em formas organizativas mais democráticas e a confiança na capacidade autoemancipatória das massas são alguns dos pontos em comum que os irmanam. O destino de ambos também é similar. Excomungados pela Terceira Internacional e por grande parte dos partidos comunistas, pouco tempo depois de falecerem, os sobrenomes de um e outro passaram a ser sinônimos de equívoco político e fragilidade teórica, tornando-se heresias que deveriam ser combatidas com igual esmero.

É preciso recordar que duas tragédias se abateram naqueles tempos sombrios sobre o movimento operário e os povos da Europa: por um lado, o nazifascismo e, por outro, o stalinismo. Isso acarretou, em particular como consequência da Segunda Guerra Mundial, uma dissociação crescente entre teoria e prática revolucionária, isto é, um desencontro entre as lúcidas reflexões elaboradas por intelectuais reconhecidos (no geral, acadêmicos) e a capacidade de que tais reflexões tivessem um correlato ou enraizamento material no agir cotidiano das massas populares. Quase sem exceções, essa nova geração sentiu falta de uma dimensão substancial do marxismo como era (e é), "a discussão *estratégica* das maneiras pelas quais um movimento revolucionário poderia romper as barreiras do Estado burguês democrático em direção a uma verdadeira democracia socialista"[3*].

Apesar desse apagamento que durou décadas, a rebelião global de 1968 tornou propícia a exumação de Rosa como militante anticapitalista e integral. Nas multitudinárias manifestações contra a Guerra do Vietnã, juntamente com os cartazes de Ho Chi Min e Che Guevara, destacavam-se os de seu inconfundível rosto. O Maio francês, o Outono Quente italiano e o movimento estudantil e de esquerda extraparlamentar na Alemanha revitalizaram suas ideias e propostas. Se a Revolução Cubana já havia aberto antecipadamente um período de recriação do pensamento crítico na América Latina, movimentos insurgentes e rebeliões populares como o Cordobazo traziam para o presente suas reflexões e contribuições.

---

[3] Perry Anderson, *Tras las huellas del materialismo histórico* (Buenos Aires, Siglo XXI, 1986), p. 17-8 [ed. bras.: *Considerações sobre o marxismo ocidental/ Nas trilhas do materialismo histórico*, trad. Fábio Fernandes, São Paulo, Boitempo, 2019].

[*] Nesta edição, mantivemos as referências originais consultadas pelo autor, indicando no rodapé, sempre que possível, a edição brasileira correspondente cuja tradução foi usada no corpo do texto. (N. E.)

Uma nova geração militante tornou visível e redescobriu, naqueles anos convulsionados, um conjunto de tradições ofuscadas pelo bolchevismo e pela social-democracia que proporcionava pistas para intervir e compreender a irrupção plebeia e os transbordamentos vindos de baixo que despontavam em todas as partes do mundo nas décadas de 1960 e 1970, mostrando um invisível fio vermelho entre essas apostas emancipatórias de caráter radical e aquelas levadas a cabo nas primeiras décadas do século XX na Europa: o biênio vermelho no Norte da Itália, a Revolução Alemã (e, dentro dela, a Comuna de Berlim), assim como a proliferação de sovietes e conselhos na Rússia e na Hungria.

Para a nova esquerda latino-americana, gestada na esteira da Revolução Cubana, mas também para aquela surgida nas metrópoles da Europa e dos Estados Unidos ou as existentes nos heterogêneos territórios do chamado Terceiro Mundo, Rosa floresceu como referência intelectual e política inescapável, seja em sua faceta teórica, seja em seu devir militante, para oxigenar projetos emancipatórios e reinventar a práxis revolucionária.

Nesse contexto de agitação e degelo do marxismo, na própria República Democrática Alemã conseguiu-se publicar suas obras entre 1972 e 1975 (obviamente, não completas em sentido estrito, mas pelo menos de forma mais ampla e detalhada), e o mesmo pode ser dito em relação a sua Polônia natal. Pior ainda é o caso da Rússia: embora Lênin houvesse insistido em 1921 que se publicassem suas obras completas, somente na década de 1990, após a queda do regime soviético (que de soviético não tinha quase nada), é difundido pela primeira vez seu rascunho sobre a Revolução Russa, escrito atrás das grades em 1918 e dado a conhecer poucos anos mais tarde na Alemanha.

Na América Latina, muito cedo militantes políticos e "teóricos de base" como Mário Pedrosa, no Brasil, editoras como Grijalbo e Era, no México, e grupos como Pasado y Presente, na Argentina, traduziram e difundiram amplamente seus textos e manuscritos. Há cinquenta anos, por ocasião do aniversário de seu assassinato, José Aricó retomava Robert Paris para afirmar que publicar Rosa Luxemburgo era antes de tudo um ato político, que "adquire um duplo significado: o de homenagem à revolucionária assassinada pelos canalhas de [Gustav] Noske, e, ao mesmo tempo, o de resgate de uma elaboração teórica e política fundamental para o marxismo, silenciada durante anos pelo stalinismo"[4]. Naquela conjuntura tão convulsionada na Argentina, sacudida por uma imprevista rebelião operária e estudantil de matiz espontâneo e na qual até mesmo os sindicatos e as organizações de esquerda mais tarimbados e combativos se viram aturdidos pelas ruas de Córdoba, essa geração reconhecia sem rodeios que "o pensamento de Rosa Luxemburgo é de

---

[4] José Aricó, "Prólogo", em Rosa Luxemburgo, *Crítica de la revolución rusa* (Buenos Aires, La Rosa Blindada, 1969), p. 11.

uma atualidade surpreendente para nós. Talvez seja essa atualidade o que atemorize tanto os dogmáticos e os leve a continuar silenciando a grande revolucionária"[5].

Como podemos comprovar revisando as datas de publicação dos livros e materiais que tratam da obra de Rosa, a bibliografia centrada nela tem sua maior explosão nos anos 1970. Sem dúvida, há uma conjuntura e um contexto global e latino-americano que requerem ferramentas teórico-analíticas e de intervenção militante que vão na contramão dos dogmatismos predominantes até aquela época, e os escritos de Rosa são – por um exercício de tradução e atualização – uma bússola poderosa naquele comovente momento histórico de crise e reestruturação capitalista, em que a politização das classes populares e a ascensão das lutas constituem uma invariante condição de época. E já afirmava sabiamente León Rozitchner, alguém que, assim como Rosa, repudiava os "modelos burgueses de rebeldia": *se a sociedade não se move, a filosofia não pode pensar*. E menos ainda reinventar o pensamento crítico e a práxis revolucionária em função dos novos desafios com que nos defronta uma realidade tão difícil de lidar.

Portanto, para além de especificidades e contextos situados, podemos caracterizar a existência de três grandes momentos ou ciclos da luta de classes em nível mundial que condicionaram as leituras, os diálogos e as apropriações da obra de Rosa. O primeiro deles, do qual ela mesma participa, tem as revoluções mexicana na América Latina e russa na Europa e Ásia como pontas de iceberg, mas abriga sob a superfície um caldeirão de experiências insurrecionais das mais variadas. Intelectuais orgânicos, como José Carlos Mariátegui, Luis Emilio Recabarren e Julio Antonio Mella, em nossas terras, ou Vladímir Lênin, György Lukács, Antonio Gramsci, Clara Zetkin e Rosa Luxemburgo, na Europa, emergiram dessa época de guerras, crises e revoluções. O segundo momento, que talvez se inicie com a Revolução Cubana em nosso continente e tenha seu ponto de condensação máximo na rebelião global de 1968, revitaliza o pensamento e a ação de Rosa para confrontar os partidos da velha esquerda e os sindicatos burocratizados e imaginar uma política plebeia e libertadora mais próxima da vida cotidiana. O terceiro, por fim, emerge na esteira das resistências e lutas contra o neoliberalismo nos anos 1990 e, à margem dos vaivéns e convulsões vividos recentemente, ainda não se encerrou.

De fato, Rosa renasceu nas últimas décadas no calor das ocupações de terra do Movimento dos Trabalhadores Rurais Sem Terra (MST) no Brasil e do levante zapatista no sul do México, no Caracazo na Venezuela e nas mobilizações populares espontâneas na Argentina em 2001, dando origem a movimentos e processos políticos inéditos de enorme radicalidade na região; na irrupção dos povos indígenas e das organizações comunitárias que resistem à acumulação por

---

[5] Ibidem, p. 12.

espoliação e defendem seus territórios a partir da soberania alimentar e do bem viver; na onda verde de um feminismo que grita "Nem uma a menos, vivas nos queremos!" e ganha visibilidade e contundência em sua denúncia do patriarcado e da violência contra as mulheres; no movimento estudantil latino-americano e na substituição geracional que vivenciamos atualmente, nos quais jovens de todo o continente não se furtam a desafiar estereótipos, situações de privilégio e paradigmas de injustiça e opressão para tentar *mudar tudo que deve ser mudado*.

Este livro não pretende ser mais do que uma breve síntese desses debates e intercâmbios coletivos, algo como uma sistematização, subjetiva e provisória, dos aprendizados e do diálogo entre saberes, sentires e fazeres que hoje circundam a América Latina. Escolhemos fazê-lo a partir de um duplo movimento descolonizador: analisar e problematizar nosso continente como marxistas, mas, ao mesmo tempo, escovar a contrapelo esses marxismos como latino-americanos/as a partir do presente em que vivemos. Não por um desejo de mera exegese ou para exercitar uma nostalgia que sempre acaba sendo contrarrevolucionária, mas sim para *reinventar a práxis política* de baixo e à esquerda, mirando o futuro, como queria Rosa, para quem "a política do proletariado não conhece 'volta para trás', pode apenas marchar para frente, para ela é necessário ir além do que existe, superar o que acaba de ser criado"[6].

---

[6] Rosa Luxemburgo, *Introducción a la economía política* (Buenos Aires, PyP, 1972, Cuadernos de Pasado y Presente 35), p. 153 [ed. bras.: *Introdução à economia política*, trad. Carlos Leite, São Paulo, Martins Fontes, 1977].

1

UMA VIDA MARCADA POR MÚLTIPLAS OPRESSÕES E INFINITAS ÂNSIAS DE LIBERDADE

*Existem na história derrotas que mais tarde aparecem como luminosas
vitórias, supostos mortos dos quais se fala ruidosamente, cadáveres de
cujas cinzas a vida ressurge mais intensa e produzindo valores.*

Antonio Gramsci[1]

A intensa vida de Rosa Luxemburgo coincide, desde o nascimento até seu assassinato, com os processos revolucionários cruciais que ocorriam em escala europeia e mundial. Se o seu nascimento, em março de 1871, é simultâneo à criação da Comuna de Paris (que dura somente 72 dias, mas deixa uma marca indelével na luta de classes para além da França e do continente do qual faz parte), sua trágica morte nas mãos de soldados de extrema direita acontece em janeiro de 1919, em meio ao ciclo insurrecional em Berlim e também em outras latitudes, como Hungria e Itália, ou, no nosso caso, México, Peru e Argentina.

Entre uma e outra ascensão dessas lutas, transcorre sua precipitada vida, marcada por múltiplas situações de opressão: enquanto mulher, judia, polonesa, migrante e de esquerda anticapitalista, que, ainda por cima, manca ao caminhar, fruto de um problema em uma das pernas. Rosa navega na contracorrente e, apesar de tais adversidades, exercita uma militância criativa de qualquer ângulo que se observe. Assume sua condição subalterna para superá-la e fazer dessa possível limitação uma virtude autoafirmativa, trincheira onde se proteger e lutar a plenos pulmões, contra ventos e marés. Rompe cada um dos mandatos que a sociedade lhe pretende impor e pratica com extrema ousadia um ativismo febril e intransigente, sempre em favor dos/as mais fracos/as ou subjugados/as por esse sistema. E, para os inimigos, recomenda um método infalível que sempre dá bons resultados: "Polegares nos olhos e joelhos no peito!"[2].

---

[1]   Antonio Gramsci, *Revolución rusa y Unión Soviética* (Cidade do México, Roca, 1974), p. 30.

[2]   Rosa Luxemburgo, *¿Qué quiere la Liga Espartaco?* (Buenos Aires, La Minga, 2009), p. 78 [ed. bras.: "O que quer a Liga Spartakus?", em *Textos escolhidos II (1914-1919)*, org. e trad. Isabel Loureiro, 3. ed., São Paulo, Editora Unesp/Fundação Rosa Luxemburgo, 2017, p. 287-98].

Seus primeiros anos na Polônia tsarista e o exílio na Suíça

Rosa nasce em Zamość, pequena cidade da Polônia ocupada pela Rússia, no seio de uma família judia culta. Cresce no contexto particular de uma Polônia fraturada pelos três impérios mais importantes da época (Rússia, Alemanha e Áustria), onde regem monarquias profundamente autoritárias, o antissemitismo cala fundo e as mulheres são proibidas de ter acesso à universidade ou ocupar cargos públicos. Não foi nada fácil abrir caminhos em âmbitos dominados quase de maneira exclusiva por homens, brancos, soberbos e misóginos, dotados de inúmeros preconceitos e privilégios.

Costumamos pensar – de forma equivocada – que a plurinacionalidade é um fenômeno recente e exclusivo da América Latina, uma questão que remete somente aos povos indígenas, em especial aos da região andina de nosso continente, que nas últimas décadas conseguiram com maior ímpeto tornar visíveis sua condição colonial e suas exigências como povos. No entanto, Rosa vive sua infância em um território marcado pela opressão nacional em um registro muito similar àquele que numerosos povos deste lado do oceano sofreram e ainda sofrem. Submetida ao Império Russo, a Polônia havia deixado de existir como entidade independente em 1795, razão pela qual a população estava proibida de falar a própria língua e as escolas que se frequentava ensinavam conteúdos totalmente alheios a suas tradições e identidade.

Talvez essa atmosfera asfixiante, particularmente em Varsóvia, para onde a família se muda e se radica a partir de 1874, tenha sido uma das causas de seu precoce instinto de rebeldia. Nessa cidade, ocorrem vários *pogroms* (ataques violentos contra a população judia e seus bens). Ao fanatismo nacionalista polonês, soma-se a cumplicidade da polícia tsarista, que estimula o antissemitismo, o incêndio de moradias e a segregação em bairros populares onde há grande concentração de judeus. Talvez essa seja uma das razões pelas quais Rozalia Luksemburg passe a se chamar Rosa Luxemburgo.

Em paralelo, uma doença incorretamente tratada (os médicos diagnosticaram de forma equivocada uma tuberculose de quadril) a obriga a ficar um ano de cama, com uma das pernas engessada, tempo que aproveita para aprender sozinha a ler e escrever. Esse acontecimento marcará toda a sua vida, pois, como consequência do prolongado e doloroso tratamento, uma perna fica mais curta do que a outra e ela se vê obrigada a mancar até o fim de seus dias.

Embora alguns testemunhos contestem essa versão, segundo alguns biógrafos será nessa cidade onde, com tão somente dezesseis anos, ela mergulha pela primeira vez na militância revolucionária, juntando-se a uma organização clandestina chamada Proletariado, de caráter marxista e contrária ao credo nacionalista, que havia acabado de sofrer o assassinato, cometido pelo regime tsarista, de boa parte de seus dirigentes. A prisão e o desterro eram também uma constante para a militância de esquerda nessa época, motivo pelo qual Rosa se incorpora a uma das poucas células que conseguiram sobreviver a esse processo de criminalização por parte do absolutismo russo.

Sob a ameaça de ser presa pela polícia, decide se mudar para Zurique (Suíça), onde vive nove anos. Lá, faz seus estudos universitários e consegue graduar-se em uma das poucas instituições que permitem a entrada de mulheres sem nenhum impedimento formal. Essa é uma adversidade, das muitas que enfrentou em sua intensa vida, que Rosa conseguiu reverter e transformar em oportunidade para o exercício da liberdade. Migrar torna-lhe mais fácil entrar para a universidade e também distanciar-se do irrespirável clima de opressão de Varsóvia. Além disso, em sua passagem pela Suíça, conhece Leo Jogiches, jovem revolucionário da Lituânia com quem estabelece um vínculo político e amoroso que durará muitos anos. Com ele, cria em 1893 o Partido Social-Democrata do Reino da Polônia (SDKP), que poucos anos mais tarde se converte no Partido Social-Democrata do Reino da Polônia e Lituânia (SDKPiL), em franca oposição ao Partido Socialista Polonês (PPS), que tinha matriz nacionalista e lutava pela reconstrução da Polônia.

Também frequenta diversos círculos de emigrados e entra em contato com várias das máximas referências do socialismo russo, entre eles, Gueórgui Plekhánov (1856-1918), Vera Zassúlitch (1849-1919) e Pável Axelrod (1850--1928), ao mesmo tempo que colabora com jornais e revistas de esquerda de outras latitudes europeias, nos quais publica artigos com diferentes pseudônimos. A tese de doutorado que defende, intitulada *O desenvolvimento industrial na Polônia*, diferencia-se das pesquisas acadêmicas que proliferam hoje nas universidades. A motivação é diretamente política: proporcionar uma resposta fundamentada ao debate sobre as perspectivas de "reunificação" da Polônia como território nacional, a partir de dados econômicos e de uma análise do desenvolvimento do capitalismo em termos mais estruturais.

A militância e o debate político no seio do socialismo alemão

Após se graduar, combina de se casar com Gustav Lübeck, filho de um casal de amigos, apenas com a finalidade de obter a cidadania alemã. Divorcia-se dele cinco anos mais tarde, sem nunca mais voltar a vê-lo. Em maio de 1898, chega a Berlim – verdadeiro epicentro do movimento operário – e ali se estabelece para começar a militar no Partido Social-Democrata da Alemanha (SPD), uma organização em ascensão e com profunda capilaridade popular[3]. Pouco tempo

---

[3] Em 1899, o partido contava mais de 100 mil integrantes e possuía 73 jornais (com tiragem total de cerca de 400 mil exemplares), dos quais 49 saíam às ruas 6 vezes por semana. Em termos

depois de sua chegada, junta-se à campanha eleitoral nas áreas de alta presença de trabalhadores poloneses e profere seu primeiro discurso público em um comício realizado em uma cervejaria.

Essas e outras atividades de agitação não lhe impedem de intervir no debate iniciado por Eduard Bernstein a propósito do "revisionismo" e da política de caráter reformista que propõe. A compilação de artigos nos quais polemiza com ele são publicados com o título *Reforma social ou revolução?*, livro que lhe dá maior notoriedade nas fileiras socialistas, a qual se amplifica à medida que participa dos sucessivos congressos, tanto do partido quanto, especialmente, da Segunda Internacional, criada em 1889. Nesses âmbitos, defende de maneira efusiva suas ideias e propostas, tendo de tolerar em mais de uma ocasião gestos e discursos machistas e discriminatórios por parte da velha guarda socialista, entre eles os de Georg von Vollmar, que, no fim do século e durante a incisiva exposição de Rosa – na qual ela critica a dissociação entre luta cotidiana por reformas e o objetivo final revolucionário –, a interrompe aos gritos de: "Aprendiz fedelha, eu podia ser seu avô!".

Sua atividade jornalística se intensifica com o passar dos anos, assim como suas diferenças com o setor majoritário do partido que, apesar de sustentar certa retórica de confronto, na prática torna-se cada vez mais conservador e propenso à estratégia de luta legal e parlamentarista. Assim, nos primeiros anos do século XX, polemiza em diferentes jornais socialistas sobre a experiência de greve geral na Bélgica e o papel cumprido por parte da liderança reformista, mais propensa a se associar a setores liberais no Parlamento do que a propiciar uma ação de massas nas ruas. Simultaneamente, em consonância com sua posição contrária a um programa nacionalista que advogue pela "reunificação" da Polônia e implique a construção de um Estado independente, dentro do SDKPiL ela propõe somar esforços para confluir no recém-criado Partido Operário Social-Democrata Russo (POSDR). No entanto, os desacordos com Lênin em relação a essa questão (ele reivindicava o "direito à autodeterminação" da Polônia) e ao tipo de organização ultracentralista e conspirativa que propõe no Segundo Congresso do partido, realizado em 1903 em Bruxelas e Londres, dão lugar a uma intensa polêmica. Fruto dessa discussão sobre os estatutos e o programa desse novo partido, Rosa redige o folheto "Questões de organização da social-democracia russa", no qual refuta a estrutura antidemocrática e jacobino-blanquista (ou seja, vanguardista) que sugere Lênin, já que, de acordo com sua leitura, termina em obediência cega e docilidade de parte da classe trabalhadora.

---

eleitorais, e apesar das restrições evidentes que impediam as mulheres de votar e subvalorizavam a classe trabalhadora em nível representativo, cerca de 1,8 milhão de pessoas haviam apoiado a social-democracia com seu voto nas eleições para o Reichstag. Ver Annelies Laschitza e Günter Radczun, *Rosa Luxemburgo y el movimiento obrero alemán* (Havana, Ciencias Sociales, 1977).

Na Segunda Internacional (em cujo *bureau* Rosa é aceita como representante do SDKPiL), as discussões têm, nesse mesmo contexto, outro caráter. À polêmica sobre o "revisionismo" sucede-se a relacionada à participação dos socialistas em governos burgueses, que assume dimensão continental, sobretudo por causa da atitude de certos setores da esquerda francesa liderados por Jean Jaurès e do chamado "ministerialismo". Sob o pretexto de defender a República ameaçada pelos conservadores, o dirigente socialista moderado Alexandre-Étienne Millerand havia aceitado ocupar o cargo de ministro do Comércio do governo Waldeck-Rousseau, de junho de 1899 a maio de 1902. Isso deu lugar a um profundo debate no âmbito do Congresso Internacional de Amsterdã, realizado no verão de 1904, ocasião em que Rosa critica abertamente essas atitudes colaboracionistas e fustiga Jaurès com veemência. Este, por sua vez, lhe responde em um tom violento e desqualificador. A anedota conta que, diante da falta de tradutores, a própria Rosa se oferece de intérprete e, em um gesto de honestidade e camaradagem, reproduz em alemão com igual efusão a diatribe que Jaurès lhe havia lançado.

De longe não se vê: a Revolução Russa de 1905 como divisor de águas

Em janeiro de 1905, eclode a revolução na Rússia, abrindo uma nova fase não somente no imenso império tsarista, como também na Europa. Por sua radicalidade, os acontecimentos mês a mês surpreendem até os dirigentes mais tarimbados e cativam Rosa a tal ponto que, no fim do ano, ela decide viajar clandestinamente para Varsóvia, com documentos falsos que a identificam como "Anna Matschke". É a única mulher em um trem lotado de soldados partindo da estação de Berlim para se juntar ao fragor da luta e conhecer em primeira mão o processo insurrecional. Chega em 30 de dezembro de 1905 e lança-se na agitação, acompanhando a luta travada pelo proletariado na última etapa do processo insurrecional.

Escreve em jornais, elabora documentos e distribui panfletos, debate com trabalhadores e participa de comícios. Rosa se encontra no olho do furacão e respira a intensidade a cada instante do que considera uma imensa escola a céu aberto. O "atrasado" povo russo proporciona, segundo sua leitura, profundos ensinamentos ao "avançado" Ocidente. Em março de 1906, é detida e passa quatro meses na prisão, até ser libertada em virtude de seu delicado estado de saúde. Após o pagamento de fiança, é expulsa da Rússia em razão de sua condição de "estrangeira". Mas ninguém poderia apagar as intensas experiências que viveu; Rosa chegará a dizer depois que aqueles foram os meses mais espetaculares de sua vida.

Estabelecida na Finlândia, redige *Greve de massas, partidos e sindicatos*, livro em que analisa o ainda candente processo revolucionário à luz de suas contribuições para a radicalização do projeto político do movimento socialista europeu. Suas provocadoras páginas servem de combustível para sacudir o imobilismo, fulminar consciências e estimular a ação direta em uma encruzilhada histórica e, por isso mesmo, gera grande mal-estar na burocracia sindical e na cúpula da social-democracia alemã. A posição conservadora dessas direções acaba sendo para ela um ponto de não retorno que, com o transcorrer dos anos, culminará em aberta ruptura.

O certo é que o Partido Social-Democrata da Alemanha, ao discutir a questão da *greve de massas* (que estava longe de ser um problema teórico, já que o eixo estava posto na pertinência de seu uso para exigências políticas urgentes, como a modificação do sistema eleitoral, a defesa das liberdades democráticas ou a conquista do sufrágio universal), assume uma atitude ambivalente que, no fim, acaba cedendo às diretrizes e exigências do sindicalismo. Embora em 1905 tenha sido aprovada uma resolução no Congresso de Jena que reivindicava sua utilização em situações concretas, no congresso seguinte – realizado em 1906 na cidade de Mannheim –, há um recuo e postula-se que somente é possível convocar uma medida desse caráter em casos excepcionais e com o acordo prévio dos sindicatos. A greve de massas é comparada, na verdade, com a agitação anarquista e rejeitada como metodologia de luta pertinente. A burocracia festeja esse triunfo e alega que o que mais se exige em tempos convulsionados é "calma e tranquilidade".

A aposta em iniciativas vindas de baixo e a crítica à liderança social-democrata

Em 1907, Rosa ingressa como educadora na escola de formação do Partido Social--Democrata da Alemanha, sendo a única mulher do corpo docente a desempenhar essa tarefa. Os testemunhos daqueles que por ali passaram – em geral militantes escolhidos pelas organizações regionais e provinciais – dão conta de sua enorme capacidade pedagógica para tornar compreensíveis os conceitos e problemas mais complexos da economia política e do marxismo. Fruto da sistematização das anotações de aulas, ela elabora uma primeira versão de um manuscrito de livro (que nunca será concluído) ao qual dá o título de *Introdução à economia política*. Com uma linguagem simples e sem vulgarizar ideias, faz uma primeira aproximação crítica dessa "disciplina" e analisa formas de vida comunitárias e sociedades não capitalistas, particularmente de tempos passados, colocando em questão a concepção linear e evolucionista do devir histórico, assim como a suposta eternidade da propriedade privada.

A vida pessoal e política de Rosa passa naquele ano por vários desentendimentos. Às críticas cada vez mais encarniçadas que recebe de parte dos setores conservadores do partido soma-se a ruptura definitiva de sua relação amorosa com Leo Jogiches, após dezessete anos quase ininterruptos. Pouco tempo depois dessa separação, inicia um romance com Costia Zetkin, de 22 anos, filho de sua amiga e militante feminista Clara Zetkin.

Nesse mesmo ano, participa em Londres do congresso do Partido Operário Social-Democrata Russo, no qual faz um discurso sobre a questão nacional na Polônia que é aprovado pelos bolcheviques. Esse é talvez um dos momentos de maior proximidade com os bolcheviques, a tal ponto que Lênin lhe propõe ingressar no partido e colaborar com o jornal russo *Proletarii* [Proletários]. Ela aceita somente o segundo convite. De volta à Alemanha, deve cumprir a condenação de dois meses de prisão, período após o qual se reincorpora à atividade política.

Em 1910, uma série de fatos faz com que a relação com Karl Kaustky – máximo executor testamentário da social-democracia alemã e europeia – desmorone até a completa inimizade. As críticas aos escritos e posições de Kaustky não eram totalmente novas, já que dois anos antes Rosa havia confessado em uma de suas cartas que ler os textos dele "é como uma repugnante série de teias de aranha [...] que só pode se desfazer mediante o banho mental de ler o próprio Marx"[4]. O certo é que, nessa nova ocasião, a polêmica tem início quando Kautsky se nega a publicar em *Die Neue Zeit* [Os Novos Tempos] um artigo de Rosa sobre a greve de massas, caso ela não eliminasse um fragmento em que reivindicava a constituição de uma República na Alemanha. A altercação dá lugar a um choque de opiniões entre ambos, com um tom cada vez mais beligerante, sobre o tipo de luta pertinente para conquistar certos direitos políticos (Kautsky sugere aqui a chamada "estratégia de desgaste", baseada em uma acumulação paulatina de forças que evita qualquer confrontação aberta com o poder estatal), e traz junto com ela o rompimento total entre ambos.

A esse fato soma-se, em 1911, uma polêmica sobre a chamada "crise do Marrocos" (provocada pela incursão de uma canhoneira alemã nesse território, lida por certos setores europeus como uma provocação contra a França), que gera uma briga dura com August Bebel, líder máximo do partido, fato que não faz outra coisa a não ser aumentar o isolamento e desconfiança da cúpula da social-democracia alemã em relação à figura de Rosa. Na mesma época, ela também sofre injúrias antissemitas em órgãos de imprensa do nacionalismo polonês, que chegam a insinuar que sua deficiência física é um claro exemplo da degeneração judia.

Fruto do trabalho de todos esses anos na escola de formação do partido, em 1913 publica o livro *A acumulação do capital*, sua obra de maior profundidade teórico-analítica, no qual se anima a revisar certas lacunas e equívocos que, de acordo com a sua análise, Marx comete em *O capital* em relação ao estudo da gênese e da expansão histórica real do capitalismo, colocando a

---

[4] John Peter Nettl, *Rosa Luxemburgo* (Cidade do México, Era, 1974), p. 334.

ênfase na relevância dos territórios da periferia global não subsumidos à lógica de acumulação colonial e imperialista.

O cataclismo da Primeira Guerra Mundial

Com a Alemanha imersa em um clima de crescente patriotismo, e com o atentado de Sarajevo como pano de fundo, em 4 de agosto de 1914 o bloco de deputados social-democratas vota no Reichstag a favor dos créditos de guerra exigidos pelo governo para intervir no conflito bélico deflagrado em escala europeia. O argumento empunhado é "a defesa da Pátria". Rosa afirma com tremenda raiva e desgosto que, depois daquela data, a social-democracia alemã se converteu em "um cadáver fedorento".

Um grupo antimilitarista é criado com Clara Zetkin, Franz Mehring e Karl Liebknecht e passa a publicar um jornal de agitação de nome *Die Internationale* [A Internacional], cujo primeiro número eles conseguem distribuir nas ruas. Em suas páginas, Rosa ironiza o momento trágico e escreve que "o apelo histórico universal do *Manifesto Comunista* é submetido a uma correção fundamental e, segundo Kautsky, passou a significar o seguinte: 'Proletários de todos os países, unam-se na paz e cortem as gargantas uns dos outros na guerra!'"[5].

Em 1915, é presa precisamente por causa de sua militância contra a guerra. Durante os meses na prisão, sem descuidar de sua paixão pela botânica e da escrita de cartas de profundo significado afetivo, redige *A crise da social-democracia*, conhecido como *Brochura de Junius*, por causa do pseudônimo com o qual é publicado em abril de 1916. Com ampla difusão na Europa, converte-se em um dos materiais mais contundentes de denúncia do estreito vínculo entre guerra e disputa interimperialista, no qual ela lança sua famosa palavra de ordem "Socialismo ou barbárie!".

A partir de 1º de janeiro de 1916, o grupo de esquerda internacionalista decide se constituir como núcleo organizado no interior do Partido Social-Democrata da Alemanha e tornar públicas suas posições por uma série de "Cartas de informação" distribuídas nas ruas com o nome de Spartacus. Rosa colabora da prisão com o projeto e escreve várias dessas missivas, conhecidas como *Cartas de Spartacus*. Embora consiga sair da prisão, poucos meses depois é detida novamente e só será libertada com a queda do Império Alemão.

---

[5] Paul Frölich, *Rosa Luxemburgo: vida y obra* (Madri, Fundamentos, 1976), p. 303 [ed. bras.: *Rosa Luxemburgo: pensamento e ação*, trad. Nélio Schneider e Erica Ziegler, São Paulo, Boitempo, 2019].

A Revolução Russa vivenciada atrás das grades

Enquanto Rosa cumpre pena, acontece na Rússia uma segunda revolução, cujo início se dá em 8 de março de 1917 nos bairros operários de Petrogrado, por iniciativa de trabalhadoras que saem às ruas para protestar contra o tsarismo e a fome em seus lares. A mobilização, de caráter espontâneo, surpreende uma vez mais os dirigentes mais experimentados[6] e desencadeia uma greve política de massas em que as mulheres e o proletariado em geral desempenham um papel-chave, com palavras de ordem sobre a dimensão reprodutiva da vida. Esse ciclo de lutas culmina com a queda do tsar Nicolau II e a constituição de um governo provisório.

No entanto, paralelamente a essa instância estatal, os sovietes (conselhos) se tornam fonte embrionária de um poder popular que, ao longo dos convulsionados meses que se sucedem, ganha cada vez mais importância, até que em outubro se produz a insurreição liderada pelos bolcheviques e esses órgãos de autogoverno assumem o poder.

Na Alemanha, a continuidade da guerra gera um descontentamento cada vez maior, o que leva um bloco de deputados socialistas a decidir não mais apoiar o governo, dando lugar à criação do Partido Social-Democrata Independente (USPD). Apesar das críticas que faz a essa nova plataforma, o espartaquismo junta-se a ela, mas sem perder sua autonomia organizativa própria. Enquanto isso, Rosa lê tanto quanto pode sobre os acontecimentos na Rússia e, poucos dias depois da constituição do primeiro governo soviético, escreve de sua cela a vários/as amigos/as que "com a mão impaciente" pega "todas as manhãs e todas as noites os jornais do dia" para procurar, entusiasmada, notícias sobre o que acontece ali.

Durante o tempo que passa na prisão, elabora um manuscrito que jamais publicará em vida, intitulado *A Revolução Russa*, no qual, sem deixar de reivindicar

---

[6] Cabe recordar que, nesse mesmo momento, Lênin estava exilado em Zurique, balbuciando que talvez seus netos tivessem a oportunidade de ver um processo revolucionário na Rússia em algum futuro remoto, e Trótski passava, também como emigrado, longas horas na biblioteca de Nova York estudando a estrutura econômica dos Estados Unidos. De acordo com várias fontes da época, os representantes dos bolcheviques em território russo tentaram acalmar as operárias que se preparavam para celebrar ativamente o "dia da mulher" previsto para a jornada. No entanto, as ousadas trabalhadoras não lhes deram ouvidos e, assim como outras tantas figuras anônimas e invisíveis da história recente, acabaram sendo as verdadeiras urdidoras do início dessa revolução. Marcel Liebman, um dos mais lúcidos historiadores da Revolução Russa, afirmou de maneira irônica, e a partir de uma perspectiva afinada com a de Rosa, que "o movimento de fevereiro de 1917 representa um enigma para aqueles que não conseguem imaginar uma greve sem dirigente ou uma revolução sem tenebrosos chefes que dirigem na sombra as 'multidões--marionete'" (Marcel Liebman, *Enigmas de la revolución rusa*, Madri, Daimon, 1969, p. 187).

o processo em curso, e levando em consideração as condições excepcionais e altamente adversas nas quais os fatos se desenrolam, formula uma aguda crítica tanto às leituras liberais e antimarxistas de Kautsky e outros revisionistas alemães quanto a certas iniciativas defendidas por Lênin e Trótski que, de acordo com a sua análise, são equivocadas e se ressentem do protagonismo das massas populares. Entre as críticas, estão o declínio dos sovietes, a ausência cada vez mais notória de canais de participação e debate público que incluam forças de esquerda e organizações não vinculadas ao bolchevismo e o desencontro entre socialismo e democracia no momento de pretender estabelecer as bases da ditadura do proletariado.

Paralelamente, e com a saúde em franca deterioração (em meados de 1918, anota em seu diário pessoal que seu peso é de somente 51 quilos), publica alguns artigos anônimos sob o formato clandestino das *Cartas de Spartacus*, nos quais, em tom mais matizado, adverte para o contexto trágico e altamente hostil da situação na Rússia, e fustiga a inação e a falta de solidariedade do proletariado internacional, particularmente do sonolento Partido Social-Democrata da Alemanha.

A queda do Império Alemão e a libertação da prisão

Com Rosa ainda encarcerada na prisão de Breslau, em 29 de outubro de 1918 os marinheiros da frota alemã em Kiel se amotinam e dão início à Revolução Alemã. A rebelião se espalha por diferentes pontos do país e da frente de batalha, com levantes de soldados, mobilizações de rua e declarações de greve geral. Em 6 de novembro, é decretada a anistia dos/as prisioneiros/as políticos/as e Rosa é libertada dois dias depois.

O Império é derrubado sob um clima de agitação e protestos populares sem precedentes, e a social-democracia se apressa em proclamar a República, sem exceder os contornos de um regime democrático-burguês. Sob o nome de Conselho dos Comissários do Povo, um novo governo é constituído, sendo composto por três integrantes do SPD e três do USPD. De sua parte, o espartaquismo e os setores mais radicais da esquerda, tendo à frente Karl Liebknecht (que havia sido libertado em 23 de outubro), declaram a República socialista e, em 10 de novembro, lançam o *Chamamento aos operários e soldados de Berlim* para constituir e multiplicar os conselhos.

Após sair da prisão, Rosa viaja a Berlim para se somar às atividades de luta e agitação que seus camaradas realizavam nas ruas. Chega a viver pouco mais de dois meses – talvez os mais intensos de sua atribulada existência – imersa em um clima de rechaço de tudo que estava estabelecido e de emergência de formas inéditas de auto-organização popular. Se a revolução acontece quando *o extraordinário se torna cotidiano*, ela parece nadar em uma maré desse teor.

Conselhos de operários e soldados surgem por toda a parte, os comícios e as assembleias multitudinárias são parte da paisagem em pontos nevrálgicos da cidade, assim como as mobilizações, tentativas de tomada de delegacias e confrontos com as forças da ordem. Nessas intensas semanas de convulsão extrema, Rosa assume a direção do jornal *Die Rote Fahne* [A Bandeira Vermelha], que de início é impresso em uma gráfica confiscada pela militância espartaquista, e participa de diversas iniciativas em sintonia com o processo de ativação das massas vivido no país. Naquelas páginas de agitação, afirma que as massas aprenderão a deixar de ser as máquinas inertes que o capitalismo insere no processo de produção e se converterão em condutores pensantes, livres e independentes do próprio processo[7].

Participa dos acontecimentos com entusiasmo e ao mesmo tempo com certo sentimento de angústia, já que, embora lhe permitam confirmar a importância da espontaneidade e a capacidade de iniciativa e impulsão que a classe trabalhadora ostenta nesse processo revolucionário, fica evidente – e assim testemunha em mais de um escrito contemporâneo ao devir dos fatos – que ainda faltam certa "maturidade" e formação política às massas para que assumam os enormes desafios que a conjuntura de crise aguda lhes apresenta. E o que costuma escassear em momentos como esses, sugere Rosa, é tempo.

Da fundação do Partido Comunista da Alemanha à contraofensiva repressiva

Entre novembro e dezembro, produz-se em Berlim uma conjunção de acontecimentos que condensam a dinâmica da luta de classes em toda a Alemanha. Setores de esquerda radical liderados pelo espartaquismo tentam tomar de assalto o quartel--general da polícia, grupos de oficiais e soldados de extrema direita respondem amedrontando o proletariado, ocupações de edifícios públicos e combates de rua marcam o dia a dia. Em meados de dezembro, inicia-se o Primeiro Congresso dos Conselhos de Trabalhadores e Soldados, no qual uma folgada maioria de delegados segue a tendência mais conservadora da social-democracia e a incidência de espartaquistas é ínfima. Tomando uma atitude suicida, essa instância máxima ratifica o governo provisório e apoia a convocatória de eleições gerais para uma Assembleia Nacional Constituinte em 19 de janeiro. Ainda assim, os conselhos conseguem perdurar e seu exemplo se irradia para boa parte do território nacional.

Após esse desenlace frustrado, e depois de acalorados debates sobre sua pertinência, no fim de dezembro a Liga Spartacus decide se converter em partido

---

[7] Rosa Luxemburgo, *¿Qué quiere la Liga Espartaco?*, cit., p. 68.

político, e em 29 de dezembro é realizado o congresso de fundação do Partido Comunista da Alemanha. Somam-se a ele setores da esquerda radical de Bremen e delegados de fábrica de várias regiões do país. Rosa brinda essa jornada com um discurso entusiasmado que depois ficou conhecido pelo nome de "Nosso programa e a situação política".

Os primeiros dias de janeiro veem momentos de extrema agitação. Em uma clara provocação, o governo social-democrata tenta destituir o chefe de polícia de Berlim, Emil Eichhorn, jornalista respeitado e dirigente esquerdista do USPD. Como resposta, no dia 5, explode uma mobilização multitudinária na cidade que exige a renúncia do governo comandado por Friedrich Ebert. A medida de forças é acompanhada de uma greve que tem a adesão de centenas de milhares de trabalhadores. Encorajados, setores espartaquistas consideram que é o momento certo para dar início à insurreição. Rosa duvida da situação e avalia que a medida é apressada. Liebknecht e outros dirigentes postulam que a conjuntura é propícia para se passar à ofensiva.

Várias estações centrais de trem e edifícios públicos são ocupados, entre eles o emblemático jornal social-democrata *Vorwärts* [Avante]. Paradoxalmente, é Gustav Noske, um destacado membro do partido, que lidera a sangrenta repressão à rebelião popular deflagrada nas ruas de Berlim.

Já em um contexto de refluxo, na noite de 15 de janeiro, integrantes dos *Freikorps* detêm Rosa Luxemburgo e Karl Liebknecht e os levam ao Hotel Eden, onde são agredidos com coronhadas. Liebknecht é assassinado pelas costas, enquanto Rosa recebe um tiro de misericórdia na cabeça e seu cadáver é jogado nas frias águas de um canal, sendo encontrado meses depois. Poucos dias após o vil assassinato, seu amigo e camarada Franz Mehring falece de desgosto. Como se não bastasse, em 10 de março é detido e executado a tiros Leo Jogiches, antigo companheiro e ex-namorado de Rosa Luxemburgo, que havia se lançado por completo na denúncia pública de sua morte e seu desaparecimento.

Na esquina da história, e um século após os covardes assassinatos, depende de nós que essas estrelas vermelhas se acendam novamente e iluminem os caminhos a percorrer rumo a *um socialismo no qual caibam muitos socialismos*. Desde já, sempre tendo claro que estamos semeando um território virgem e – como Rosa escreveu atrás das grades – só "a experiência [é] capaz de corrigir e abrir novos caminhos. Só uma vida fervilhante e sem entraves chega a mil formas novas, improvisações, mantém a *força criadora*, corrige ela mesma todos os seus erros"[8].

---

[8] Idem, *Crítica de la revolución rusa* (Buenos Aires, Anagrama, 1972), p. 76 [ed. bras.: "A Revolução Russa", em *Textos escolhidos II*, cit., p. 175-212].

2
CONHECER O CAPITALISMO
PARA PODER COMBATÊ-LO

Rosa Luxemburgo, figura internacional, figura intelectual e dinâmica, tinha também uma posição eminente no socialismo alemão. Via-se e respeitava-se nela a dupla capacidade para a ação e o pensamento, para a realização e a teoria. Rosa Luxemburgo era ao mesmo tempo um cérebro e um braço do proletariado alemão.

José Carlos Mariátegui

Se há algo que acompanha Rosa ao longo de sua vida como a sombra acompanha o corpo é, sem dúvida, a vocação para compreender a realidade em que se encontrava imersa, em particular as profundas transformações que estavam acontecendo em seu tempo histórico, de maneira a potencializar um projeto revolucionário que conseguisse eliminar todo tipo de exploração ou opressão da face da terra e edificar, assim, o socialismo como projeto civilizatório alternativo. Para isso, uma *bússola* fundamental, segundo sua leitura, é o marxismo[1], na medida em que proporciona contribuições fundamentais para o estudo e o combate do capitalismo como sistema de dominação. Mas como Rosa o entende? Que interpretação soube fazer da obra de Marx?

Infelizmente, muito dos críticos de Rosa – da época e também de hoje – ignoram essa questão e abordam de maneira fragmentada e descontextualizada algumas de suas reflexões e propostas teórico-políticas para ressaltar supostos equívocos ou então rejeitar apostas políticas que se desviariam da "linha" correta

---

[1] Teria o jovem José Carlos Mariátegui lido a *Brochura de Junius*, escrita atrás das grades por Rosa Luxemburgo e difundida sob esse pseudônimo em plena guerra mundial? Nela, ela caracteriza o marxismo em uma chave muito similar à formulada depois pelo *amauta*, que afirmou que ele não nos mostra um itinerário, mas serve como uma potente *bússola* para orientar nossa práxis coletiva: "A teoria marxista pôs nas mãos da classe trabalhadora do mundo inteiro uma bússola para orientar-se no turbilhão dos acontecimentos cotidianos, para dirigir sua tática de luta a todo momento de acordo com o objetivo final imutável" (Rosa Luxemburgo, "A crise da social-democracia", em *Textos escolhidos II (1914-1919)*, org. e trad. Isabel Loureiro, 3. ed., São Paulo, Editora Unesp/Fundação Rosa Luxemburgo, 2017, p. 19).

marcada por Marx. Sendo assim, é fundamental começar elucidando quais são os núcleos principais que, segundo ela, caracterizam o marxismo, para entender o capitalismo e lutar de maneira integral e certeira contra ele, enfocando também as características e condicionamentos da América Latina no âmbito desse sistema-mundo. Como tentaremos colocar em evidência, Rosa considera o capitalismo uma totalidade que, como processo contraditório e em constante dinamismo, envolve nosso continente em uma relação global na qual o vínculo entre exploração, acumulação por espoliação e colonialidade é crucial.

A especificidade do marxismo: o ponto de vista da totalidade, a práxis e a historicidade

De acordo com Rosa, o marxismo constitui uma concepção do mundo que nos permite entender a sociedade e, ao mesmo tempo, transformá-la. Embora reconheça o caráter inconcluso da obra de Marx, em particular dos volumes de *O capital*, e até se anime a polemizar com algumas hipóteses teóricas e interpretativas que são formuladas ali, ela discorda totalmente de certas leituras dogmáticas que veem nesse aspecto distintivo uma fragilidade estrutural do discurso marxiano: "Inacabados como estão, esses dois volumes [volumes 2 e 3 de *O capital*] oferecem algo infinitamente mais valioso que qualquer verdade acabada: estímulo à reflexão, à crítica e à autocrítica que são o elemento mais original da teoria que Marx nos legou"[2].

Efetivamente, aquele monumental e incompleto livro elaborado por Marx, assim como outros escritos do mesmo tipo, não são interpretados por ela como documentos puramente "científicos" de um acadêmico ou erudito. Se o que se pretende, por exemplo, é colocar em evidência "a verdadeira raiz do enriquecimento capitalista" – algo que Marx faz de maneira magistral, por exemplo, nos sucessivos capítulos do primeiro volume de *O capital* –, é precisamente porque tem uma função político-prática: servir como um chamado à ação, ou seja, desempenhar o papel de revelação, denúncia e grito de guerra contra um sistema de exploração e dominação que é imperioso superar. Por essa razão, Rosa postula que "a exploração só e unicamente poderá acabar se for abolida a venda da força de trabalho, isto é, o sistema de assalariamento"[3].

Portanto, a potência do marxismo não está dada somente por seu rigor "científico" ao explicar a realidade e seus fundamentos últimos, mas também e, sobretudo, por sua capacidade de questionar o tipo particular de relações sociais

---

[2] Rosa Luxemburgo, "O segundo e o terceiro volumes d'*O capital*", em *Textos escolhidos II*, cit., p. 174.

[3] Ibidem, p. 166.

existentes como ordem "natural" ou impossível de modificar. Esquecida e traída pela sociedade burguesa – ironiza Rosa –, a crítica da economia política como denúncia e revelação das relações de poder no capitalismo busca encontrar na classe trabalhadora "não só compreensão teórica, mas também uma realização prática"[4]. Por isso, podemos afirmar que Rosa entende o marxismo como uma *filosofia da práxis ou ciência revolucionária*, que une conhecimento exaustivo e aposta militante, uma vez que, como indica Michael Löwy, para ela,

> o marxismo não era uma Suma Teológica, um conjunto petrificado de dogmas, um sistema de verdades eternas estabelecidas para durarem para sempre, uma série de proclamações pontificais marcadas com o selo da infalibilidade; mas sim, pelo contrário, um método vivo que deve ser constantemente desenvolvido para apreender o processo histórico concreto.[5]

Alguns pressupostos são chave para Rosa na hora de reivindicar o marxismo e seu método dialético: em primeiro lugar, a *práxis*, como unidade indissolúvel de teoria e ação, articulação orgânica entre pensamento e prática; em segundo lugar, a perspectiva de *totalidade*, isto é, o ponto de vista a partir do qual se devem examinar os fenômenos e processos humanos; por fim, a *historicidade*, ou seja, o caráter transitório (não eterno nem imutável) do sistema capitalista e da estrutura de relações sociais que o configuram.

Uma das principais perguntas que sempre surgem nos debates teóricos e políticos é como podemos conhecer a realidade. Fundamental para isso é entender que conhecemos o mundo na medida em que o transformamos, ou seja, que nos apropriamos ou intervimos nele. Isso significa que é possível conhecer o mundo não somente porque dele formamos parte, mas também porque, como povos e classes subalternas, contribuímos para sua criação. Boa parte do que nos rodeia é criação nossa: as casas e os edifícios, as praças, o que consumimos, aquilo que vestimos etc. Tudo isso é fruto do esforço da classe trabalhadora e dos setores populares, ou seja, do nosso trabalho cotidiano, embora nos seja apresentado – resultado do que Marx chama de fetichismo da mercadoria – como algo totalmente alheio e desvinculado do nosso fazer coletivo.

Portanto, o conhecer (o refletir, o pensar, o nos perguntarmos por que as coisas são como são e não de outra maneira) se relaciona estreitamente com o fazer, ou seja, com a transformação do mundo, com nossa intervenção crítica

---

[4] Idem, *Introducción a la economía política* (Buenos Aires, PyP, 1972, Cuadernos de Pasado y Presente 35), p. 78 [ed. bras.: *Introdução à economia política*, trad. Carlos Leite, São Paulo, Martins Fontes, 1977].

[5] Michael Löwy, *Dialéctica y revolución* (Cidade do México, Siglo XXI, 1981), p. 77.

nele. Esse vínculo entre teoria e prática, entre conhecimento e ação, foi chamado por Marx em suas *Teses sobre Feuerbach* de práxis:

> Toda vida social é essencialmente *prática*. Todos os mistérios que conduzem a teoria ao misticismo encontram sua solução racional na prática humana e na compreensão dessa prática, [portanto,] a coincidência entre a alteração das circunstâncias e a atividade humana só pode ser apreendida e racionalmente entendida como *prática* [práxis] *revolucionária*.[6]

Para exercitar nossa *práxis* (ou seja, para poder interpretar o mundo e, ao mesmo tempo, contribuir para a sua transformação), existem alguns conceitos importantes que nos ajudam a conhecer melhor a realidade. Um deles é, efetivamente, o de *totalidade*, que não nos deixa sucumbir à "aparência" dos fatos. Muitas vezes, o que ocorre em nossa vida cotidiana, ou o que a mídia hegemônica mostra (por exemplo, a televisão e os jornais de circulação de massa), é apresentado como algo caótico, confuso, fragmentado, dividido em "parcelas" ou "dimensões" que aparentemente não têm nada a ver umas com as outras, ou então como fenômenos que, por acontecerem em territórios distantes geograficamente, não condicionam – nem mantêm vínculo com – o que nos sucede diariamente. O que acontece com a economia do nosso país não parece ter relação com o que ocorre no resto do mundo, assim como o que fazem (ou deixam de fazer) os políticos e empresários parece não ter nada a ver com o que acontece em nossos bairros, povoados e comunidades. Esse olhar fragmentado nos faz crer que a economia vai por um caminho, a política por outro, a cultura por outro ainda, também diferente e desconectado, e assim sucessivamente; ou então que o que acontece em nossa vida "privada" (por exemplo, dentro de nossas casas) não está condicionado pela maneira como a nossa sociedade está estruturada, ou pelos valores, ideias e costumes que nela predominam.

Essa visão fragmenta a sociedade em uma série de "compartimentos" ou dimensões desvinculadas entre si: a política, distinta e separada da economia e da cultura; o "público", diferente do "privado"; as necessidades imediatas, desacopladas do horizonte socialista pelo qual se luta; o espaço do bairro ou o território em que se milita, sem relação alguma com outros âmbitos, projetos e iniciativas que as organizações e os movimentos populares impulsionam no resto da cidade, da província ou da região; as crises que acontecem em outras latitudes ou continentes, como algo totalmente alheio ao que ocorre em nosso país.

---

6   Karl Marx, "Tesis sobre Feuerbach", em *La cuestión judía y otros escritos* (Buenos Aires, Planeta, 1993), p. 230-1 [ed. bras.: "Karl Marx – 1. Ad Feuerbach (1845)", em *A ideologia alemã*, trad. Rubens Enderle, Nélio Schneider e Luciano Cavini Martorano, São Paulo, Boitempo, 2007].

Na contramão desse olhar parcial, de acordo com Rosa, o ponto de vista da *totalidade* nos permite entender que cada uma dessas dimensões da realidade são *momentos, dimensões ou facetas de uma unidade*. Portanto, é preciso entender que a sociedade em que vivemos deve ser vista como uma unidade contraditória, síntese de múltiplas determinações. Isso implica ter um olhar *integral*, partindo da configuração do conjunto (o global), que é o que condiciona, em última instância, cada um dos elementos que conformam essa totalidade.

Então, o ponto de partida para analisar a realidade, segundo Rosa, é entendê-la como uma *unidade* em que cada dimensão ou elemento ganha sentido e tem uma função específica, conforme a estrutura geral ou sistema (a totalidade) que lhe dá forma e coerência. Porque os mesmos elementos ou facetas podem cumprir funções ou ter sentidos diferentes de acordo com a organização do conjunto e segundo o lugar que ocupam nele. O importante é ressaltar a interdependência (a conexão mútua) de cada um desses elementos entre si, ou seja, não os ver como "compartimentos isolados", e sim como *momentos ou dimensões de uma totalidade concreta*.

> ## O específico do marxismo
>
> O que diferencia decisivamente o marxismo da ciência burguesa não é a tese de um predomínio dos motivos econômicos na explicação da história, e sim o ponto de vista da totalidade. A categoria da totalidade, o predomínio universal e determinante do todo sobre as partes é a essência do método que Marx tomou de Hegel e que colocou, de modo original, na base de uma ciência totalmente nova [...] e o que há de fundamentalmente revolucionário na ciência proletária não consiste somente no fato de que ela contrapõe os conteúdos revolucionários à ciência burguesa, mas sim, principalmente, na essência revolucionária de seu próprio método. O predomínio da categoria da totalidade é o portador do princípio revolucionário na ciência.[7]

Em um de seus artigos mais lúcidos sobre o pensamento de Rosa Luxemburgo, György Lukács já havia expressado que,

[embora] o isolamento abstrativo dos elementos de um amplo campo de investigação ou de complexos problemáticos soltos ou de conceitos dentro de um campo

---

[7] György Lukács, "Rosa Luxemburgo como marxista", em *Historia y conciencia de clase* (Barcelona, Sarpe, 1985), p. 103-4.

de estudo seja inevitável, é decisivo saber se esse isolamento é somente um meio para o conhecimento do todo, ou seja, se se insere na correta conexão total que pressupõe e exige, ou se o conhecimento abstrato das regiões parciais isoladas vai preservar sua autonomia e se converter em finalidade própria.[8]

Caso se opte por essa última concepção,

[reifica-se a mentalidade burguesa] que atomiza a sociedade, que vê as coisas em vez dos processos, que busca escapar das contradições isolando os fenômenos, e, caso se aceite considerar cada coisa em si mesma, abstraída da totalidade do real, sem ver as repercussões que tem sobre o processo histórico, então qualquer preço se converte em aceitável também para o movimento operário, mas isso se faz à custa da renúncia do caráter socialista do próprio movimento, que somente se expressa em uma visão de conjunto.[9]

Além disso, cabe advertir que esse método dialético não se restringe, no caso de Rosa, a um mero entendimento do devir histórico (algo que é, de toda forma, seguramente central dentro da tradição marxista), mas também supõe considerar a ótica a partir da qual se deve conceber e plasmar na própria realidade a estratégia revolucionária, fundindo ciência e transformação:

A obra de Rosa Luxemburgo consiste precisamente no esforço de introduzir o método dialético de Marx no centro da luta de classes, torná-lo não apenas um método para a interpretação da história e para a análise da sociedade presente, mas também um método que se utiliza para fazer a história, isto é, que se aplica à ação de grandes massas e à construção consciente do futuro.[10]

Se certos marxistas concebem a história (ou, como dizem, a "História", com maiúscula) como um acontecer alheio à ação humana, mero acontecer marcado por estruturas que o transcendem e esmagam, enquanto outras leituras – igualmente antidialéticas – fazem dela uma cera virgem moldada ao capricho dos seres humanos e sem nenhum tipo de condicionamento, Rosa tenta *articular sujeito e estrutura*, iniciativa e luta de classes, sem os desvincular dos contextos e determinações múltiplas que marcam seu devir. Para isso, retoma Marx e o interpreta em uma chave complexa, a partir dessa totalidade

---

[8] Ibidem, p. 104.
[9] Lelio Basso, *Rosa Luxemburgo* (Cidade do México, Nuestro Tiempo, 1977), p. 39.
[10] Ibidem, p. 23.

concreta e em função de uma dialética que evita qualquer determinismo e subjetividade caprichosa:

Os homens não fazem arbitrariamente a história, mas, apesar disso, fazem-na eles mesmos. A ação do proletariado depende do grau de maturidade do desenvolvimento social, mas o desenvolvimento social não é independente do proletariado. Este é, em igual medida, sua força motriz e sua causa, assim como seu produto e sua consequência. Sua própria ação faz parte da história, contribuindo para determiná-la. E embora não possamos saltar por cima do desenvolvimento histórico, assim como um homem não pode saltar por cima da própria sombra, podemos, no entanto, acelerá-lo ou retardá-lo.[11]

Efetivamente, será a capacidade de entender não somente a dinâmica de funcionamento da sociedade capitalista, mas também o próprio processo revolucionário em si mesmo dialético e contraditório que permitirá a Rosa repensar a revolução sob a perspectiva original aberta pelo Marx maduro radicado na Inglaterra. Essa insistência de Rosa – destacada por Lelio Basso, um de seus intérpretes mais lúcidos – em ressaltar a importância do método dialético e "o significado de sua referência contínua à totalidade acontece porque essa é a chave para compreender não somente sua constante polêmica com o revisionismo, mas também toda a sua estratégia revolucionária", baseada no "reestabelecimento da unidade dialética entre ação cotidiana e objetivo final revolucionário"[12]. Como indicou Michael Löwy, para Rosa Luxemburgo "a referência à totalidade é sempre a referência ao processo histórico; não há, para ela, estrutura petrificada e imóvel: ela se nega a absolutizar a estabilidade relativa das articulações do todo"[13].

Essa totalidade ou unidade deve ser concebida, portanto, como algo *dinâmico*, ou seja, em permanente transformação e mudança, em razão de seu caráter *histórico*. A totalidade não é um sistema estático, rígido ou imóvel; encontra-se sempre em movimento, é por definição inacabada e tem uma gênese concreta. Deve ser vista, então, como um *processo* e não como uma sucessão de fatos desconectados entre si, tampouco como uma série de fenômenos analisados de forma isolada. A essência do marxismo, dirá Rosa,

não consiste em uma ou outra opinião sobre problemas correntes, mas unicamente na história. [...] A alma de toda doutrina de Marx é o método dialético-

---

[11] Rosa Luxemburgo, *La crisis de la socialdemocracia* (Cidade do México, Roca, 1972), p. 22 [ed. bras.: "A crise da social-democracia", em *Textos escolhidos II (1914-1919)*, org. e trad. Isabel Loureiro, 3. ed., São Paulo, Editora Unesp/Fundação Rosa Luxemburgo, 2017, p. 15-144].

[12] Lelio Basso, *Rosa Luxemburgo*, cit.

[13] Michael Löwy, *Dialéctica y revolución*, cit., p. 84.

48 HERNÁN OUVIÑA

-materialista de examinar os problemas da vida social, método para o qual não existem fenômenos, princípios ou dogmas constantes e imutáveis.[14]

Mas, além de conceber a totalidade de forma *histórica*, ou seja, transitória, dinâmica e processual, uma questão adicional é entender a totalidade como algo constitutivamente *contraditório*, o que significa que em seu próprio interior coexistem forças contraditórias e até antagônicas, que tendem ao mesmo tempo à unidade e à oposição. Um claro exemplo disso são as classes sociais em nossa sociedade, configuradas a partir – embora não somente – da relação capital--trabalho: de um lado, está a classe capitalista (que nos explora) e, de outro, a classe trabalhadora (que sofremos a exploração diariamente por não possuirmos os meios para subsistir e nos vemos obrigados/as a trabalhar). Ambas são forças antagônicas (ou seja, com interesses irreconciliáveis, contrárias umas às outras: eles querem nos explorar o máximo possível e nós queremos evitar que nos explorem e nos espoliem de direitos ou meios para a reprodução da vida), mas, ao mesmo tempo, uma depende da outra. Os capitalistas dependem de nossa exploração para obter seus lucros, e, ao mesmo tempo, nós dependemos de que eles nos contratem ou nos ofereçam trabalho, para assim conseguirmos um salário e podermos nos reproduzir. O interessante é que a classe trabalhadora poderia viver sem capitalistas, mas... eles não poderiam subsistir sem nós.

Assumir a inter-relação das partes, sua conexão orgânica, não equivale a diluir suas características específicas, ou seja, suas qualidades, o que elas têm de particular. O importante é não absolutizar suas características nem isolar completamente cada dimensão, e sim analisar sua especificidade *em função da perspectiva da totalidade*. Por exemplo, é fundamental entender quais são as características distintivas e como funciona a economia do país em que vivemos, mas também analisar os fatores "externos", assim como as demais dimensões "internas", que condicionaram seu devir histórico e contemporâneo (entre os mais fundamentais estão o imperialismo, a inserção na divisão internacional do trabalho, os interesses das classes dominantes locais e seus nexos com o capital transnacional, o vínculo específico campo-cidade, as características geográficas do país, sua matriz produtiva etc.).

A sociedade como totalidade em movimento

Uso a palavra totalidade no sentido marxista e luxemburguiano, de totalidade concreta, de um complexo orgânico de relações no qual cada coisa está relacionada ao todo e o todo predomina sobre

---

[14] Citado em ibidem, p. 77-8.

a parte; mas, naturalmente, não um todo fixo, estático, imutável, e sim um todo que esteja ele próprio em contínua transformação. Portanto, toda separação entre política, economia, direito, moral etc. é arbitrária na medida em que se trata de faces diversas do mesmo processo unitário (faces que podem ser distinguidas como tais, mas não separadas de modo abstrato), da mesma maneira que é arbitrária toda separação pura de períodos e fases diversas do processo histórico na medida em que cada uma compreende em si a raiz dos desenvolvimentos posteriores e a razão de sua própria superação; como também é arbitrária a interpretação em um só sentido dos fatos isolados, fora da totalidade do real, como se cada fato, cada ação, cada movimento, cada fenômeno não fosse o elo de uma corrente infinita de ações e reações recíprocas. Somente quem tem consciência dessa totalidade pode compreender os distintos momentos em que ela se articula, vê-los em suas relações mútuas, em suas contradições intrínsecas, em suas linhas de desenvolvimento, e somente quem não pressupõe conclusões arbitrárias consegue estudar e analisar concretamente os fenômenos particulares.[15]

Por sua vez, devemos entender cada uma dessas dimensões ou elementos como *subtotalidades*, ou como *unidades parciais*, fenômenos ou processos constituídos também por múltiplas determinações ou diferentes elementos ou momentos, cada um deles com suas próprias características. A economia, por exemplo, ao mesmo tempo que não está isolada dos demais momentos que mencionamos (o político, o cultural, o contexto mundial etc.), tampouco deve ser entendida como um todo indeterminado, mas sim como um subconjunto específico de relações e processos que interagem e possuem uma coerência interna, mais além do nível da aparência. Essa é precisamente a formulação de Karl Marx em seus manuscritos conhecidos como *Grundrisse*:

O resultado a que chegamos não é que produção, distribuição, troca e consumo são idênticos, mas que todos eles são membros de uma totalidade, diferenciados dentro de uma unidade. [...] Uma produção determinada, portanto, determina um consumo, uma troca e uma distribuição determinados, bem como *relações determinadas desses diferentes momentos entre si*. [...] Há [portanto] uma interação entre os diferentes momentos. Esse é o caso em qualquer todo orgânico.[16]

---

[15] Lelio Basso, *Rosa Luxemburgo*, cit., p. 24-5.

[16] Karl Marx, *Elementos fundamentales para la crítica de la economía política (Grundrisse) 1857--1858* (México, Siglo XXI, 1997), p. 20 [ed. bras.: *Grundrisse*, trad. Mario Duayer e Nélio Schneider, São Paulo/Rio de Janeiro, Boitempo/Editora UFRJ, 2011]. Sobre isso, dois exemplos

O vínculo orgânico entre capitalismo e colonialismo

Para Rosa, o capitalismo como totalidade não implica somente a exploração da classe trabalhadora por parte da burguesia, mas também – particularmente em sua faceta imperialista e visto a partir de nossa realidade latino-americana – uma dinâmica de colonialismo e sujeição de povos inteiros aos quais se busca dizimar e espoliar, em função da avidez de acumulação capitalista dos centros de poder global. Desde fins do século XIX, ela se encarrega de denunciar a expansão brutal dos impérios e potências europeias sobre a África e a América, assim como as consequências profundamente negativas que essa subjugação implica para as formas de "economia natural" e modos de vida das populações autóctones, ainda que não a partir de um olhar derrotista que celebre sua suposta inevitabilidade. Nas palavras de Horacio González, ela descobre na realidade desse mundo periférico, ainda não anexado totalmente pelo capitalismo, "uma fascinante possibilidade de pensar o fim do ciclo burguês"[17].

De fato, Rosa entra constantemente em confronto com as posições chauvinistas (ancoradas em um positivismo extremo e em teorias evolucionistas em voga na época) de setores importantes da social-democracia alemã e de outros países, que chegam a postular – sem corar – a necessidade de uma "política colonial socialista".

Embora essa proposta já houvesse aparecido em um congresso socialista realizado em Amsterdã, apresentada pelo social-democrata holandês Henri van Kol[18], é durante o Congresso de Stuttgart de 1907 que a polêmica assume sua

---

interessantes de apreensão e análise do ponto de vista da totalidade, ambos elaborados em realidades do Sul global, são os *Sete ensaios de interpretação da realidade peruana*, escritos por José Carlos Mariátegui em 1928, e *A questão meridional*, escrito por Antonio Gramsci em 1926. Em ambos os casos, os autores tentam entender quais são as características principais de suas respectivas sociedades (Peru, no caso de Mariátegui, Itália, no de Gramsci), levando em consideração diferentes dimensões que as co-constituem (econômica, cultural, política, literária, histórica etc.). Seus pontos de vista tentam, portanto, combinar a análise do que se conhece como "estrutura" da sociedade (por exemplo, o tecido de relações materiais a partir das quais os seres humanos produzem e reproduzem sua vida) com o estudo da dimensão "superestrutural" (a cultura, as ideias e costumes arraigados nas classes e grupos sociais, o tipo de Estado etc.). Sobre isso, ver José Carlos Mariátegui, *Siete ensayos de interpretación de la realidad peruana* (Lima, Amauta, 1975) e Antonio Gramsci, *La cuestión meridional* (Buenos Aires, Quadrata, 2003).

[17] Horacio González, *Restos pampeanos* (Buenos Aires, Colihue, 1999), p. 263.

[18] Henri van Kol (Holanda, 23 de maio de 1852 – Bélgica, 22 de agosto de 1925) foi um dos fundadores do Partido Social-Democrata Holandês, organização que em 1908 decide expulsar sua ala esquerda (conhecida como "tribunista") e defender cada vez mais uma linha revisionista e de luta gradual no terreno legal, reivindicando, para tal, até mesmo a colaboração com governos burgueses. Por causa de seu conhecimento direto das Índias ocupadas pela Holanda

real dimensão. Nele, esse dirigente pergunta-se novamente se "devemos condenar toda possessão colonial, em todos os casos, épocas e lugares", respondendo que "até a sociedade socialista do futuro deverá elaborar sua política colonial, regulamentando as relações dos países que alcançaram, na escala da evolução econômica, um grau superior ao das raças atrasadas". Em seguida, interroga se "podemos abandonar a metade do globo ao arbítrio de povos que ainda não superaram o período da infância, que não aproveitam as enormes riquezas do subsolo de seus países e não cultivam as partes mais férteis de nosso planeta"[19] e conclui afirmando que uma política colonial socialista constitui sem dúvida "uma obra de civilização"[20].

É interessante o paralelismo que Van Kol traça entre os povos submetidos ao domínio colonial e a infância:

> Na maior parte dos casos, não será possível renunciar às antigas colônias porque estas não são capazes de se autogovernar e, debilitadas por uma tutela centenária, cairiam na anarquia e na miséria. Abandonar totalmente o menino frágil e ignorante, que não pode prescindir de nossa ajuda, equivaleria a torná-lo vítima de uma exploração sem limites ou entregá-lo a outros dominadores, [razão pela qual] nas colônias, a social-democracia terá de apoiar os fracos, instruir os não

---

e submetidas como colônias (chegou a viver vários anos na ilha de Java), Van Kol foi um dos poucos sociais-democratas da Segunda Internacional com contato direto com esse tipo de realidade, motivo pelo qual foi designado informante sobre o tema nos congressos socialistas internacionais de Paris (1900), Amsterdã (1904) e Stuttgart (1907).

[19] Note-se que o argumento é semelhante ao utilizado por vários governantes na América Latina durante as últimas décadas como contraposição a povos e comunidades indígenas que rechaçam a incursão de projetos extrativistas em seus territórios. Ao modo de simples exemplo, basta citar o artigo escrito pelo ex-presidente do Peru, Alan García, intitulado "El síndrome del perro del hortelano" [A síndrome do cachorro do jardineiro], em que ele retoma esse ditado popularizado em uma comédia de Lope de Vega, na qual o cachorro nem come (porque, não sendo vegetariano, não consome as verduras da horta) nem deixa comer (porque não permite que ninguém as coma), para denunciar o "atraso" ao qual os povos e as comunidades indígenas e camponesas levam o Peru por causa de sua teimosa resistência a esse tipo de política de espoliação. Nesse texto, publicado em 2007 em um dos jornais de maior circulação no país andino, ele conclui afirmando que, "diante da filosofia enganosa do cachorro do jardineiro, a realidade nos diz que devemos valorizar os recursos que não utilizamos e trabalhar com mais esforço. E a experiência dos povos bem-sucedidos, os alemães, japoneses, coreanos e muitos outros, também nos ensina isso. E essa é a aposta do futuro, e a única que nos fará progredir". Ver *El Comercio*, Lima, 28 de outubro de 2007.

[20] Stuart Schram e Helene Carrere D'Encausse (orgs.), *El marxismo y el Asia* (Buenos Aires, Siglo XXI, 1974), p. 126-7.

desenvolvidos e educar o menino que confiaram em nós para o converter em um homem forte que não necessite mais de nossa ajuda.[21]

Essa analogia é crucial para entender a configuração do capitalismo colonial moderno e seu entrelaçamento com a dominação adultocêntrica, uma vez que, como sustenta Manfred Liebel,

o ser e a existência de meninas e meninos, assim como os conceitos e as visões de infância que surgiram na Europa desde a Idade Média tardia, estão estreitamente – e diversamente – vinculados à colonização de outras partes do mundo. Em grande parte, o conceito de uma infância separada da vida dos adultos, "livre" das tarefas produtivas, mas também à margem da sociedade, surgiu paralelamente ao "descobrimento" e à colonização do mundo fora da Europa (desde o século XVI). Por um lado, a submissão e a exploração das colônias – primeiro na América e posteriormente na África e Ásia – constituíram a condição material para esse conceito, pois deram origem nas "mães pátria" a uma classe social que tinha prosperidade material e podia se permitir privatizar suas crianças, entregando-as a uma área reservada da proteção e do cuidado. Por outro lado, a submissão das colônias serviu de modelo para a submissão e a "educação" da infância local, independentemente do fato de pertencer à classe dominante ou aos grupos subalternos, de tal maneira que com razão podemos falar de uma colonização das infâncias ou da infância moderna como uma espécie de colônia. Essa visão serviu de modelo também para as primeiras ciências da infância que orientavam para o controle e a perfeição da infância. Inversamente, a construção da infância como etapa prévia, imatura e inferior à idade adulta foi a matriz para a degradação de seres humanos de qualquer idade nas colônias, que eram concebidos como seres imaturos, necessitados de desenvolvimento, que permaneciam em estado de infância.[22]

---

[21] Henri van Kol, "Sobre la política colonial", em Richard Calwer et al., *La Segunda Internacional y el problema nacional y colonial. Segunda parte* (Cidade do México, PyP, 1978, Cuadernos de Pasado y Presente 74), p. 24.

[22] Manfred Liebel, "Colonialismo y la colonización de las infancias a la luz de la teoría poscolonial", em Santiago Morales e Gabriela Magistris (orgs.), *Niñez en movimiento: del adultocentrismo a la emancipación* (Buenos Aires, El Colectivo/Ternura Revelde/Chirimbote, 2018), p. 153-4. Essa associação entre povos indígenas submetidos, territórios coloniais e "infância" tem na filosofia da história de Hegel uma de suas expressões máximas. Em suas *Lições sobre a filosofia da história universal*, ele menciona que "quando os jesuítas e os padres católicos quiseram habituar os indígenas à cultura e à moralidade europeia (sabe-se bem que conseguiram fundar um estado no Paraguai e claustros no México e na Califórnia), foram viver entre eles e lhes impuseram, como se fossem menores de idade, as tarefas diárias, que eles executavam – por mais preguiçosos que fossem – por respeito à autoridade de seus pais. [...] Essa maneira de tratá-

Mas, além disso, como advertiu Leopoldo Mármora, essas teses de Van Kol supõem enfraquecer o vínculo orgânico entre colonialismo e capitalismo e situá-lo como uma necessidade inevitável do "homem moderno" e do desenvolvimento industrial, uma vez que os revisionistas "acreditavam que a expansão imperialista observável a partir do fim do século XIX não era um produto do desenvolvimento capitalista, e sim da 'moderna sociedade industrial'", portanto, rechaçar o colonialismo ou a dinâmica de submissão imperial de territórios de ultramar e povos "menores de idade" equivalia a um rechaço puro e simples do progresso histórico em si[23].

O cinismo e o malabarismo teórico de Van Kol chegam ao ponto de ele reinterpretar a máxima marxista da "socialização dos meios de produção" à luz da acumulação por espoliação, o saque e a apropriação imperial dos bens comuns por parte dos centros de poder europeus que buscam garantir seus exclusivos padrões de consumo. *O seu é meu e o meu é meu* parece ser seu lema social-imperialista:

> Por acaso não se deve entender por "socialização dos meios de produção" que "todos" os meios para se viver e trabalhar devem pertencer a "todos"? Sobre isso o futuro decidirá, mas já na sociedade atual as possessões coloniais são inevitáveis. O homem moderno não consegue mais viver sem os produtos das regiões tropicais, sem as matérias-primas imprescindíveis para a indústria (tecidos de algodão, juta, borracha, marfim, estanho etc.), sem os meios de subsistência que de outra forma são impossíveis de se obter ou somente com extrema dificuldade são acessíveis (café, chá, tabaco, noz-moscada, quinino etc.).[24]

Não foi esse o único dos participantes do Congresso de Stuttgart que se manifestou a favor da continuidade das políticas coloniais, inclusive no caso de haver uma sociedade socialista em seus respectivos países. Lênin relatou posteriormente que "as forças de ambas as tendências [quem apoiava e quem rejeitava a resolução elaborada por Van Kol] foram tão iguais em número que a disputa

---

-los é, sem dúvida, a mais hábil e adequada para elevá-los; consiste em considerá-los crianças. Lembro-me de ter lido que, à meia-noite, um frade tocava um sino para recordar aos indígenas seus deveres conjugais. Esses preceitos foram muito prudentemente ajustados, primeiramente, com o objetivo de suscitar necessidades nos indígenas, que são o incentivo para a atividade do homem. Assim, portanto, os americanos vivem como crianças, que se limitam a existir, longe de tudo o que signifique pensamentos e fins elevados" (Georg W. F. Hegel, *Lecciones sobre la filosofía de la historia universal*, Madri, Altaya, 1994, p. 172).

[23] Leopoldo Mármora, "Introducción", em Eduard Bernstein et al., *La Segunda Internacional y el problema nacional y colonial. Primera parte* (Cidade do México, PyP, 1978, Cuadernos de Pasado y Presente 73), p. 13.

[24] Henri van Kol et al., "Sobre la política colonial", cit., p. 31-2.

alcançou uma paixão inusitada"[25]. Eduard Bernstein, com quem Rosa já havia polemizado uma década antes por causa de suas posições revisionistas, chegou a afirmar no encontro:

> Não podemos manter nosso critério puramente negativo em matéria colonial. [...] Devemos rechaçar a ideia utópica cujo objetivo viria a ser o abandono das colônias. A última consequência dessa concepção seria a devolução dos Estados Unidos aos índios. As colônias existem, portanto, devemos nos ocupar delas. E estimo que certa tutela dos povos civilizados sobre os povos não civilizados é uma necessidade. [...] Por isso, considero que devemos nos colocar no plano dos fatos reais e contrapor a política colonial capitalista à política colonial socialista.[26]

Essa posição, em completa sintonia com os postulados de Van Kol, não era totalmente inédita no caso de Bernstein, já que é possível rastrear ideias similares em alguns dos artigos que redigiu no fim do século XIX e que deram lugar ao debate sobre o revisionismo marxista no qual Rosa Luxemburgo interveio de maneira dura. De fato, entre 1896 e 1897, ele publica *A social-democracia alemã e os distúrbios turcos*, em que adverte:

> Os povos inimigos da civilização e incapazes de alcançar maiores níveis culturais não possuem nenhum direito de solicitar nossas simpatias quando se rebelam contra a civilização. [...] Vamos discutir e combater certos métodos de subjugação dos selvagens, mas não questionamos nem nos opomos a que estes sejam submetidos e que se faça valer perante eles o direito da civilização.[27]

Portanto, ele diferencia – e chega a rechaçar ou então avalizar – as resistências e lutas que travam os povos e a classe trabalhadora de acordo com a realidade geográfica e socioeconômica em que ocorrem e o nível de "estágio" civilizatório alcançado (obviamente, sempre tendo como padrão de medida o desenvolvimento obtido pelas potências da Europa ocidental). Por isso, não hesita em esclarecer que não é possível

> sentir a mesma simpatia em relação a qualquer rebelião de qualquer povo possuidor de certa cultura. A liberdade de uma nacionalidade insignificante fora da

---

[25] Vladímir Lênin, "El Congreso Socialista Internacional de Stuttgart", em *Obras Completas* (Buenos Aires, Cartago, 1967), t. XIII, p. 70.

[26] Stuart Schram e Helene Carrere D'Encausse (orgs.), *El marxismo y el Asia*, cit., p. 132.

[27] Eduard Bernstein, "La socialdemocracia alemana y los disturbios turcos", em Eduard Bernstein et al., *La Segunda Internacional y el problema nacional y colonial. Primera Parte*, cit., p. 49.

Europa ou na Europa central não pode ser equiparada ao desenvolvimento dos grandes povos altamente civilizados da Europa. Onde os interesses desse desenvolvimento se veem seriamente ameaçados por uma luta semelhante não cabe dúvida alguma de que deve ser adotada uma atitude de rechaço.[28]

Em seu livro *As premissas do socialismo e as tarefas da social-democracia*, também fará uma apologia clara da submissão de numerosos povos da América, Ásia e África e reivindicará, em igual sentido, a positiva missão civilizatória realizada pelas potências europeias nesses territórios:

Para a opinião pública europeia atual, de forma alguma a subordinação dos nativos à soberania das administrações europeias está sempre associada a uma piora de sua situação; muitas vezes significa o contrário. Por pior que tenha sido a violência, a fraude e outras infâmias que acompanharam a expansão da dominação europeia em séculos passados, e que atualmente continua tendo vigência em muitos casos, no entanto, a outra face da moeda mostra que em geral os selvagens estão melhor agora, sob uma dominação europeia controlada em casa.[29]

Mas, voltando ao Congresso de Stuttgart, nele Bernstein concorda – embora com leves matizes – com Van Kol e outros membros da social-democracia europeia em relação à "missão civilizatória" de uma política colonial conduzida pela esquerda revisionista. Depois de uma discussão acalorada sobre o assunto, o projeto de moção que reivindica a política colonial é finalmente rejeitado, embora somente por 128 votos contra e 108 a favor. Rosa Luxemburgo repudia a proposta, assim como Lênin e o conjunto de delegados de realidades marcadas por situações de opressão nacional e étnica (russos, poloneses, búlgaros, sérvios e espanhóis). O único delegado da América Latina, Manuel Ugarte, acompanhou essa posição de repúdio[30].

---

[28] Idem.

[29] Eduard Bernstein, *Las premisas del socialismo y las tareas de la socialdemocracia* (Cidade do México, Siglo XXI, 1982), p. 60.

[30] Escritor, jornalista e diplomata argentino, Manuel Ugarte (1875-1951) milita vários anos no Partido Socialista argentino e tem a oportunidade de viver um longo período na Europa, onde participa de diversos Congressos da Segunda Internacional. Lá, ele conhece, entre outras personalidades, Rosa Luxemburgo. Depois de sua intervenção nesses debates sobre a questão colonial e migratória, volta à Argentina e distancia-se cada vez mais da posição eurocêntrica e liberal do partido, do qual acaba sendo expulso. Nas décadas seguintes, percorre o continente, publica numerosos livros e artigos e edita jornais e revistas, sempre em favor das lutas anti-imperialistas na América Latina.

É importante entender que essa defesa firme da política colonial pode ser lida como sintoma e outra face da hipótese esboçada por Bernstein, no fim do século XIX, do melhoramento relativo das condições de vida da classe operária europeia que vinha para contrariar as – de acordo com sua visão – equivocadas interpretações de Marx sobre a pauperização do proletariado. Em sentido estrito, essa enorme periferia colonial e neocolonial constituía o "lado obscuro" que tornava possível a emergência daquela aristocracia operária cada vez mais integrada à engrenagem do capitalismo, e que, por sua vez, desacelerava a tendência à crise própria desse sistema-mundo em um contexto marcado por uma nova fase de caráter imperialista. Por isso a insistência de Rosa em sustentar a perspectiva da *totalidade* na análise de todo processo histórico, incluído, claro, o do capitalismo em sua fase expansiva e neocolonial.

Apesar de celebrar as demais resoluções do congresso, Lênin dirá, em um breve texto de balanço, que nele

> esteve presente uma característica negativa do movimento operário, característica que pode causar muito dano à causa do proletariado. [...] A vasta política colonial tem levado em parte o proletariado europeu a uma situação em que não é seu trabalho que mantém toda a sociedade, e sim o trabalho dos indígenas quase totalmente subjugados das colônias. [...] Tais condições criam, em certos países, uma base material, uma base econômica para contaminar de chauvinismo colonial o proletariado desses países.[31]

Romper com o colonialismo intelectual e eurocêntrico

É uma verdade corrente e respeitável que o movimento social-democrata dos países atrasados deve aprender com o movimento mais antigo dos países desenvolvidos. Ousamos acrescentar a essa tese a tese oposta: os partidos social-democratas mais antigos e avançados podem e devem igualmente aprender com seus partidos irmãos mais jovens, conhecendo-os melhor. Para os economistas marxistas – diferentemente dos economistas clássicos burgueses e, com maior razão, dos economistas vulgares –, todos os estágios econômicos que precedem a ordem econômica capitalista não são simplesmente meras formas de "subdesenvolvimento" em relação ao coroamento da criação, o capitalismo, mas sim tipos distintos de economia, com igual status histórico. Assim, também para os

---

[31] Vladímir Lênin, "El Congreso Socialista Internacional de Stuttgart", cit., p. 71.

> políticos marxistas, os movimentos socialistas, diferentemente desenvolvidos, são em si indivíduos históricos determinados.[32]

Depois dessas desavenças, Rosa publica nos anos seguintes vários artigos no mesmo sentido, entre eles um centrado nas manobras imperialistas mundiais que denuncia a atitude dessas potências na ilha de Martinica (onde nascerá, anos mais tarde, Frantz Fanon). Entre essas missivas polêmicas, merecem destaque as críticas às tentativas coloniais do Império Alemão no Marrocos. Em um texto de 1911 intitulado *Marrocos*, motivado pela incursão do barco canhoneiro alemão *Panther* nesse território africano, ela escreve que "uma tempestade imperialista avançou pelo mundo capitalista" e envolve quatro potências da Europa: França, Alemanha, Inglaterra e Espanha, que resolvem entre si não apenas o destino do Marrocos, como também de diversos grandes domínios da "parte negra" da terra[33].

Em um clima de crescente conflito, preanunciando a guerra interimperialista e de conquista prestes a eclodir, Rosa considera que a classe trabalhadora não pode ser indiferente a esse ato cruel de sujeição em que está "em jogo a vida ou a morte de milhares, bem como o bem-estar ou o sofrimento de povos inteiros"[34]. É por isso que ela conclui:

> O proletariado com consciência de classe não está predestinado a representar, nesse processo finalizador da ordem social burguesa, o observador passivo, apenas. A compreensão consciente do sentido interno da política mundial e de suas consequências não é, no caso da classe trabalhadora, um filosofar abstrato, mas o fundamento intelectual de uma política ativa, [quer dizer,] da irmandade socialista dos povos.[35]

---

[32] Rosa Luxemburgo, "Problemas organizativos de la socialdemocracia rusa", em *Obras Escogidas* (Madri, Ayuso 1978), p. 111 [ed. bras.: "Questões de organização da social-democracia russa", em *Textos escolhidos I (1899-1914)*, org. Isabel Loureiro, trad. Stefan Fornos Klein, 3. ed., São Paulo, Editora Unesp/Fundação Rosa Luxemburgo, 2017, p. 151-76].

[33] Idem, "Marrocos", em *Textos escolhidos I*, cit., p. 411 e ss.

[34] Ibidem, p. 412.

[35] Ibidem, p. 415-6. Eis uma afinidade interessante com o jovem Antonio Gramsci, que dirá que a indiferença acaba operando na história de maneira tão invisível quanto poderosa. Em um breve e bonito artigo chamado "Odio a los indiferentes" [Ódio aos indiferentes], o marxista italiano postula o seguinte: "A indiferença opera com força na história. Opera passivamente, mas opera. É a fatalidade; é aquilo com o que não se pode contar; é o que interrompe os programas, subverte os melhores planos; é a matéria bruta que se rebela contra a inteligência e a sufoca. O que vem em seguida, o mal que se abate sobre todos, o possível bem que um ato heroico (de valor universal) pode desencadear, não se deve tanto à iniciativa operante de

A acumulação capitalista como processo de espoliação permanente

Mas, para além dessas intervenções em congressos ou por meio de artigos jornalísticos e panfletos de agitação, talvez seja no livro *A acumulação do capital*, publicado em 1913, que Rosa dê elementos teóricos e históricos mais substanciais para dar conta do capitalismo a partir de uma perspectiva de totalidade, que não desconsidere a centralidade que possui – embora possa ser paradoxal – a "periferia" do capitalismo (e dentro dela, claro, nosso continente). Fruto de seu estudo detalhado de economia política e das aulas na escola de formação política do partido, nessa obra ela postula a necessidade de se analisar criticamente a proposta de Marx em *O capital*, já que, de acordo com sua leitura, o que ele formula é um esquema teórico que faz abstração do processo histórico real a partir do qual se configurou – e desde então se expande e reproduz – o capitalismo como sistema mundial.

Para validar sua hipótese, Rosa nos lembra que, no terceiro livro de sua monumental e inconclusa obra, no qual expõe o processo global da produção capitalista, Marx diz textualmente: "Imaginemos a sociedade inteira composta unicamente por capitalistas e operários industriais", assim como no primeiro livro elucida, em igual sentido, que "para conservar o objeto de investigação em sua pureza, livre de circunstâncias secundárias que o perturbem, temos de considerar e pressupor aqui o mundo total comercial como uma nação; temos de supor que a produção capitalista está estabelecida em toda parte"[36].

No entanto, segundo Rosa, esse esquema não corresponde ao *devir histórico concreto*, uma vez que "na realidade não existiu nem existe uma sociedade capitalista que se baste a si mesma, na qual domine exclusivamente a produção capitalista"[37]. Em uma das primeiras leituras latino-americanas do livro de Rosa, Armando Córdova retoma suas formulações para concordar que o resultado de *O capital* foi um modelo teórico abstrato, homogêneo e fechado do modo capitalista de produção:

---

poucos, quanto à indiferença, o absenteísmo dos muitos. O que se passa não resulta tanto dos desejos de alguns como da massa dos homens que abdicam de sua vontade, deixam acontecer, permitem o entrelaçamento de nós que posteriormente apenas a espada pode romper, aceitam a promulgação de leis que depois só a revolta pode revogar, deixam subir ao poder homens que apenas os motins poderão derrubar. A fatalidade que parece dominar a história não é senão aparência ilusória da indiferença, do absenteísmo" (Antonio Gramsci, *La ciudad futura y otros escritos*, Buenos Aires, Dialektik, 2006, p. 38 [ed. bras.: *Odeio os indiferentes*, trad. Daniela Mussi e Alvaro Bianchi, São Paulo, Boitempo, 2020]).

[36] Rosa Luxemburgo, *La acumulación del capital* (Cidade do México, Grijalbo, 1967), p. 252-3 [ed. bras.: *A acumulação do capital: contribuição ao estudo econômico do imperialismo*, trad. Marijane Vieira Lisboa e Otto Erich Walter Maas, 3. ed., São Paulo, Nova Cultural, 1988].

[37] Ibidem, p. 266.

Abstrato, porque nele são deixadas de lado as circunstâncias históricas concretas em busca das relações essenciais ao capitalismo. Homogêneo, porque supõe uma totalidade integrada unicamente por duas classes, capitalistas e operários. Fechado, porque, abarcando-se com essa totalidade todo o mundo teórico, as relações internacionais eram consideradas elementos endógenos ao modelo.[38]

Por isso, para Rosa é importante dar conta da gênese e constituição do capitalismo, demonstrando sua historicidade e colocando o foco nos territórios e realidades não subsumidas ainda à lógica de acumulação capitalista. Esse processo – violento por definição – implica uma dinâmica constante de desarticulação daquelas formas comunitárias e de propriedade coletiva da terra (que, nas palavras de Rosa, fazem parte da "economia natural") que ainda resistem na periferia do mundo, assim como de espoliação e privatização de bens comuns e sua conversão em mercadorias.

Em *A acumulação do capital*, ela explica:

> O capital não pode existir sem contar com a presença dos meios de produção e da força de trabalho de toda parte; para o desenvolvimento pleno de seu movimento de acumulação ele necessita de todas as riquezas naturais e da força de trabalho de todas as regiões do globo. Uma vez que de fato e em sua maioria estas se encontram ligadas às formas de produção pré-capitalistas, [...] daí resulta a tendência incontida do capital de apossar-se de todas as terras e sociedades.[39]

Essa lógica expansiva por parte do capital supõe um avanço incessante sobre o meio social não capitalista que o rodeia, vastos territórios e realidades que se encontram subtraídos dessa dinâmica espoliadora e forma específica de apropriação do trabalho alheio.

A propósito, Marx já havia analisado, particularmente no capítulo XXIV do Livro I de *O capital*, o processo a partir do qual se configuram as condições gerais para a emergência e a consolidação do capitalismo, tendo como referência histórica exclusiva a Inglaterra. A segunda seção desse célebre capítulo leva o sugestivo título de "Expropriação da terra pertencente à população rural". E, diferentemente das primeiras páginas com as quais Marx inicia sua proposta analítica – nas quais o que descreve é o nível da aparência nas sociedades modernas, em que o capitalismo "nos é apresentado como um imenso arsenal de mercadorias" –, nela ele tenta dar conta do grau zero do capitalismo, ou melhor,

---

[38] Armando Córdova, "Rosa Luxemburgo y el mundo subdesarrollado", *Revista Problemas del Desarrollo*, n. 18, 1974, p. 21.

[39] Rosa Luxemburgo, *La acumulación del capital*, cit., p. 280.

60 HERNÁN OUVIÑA

do que considera "o pecado original" da economia política: a pré-história do capital e do modo capitalista de produção.

Tomando como modelo clássico de análise a Inglaterra do século XV, cuja imensa maioria da população era composta por camponeses livres e donos de terras que trabalhavam, Marx realiza uma genealogia da sociedade burguesa em que a dinâmica de *espoliação* constitui seu eixo estruturante.

> Foi o grande senhor feudal que, na mais tenaz oposição à Coroa e ao Parlamento, criou um proletariado incomparavelmente maior tanto ao expulsar brutalmente os camponeses das terras onde viviam e sobre as quais possuíam os mesmos títulos jurídicos feudais que ele quanto ao usurpar-lhes as terras comunais. O impulso imediato para essas ações foi dado, na Inglaterra, particularmente pelo florescimento da manufatura flamenga de lã e o consequente aumento dos preços da lã.[40]

Até então, esses camponeses que trabalhavam para si próprios desfrutavam do usufruto da terra comunal, onde pastava o gado e que lhes proporcionava combustível. No entanto, o impulso direto para essa política de espoliação foi dado especialmente pela expansão da manufatura de lã flamenga e o conseguinte aumento dos preços da lã. Para além desses fatores, o mais importante é entender que o sistema capitalista *exigia*, como relata Marx minuciosamente, uma condição servil das massas populares, assim como a conversão de seus meios de produção (que poderíamos denominar de "bens comuns") em capital, isto é, em mercadorias.

Essa pilhagem das terras comunais acabou sendo, portanto, a precondição para assentar as bases do processo de acumulação de capital. Sem ela, seria impossível abrir caminho para a agricultura capitalista, incorporar o capital à terra e criar os contingentes de proletários livres e privados de meios de vida de que necessitava a pujante indústria das cidades, pois, como afirmará o próprio Marx, "a expropriação da população rural, diretamente, cria apenas grandes proprietários fundiários". É que, para construir esse modo de produção, a burguesia tinha como tarefa prévia a desvinculação entre o produtor e seus bens comuns de autossustento, de tal forma que se obtivesse uma espécie de "estado de separação" que tendesse a ser naturalizado pelas massas "despossuídas". Esse processo de transformação das terras comunitárias em pastos privatizados para serem destinadas ao gado esteve longe de ser algo harmonioso. Muito pelo contrário, a violência e a pilhagem foram uma constante, sendo o Estado – e a legislação

---

[40] Karl Marx, *El Capital. Tomo I* (Buenos Aires, Siglo XXI, 2004), p. 224 [ed. bras.: *O capital: crítica da economia política*, Livro I: *O processo de produção do capital*, trad. Rubens Enderle, São Paulo, Boitempo, 2011].

que ele sanciona e executa de forma sangrenta – uma variável altamente relevante nessa arremetida contra a propriedade comunal.

O certo é que, para além desse capítulo pontual (e de outras breves alusões em outras seções de *O capital*), tal como nos lembra Massimo De Angelis, é possível identificar dois marcos interpretativos centrais que abordam o problema da acumulação primitiva ou originária em Marx. O primeiro é representado pelo volumoso estudo de Lênin, *O desenvolvimento do capitalismo na Rússia**, escrito no fim do século XIX, em que ele concebe a acumulação primitiva como a premissa histórica do modo de produção capitalista, enfatizando, portanto, o processo de separação entre as pessoas e os meios de produção durante o período de transição entre modos de produção.

> Lênin concebia esse processo como inevitável e, em última instância, positivo – embora, em geral, tenha destacado as contradições implicadas. No entanto, essas contradições não incluem nenhuma menção à resistência camponesa contra a expropriação nem reflexões sobre como esta poderia haver contribuído para a criação de resultados que contradissessem as exigências do desenvolvimento do capitalismo russo.[41]

A acumulação do capital de Rosa encarna, precisamente, uma segunda e diferente interpretação, na medida em que "o pré-requisito extraeconômico para a produção capitalista – o que chamaríamos de acumulação primitiva – é um elemento inerente e contínuo das sociedades modernas, e seu campo de ação se estende ao mundo inteiro"[42].

De fato, o sugestivo da questão levantada por Rosa é que ela não interpreta a acumulação originária exclusivamente como um "momento" circunscrito em termos históricos (por exemplo, o ocorrido e culminado na Inglaterra séculos atrás), e sim enquanto *processo permanente* que se reimpulsiona e se atualiza na esteira das crises e reestruturações periódicas do capitalismo como sistema global, particularmente em realidades e territórios como os da América Latina. Por isso, além de articular a dimensão temporal (histórica ou diacrônica) com a espacial (geopolítica e de expansão territorial), estabelece um estreito paralelismo entre aquele cercamento de terras analisado por Marx na Inglaterra e a política imperialista levada a cabo em escala planetária pelas principais potências no começo do século XX.

---

*   Vladímir Lênin, *O desenvolvimento do capitalismo na Rússia: o processo de formação do mercado interno para a grande indústria* (trad. José Paulo Netto, São Paulo, Abril Cultural, 1982). (N. E.)

[41]   Massimo De Angelis, "Marx y la acumulación primitiva. El carácter continuo de los 'cercamientos' capitalistas", *Revista Theomai*, n. 26, 2012, p. 3.

[42]   Ibidem, p. 4.

62 HERNÁN OUVIÑA

Ainda não foi suficientemente reconhecida a contribuição substancial de Rosa para as regiões periféricas do mundo, às quais deu visibilidade na gestação e desenvolvimento do capitalismo como sistema-mundo. Nas palavras de Ángel Palerm, um dos antropólogos latino-americanos mais originais, "as teorias contemporâneas sobre o imperialismo e o colonialismo, o intercâmbio assimétrico e as causas do subdesenvolvimento econômico devem muito mais a Rosa Luxemburgo do que seus supostos autores confessam"[43]. Por meio de suas lúcidas reflexões, torna-se possível reconsiderar a história do capitalismo – altamente abstrata do ponto de vista desenvolvido por Marx em *O capital* – à luz do devir concreto de seus vínculos de interdependência econômica e política com os territórios e segmentos coloniais ou "subdesenvolvidos", em função de uma dialética centro-periferia (também enunciada sob a dicotomia metrópole-colônia) em que, longe de operar mecanismos meramente comerciais ou financeiros, o poder dos Estados, as guerras de conquista, os processos violentos de apropriação e as relações de força assimétricas são uma constante de importância primordial.

> ## A violência como uma constante na acumulação por espoliação
>
> Na acumulação primitiva, ou seja, nos primórdios históricos do capitalismo na Europa, em fins da Idade Média, bem como pelo século XIX adentro, a encampação do pequeno estabelecimento agrícola pelo grande constitui, na Inglaterra e no continente, o meio mais importante para a transformação maciça dos meios de produção e da força de trabalho em capital. E até hoje essa mesma tarefa é levada em frente em escala bem maior, na política colonial, pelo capital dominante. [...] A dificuldade que o capital enfrenta nesse sentido reside no fato de que em grandes regiões da Terra as forças produtivas se encontram sob o controle de formações sociais que rejeitam o comércio, ou não podem oferecer ao capital os meios principais de produção que lhe interessam, porque suas formas de propriedade e o conjunto de suas estruturas sociais excluem de antemão tal possibilidade. Isso acontece sobretudo com o solo e com a riqueza que este contém em minerais, externamente com os pastos, bosques e reservatórios de água, ou com os rebanhos dos povos primitivos que se dedicam ao pastoreio. Esperar pelos resultados do processo secular de desagregação dessas regiões de economia natural, até que este resultasse na alienação, pelo comércio,

---

[43] Ángel Palerm, *Antropología y marxismo* (Cidade do México, Nueva Imagen, 1980), p. 78.

dos meios principais de produção, significaria para o capital o mesmo que renunciar totalmente às forças de produção desses territórios. Isso explica por que o capitalismo considera de vital importância a apropriação violenta dos principais meios de produção em terras coloniais. Como as organizações sociais primitivas dos nativos constituem os baluartes na defesa dessas sociedades, bem como as bases materiais de sua subsistência, serviu-se, de preferência, do método da destruição e da aniquilação sistemáticas e planejadas dessas organizações sociais não capitalistas, com as quais entra em choque por força da expansão por ele pretendida. No caso já não se trata de acumulação primitiva, mas de um processo que prossegue inclusive em nossos dias. [...] O capital não conhece outra solução senão a da violência, um método constante da acumulação capitalista no processo histórico, não apenas por ocasião de sua gênese, mas até mesmo hoje. Para as sociedades primitivas, no entanto, trata-se, em qualquer caso, de uma luta pela sobrevivência; a resistência à agressão tem o caráter de uma luta de vida ou levada até o total esgotamento ou aniquilação. [...] O método da violência é a consequência direta do choque que se estabelece entre o capitalismo e as formações que, na economia natural, interpõem barreiras a sua acumulação.[44]

Para o historiador Adolfo Gilly, essa violência foi a face obscura da *Grande Transformação*, que também foi descrita por Karl Polanyi e constituiu o anverso oculto da *belle époque*:

Essa segunda metade do século XIX, a era da grande expansão colonial europeia na Ásia, África e no Oriente Médio, da conquista do Oeste nos Estados Unidos e da expansão do capital nos países da América Latina, a era cruel dos exércitos coloniais (externos e internos); das matanças dos povos indígenas; da extensão veloz das redes ferroviárias que levam os soldados, as mercadorias e o mercado capitalista, e do cercamento e expropriação violenta dos territórios comunitários nas antigas e vastas terras da economia natural, trouxe consigo dezenas e dezenas de milhões de mortos pelas armas e pela fome e incalculáveis desastres ecológicos e naturais.[45]

---

[44] Rosa Luxemburgo, *La acumulación del capital*, cit., p. 283-5.

[45] Adolfo Gilly, *Historia a contrapelo: una constelación* (Cidade do México, Era, 2006), p. 32. No caso específico da América Latina, tal como descreve Ricardo Melgar Bao, o processo de acumulação originária, pela via oligárquica de um capitalismo dependente, alcançou seu ápice nesse período: "Na Argentina, o setor agropecuário passou de 9,7 milhões de hectares em 1875

No mesmo sentido, a partir da recuperação dessas ideias formuladas por Rosa Luxemburgo, nas últimas décadas uma plêiade de intelectuais e ativistas, provenientes em sua maioria do marxismo crítico, levantaram a questão sobre a necessidade de se repensar a noção clássica de "acumulação originária" ou por espoliação desenvolvida por Marx e ressignificada por ela, não como um momento historicamente situado no alvorecer do capitalismo europeu (isto é, como marco fundacional da separação dos/as trabalhadores/as de seus meios de subsistência), e, portanto, algo já superado, e sim enquanto *processo constante* que deve ser reproduzido uma e outra vez, para evitar que as próprias condições da produção capitalista corram risco.

De acordo com De Angelis, a proposta da autora de *A acumulação do capital* permite analisar a política de "novos cercamentos" e privatização de bens comuns acontecida nas últimas décadas em vastas regiões da Europa, África, Ásia e na quase totalidade da América Latina. E, embora se encarregue de elucidar que as formas modernas da acumulação primitiva se desenvolvem em contextos bastante diferentes daqueles nos quais aconteceram os cercamentos ingleses ou o comércio de escravos, ele dirá que "para enfatizar o caráter em comum, nos permitiremos interpretar os novos sem nos esquecermos da dura lição dos velhos"[46]. Dessa forma, a progressiva privatização de ativos públicos posta em prática a partir dos anos 1990 em nosso continente pelo receituário neoliberal impulsionado pelo Consenso de Washington, longe de ser algo alheio à política de "cercamentos" descrita por Marx, constitui a forma historicamente específica que esta assume no âmbito do processo de reestruturação capitalista iniciado na década de 1970.

Em sintonia com a caracterização dada por De Angelis, Werner Bonefeld[47] considera que, para a própria configuração do capitalismo enquanto sociedade de classes, é precondição a reprodução permanente, cotidiana e sempre renovada em função da correlação de forças – por definição, incerta – daquela *separação* entre produtores/as e meios de subsistência esquematizada por Marx e retomada por Rosa. Por isso, mais do que nos referirmos à terra enquanto mercadoria *já* plenamente constituída, devemos falar de um processo de disputa constante entre mercantilização e desmercantilização dos territórios, em que a mediação

---

para 51,4 milhões em 1908. No México, 49 milhões de hectares passaram para as mãos de lati-fundiários entre 1881 e 1906. No Brasil, 65 mil grandes proprietários de terra, principalmente produtores de cana, repartiram 84 milhões de hectares, e no Chile, 600 grandes proprietários de terra possuíam 52% da terra cultivável" (*El movimiento obrero latinoamericano: historia de una clase subalterna*, Cidade do México, Alianza, 1988, p. 95).

[46] Massimo De Angelis, "Marx y la acumulación primitiva", cit.

[47] Werner Bonefeld, "La permanencia de la acumulación primitiva: fetichismo de la mercancía y constitución social", *Revista Theomai*, n. 26, 2012.

que garante em boa medida tal cisão ou desacoplamento, tentando perpetuá-lo no tempo, é encarnada pelas instituições estatais e por sua violência fundante. A partir dessa perspectiva, as numerosas tentativas de privatização dos espaços comunais, ativos públicos, florestas, lagos e montes em todo o nosso continente devem ser lidas como parte de uma ampla estratégia de acumulação capitalista, baseada em mecanismos predatórios que buscam converter essas instâncias vitais, saberes comunitários e bens naturais em produtos com alto nível de rentabilidade.

Da mesma forma, as feministas Mariarosa Dalla Costa, Silvia Federici e Maria Mies advertem que não se deve reduzir esse processo ao saque de terras e à exploração física de trabalhadores/as e povos inteiros. Uma dimensão central dele é a *simultânea expropriação* de saberes, acervos coletivos e meios de reprodução *das mulheres* (curandeiras, sacerdotisas, ceramistas, herbalistas, parteiras, *machis**, em geral indígenas e camponesas) que foi praticada com brutalidade na Europa, mas também em nosso continente, tanto durante a fase do colonialismo clássico quanto nas décadas posteriores a 1810. Segundo Dalla Costa,

> no período de acumulação originária, enquanto nascia o trabalhador assalariado livre, como consequência das grandes operações de expropriação, outra operação, o maior sexocídio de que se tem registro na história, a "caça às bruxas", contribuía em um sentido fundamental, juntamente com outra série de medidas dirigidas expressamente contra as mulheres, para forjar a trabalhadora não assalariada e não livre para o processo de produção e reprodução da força de trabalho. A mulher, privada dos ofícios e dos meios de produção e subsistência típicos da economia anterior e em grande medida excluída do trabalho artesanal e do acesso aos novos postos de trabalho que a manufatura oferecia, tinha diante de si fundamentalmente duas possibilidades para a subsistência: o casamento ou a prostituição.[48]

Por sua vez, Federici dirá:

> As figuras correspondentes à típica bruxa europeia [...] foram [...] os nativos americanos colonizados e os africanos escravizados que, nas *plantations* do Novo Mundo, tiveram um destino similar ao das mulheres na Europa, fornecendo ao capital a aparentemente inesgotável provisão de trabalho necessário para a acumulação.[49]

---

* Curandeira de ofício entre os mapuches, povo originário sul-americano. (N. T.)

[48] Mariarosa Dalla Costa, "Capitalismo y reproducción: mujeres, entre naturaleza y capital", em *Dinero, perlas y flores en la reproducción femenina* (Madri, Akal, 2009), p. 313.

[49] Silvia Federici, *Calibán y la bruja* (Buenos Aires, Tinta Limón, 2010), p. 305 [ed. bras.: *Calibã e a bruxa: mulheres, corpo e acumulação primitiva*, trad. Coletivo Sycorax, São Paulo, Elefante, 2017].

E, embora a opressão contra as mulheres não tenha começado com o capitalismo, o certo é que – nas palavras de Dalla Costa – esse sistema deu início a uma exploração mais intensa da mulher como mulher, ao mesmo tempo que conseguiu desarticular (certamente, nunca de maneira absoluta) a comunidade como centro reprodutivo e formativo das classes e grupos subalternos, da mesma forma que fraturou a relação orgânica – inclusive a coincidência física – existente até então entre produção e consumo[50].

Em chave complementar, Maria Mies recupera as reflexões luxemburguistas para analisar a inter-relação existente entre a divisão internacional do trabalho e a divisão sexual imposta pelo patriarcado capitalista, e visibiliza as áreas e dimensões-chave do planeta, mais além do limitado horizonte das sociedades industrializadas e das donas de casa desses países. Com outras teóricas feministas, como Claudia Werlhof e Veronika Bennholdt-Thomsen, Mies retomou o estudo de Rosa sobre o imperialismo e sua reinterpretação da acumulação originária para formular uma analogia entre a violência exercida sobre o corpo das mulheres e os territórios coloniais, e identificar outras relações de produção não assalariadas (particularmente o trabalho doméstico e o trabalho de subsistência nas colônias) que servem de requisito e pilar fundamental para a relação de trabalho assalariado do "privilegiado" trabalhador (homem). Nesse marco, longe de ser o estágio superior do capitalismo, o colonialismo constitui – nas palavras de Rosa – sua condição necessária e constante.

Essa visão totalizante permitiu, segundo Mies, transcender teoricamente as diferentes divisões artificiais criadas pelo capital que invisibilizavam o trabalho das mulheres nos territórios onde as relações capitalistas ainda não haviam sido impostas de maneira generalizada. Por isso, a partir de uma leitura atualizada das contribuições de Rosa, ela reconhece que "sua análise foi crucial para nosso entendimento da razão pela qual era necessária, para o processo em curso de acumulação primitiva, a exploração das colônias, da natureza e das mulheres como trabalhadoras domésticas não remuneradas"[51]. Conjuntamente, e no transcorrer do século XX, todos esses entornos e estratos que configuram um sistema em escala planetária "têm sido aproveitados pelo capital em sua avareza global em prol da constante acumulação". Portanto, conclui Mies,

[seria contraproducente] confinar nossas lutas e análises aos compartimentos criados pelo capitalismo, ou seja, se as feministas ocidentais somente tentassem compreender os problemas das mulheres dos países superdesenvolvidos e as

---

[50] Mariarosa Dalla Costa, "Capitalismo y reproducción", cit.
[51] Maria Mies, *Patriarcado y acumulación a escala mundial* (Madri, Traficantes de Sueños, 2019), p. 27.

mulheres dos países do Terceiro Mundo restringissem sua análise aos problemas existentes nas sociedades subdesenvolvidas. O patriarcado capitalista já criou, pela divisão e simultânea vinculação das regiões do planeta mencionadas, um contexto mundial de acumulação no qual desenvolvem um papel crucial a manipulação do trabalho das mulheres e a divisão sexual do trabalho.[52]

O geógrafo e urbanista David Harvey, que reivindica a necessidade de se criar um *materialismo histórico-geográfico*, também retoma de maneira explícita a hipótese de Rosa Luxemburgo e reconhece que "todas as características da acumulação primitiva mencionadas por Marx têm continuado poderosamente presentes na geografia histórica do capitalismo até os dias de hoje", entre elas a expulsão de populações camponesas e indígenas, a privatização de bens que eram de propriedade comunal (como a água) ou ativos públicos, o desaparecimento de modalidades de produção e consumo alternativas e o ressurgimento de formas extremas de opressão e escravidão. Em função disso, dirá que, dado que não parece muito adequado chamar de "primitivo" ou "originário" um processo que continua vigente e desenvolvendo-se na atualidade, propõe substituir esses termos pelo conceito de acumulação por espoliação[53].

Nessa linha interpretativa, um elemento-chave da formulação luxemburguista, uma contribuição de grande atualidade, é havermos entendido que a acumulação de capital tem um caráter dual, vale dizer, dois aspectos que estão "organicamente entrelaçados", razão pela qual a trajetória histórica do capitalismo "somente pode ser entendida se os consideramos em sua relação mútua": por um lado, a mencionada acumulação por espoliação (baseada na apropriação de bens, na pilhagem, na fraude e na violência sobre os territórios) e, por outro, a reprodução ampliada (mediante a exploração do trabalho vivo na produção).

Por fim, o marxista colombiano Renán Vega Cantor sugere que, em uma perspectiva histórica mais ampla, é possível identificar cinco grandes processos de espoliação perpetrados nos últimos cinco séculos, todos associados à emergência e expansão mundial do capitalismo na chave proposta por Rosa:

A expropriação da terra e seus bens comuns (a natureza); a expropriação do corpo de seres humanos para submetê-los em seus próprios territórios (ameríndios) ou convertê-los em escravos e levá-los violentamente para o outro lado do mundo (africanos); a expropriação do produto do trabalho de artesãos e camponeses; a

---

[52] Ibidem, p. 90.
[53] David Harvey, *El nuevo imperialismo* (Madri, Akal, 2004).

expropriação do tempo dos trabalhadores e de seus costumes; e a expropriação de seus saberes.[54]

No entanto, ele postula que é igualmente relevante destacar a infinidade de rebeliões, lutas e resistências que a humanidade travou ou trava contra esses mecanismos de exploração e espoliação permanente que o capitalismo utiliza para se reproduzir. Como veremos no próximo capítulo, para Rosa esse ponto é de vital importância.

---

[54] Renán Vega Cantor, *Capitalismo y despojo* (Bogotá, Impresol, 2013), p. 23.

3
PROTAGONISMO POPULAR E ORGANIZAÇÃO REVOLUCIONÁRIA

A fórmula filosófica de uma idade racionalista deveria ser: "Penso, logo existo".
Mas a mesma fórmula não serve mais para esta idade romântica, revolucionária e
quixotesca. A vida, mais do que pensamento, hoje quer ser ação, isto é, combate.

José Carlos Mariátegui

De forma geral, Rosa é qualificada como "espontaneísta", epíteto que, por um lado, expressa uma acusação que busca desconsiderar seu projeto revolucionário original e, por outro, evidencia um enorme desconhecimento de sua proposta organizativa. Nas páginas seguintes, propomo-nos reconstruir suas formulações altamente sugestivas sobre a dialética entre espontaneidade e organização, ou melhor, entre iniciativa de massas e (auto)direção coletiva. Também entraremos nos debates que manteve sobre a greve de massas como ferramenta política, e em certas críticas que formulou sobre os formatos organizativos tanto do bolchevismo (sem necessariamente questionar sua pertinência no contexto da realidade russa) quanto do reformismo próprio da social-democracia alemã e europeia.

Consideramos que suas hipóteses e análises são extremamente interessantes para o ativismo e a militância popular que hoje lutam contra o patriarcado, o colonialismo e o capitalismo, na medida em que ela pondera o protagonismo popular e as formas exploratórias de construção de poder vindas de baixo, sem deixar de considerar ineludível a organização política, mas buscando evitar a asfixia da potência disruptiva que as massas colocam em ação em contextos de resistência e ebulição. Suas contribuições, portanto, permitem-nos construir certas pontes com alguns debates que têm marcado as esquerdas latino-americanas e estabelecer possíveis afinidades entre as propostas de Rosa e os processos de lutas populares ensaiadas em nosso continente.

A discórdia sobre a organização burocrática e ultracentralista

São numerosos os escritos em que Rosa aborda a questão organizativa e a relação entre líderes e massas (ou, então, entre direção e base no interior do partido). No entanto, mesmo que sempre aspire fomentar a plena participação do conjunto da militância, seria um equívoco considerar que existe nela algo como uma "teoria geral da organização política", uma vez que seus artigos, livros, documentos e epístolas remetem antes de mais nada a certas conjunturas situadas. Em determinados contextos e momentos históricos, podem responder a um processo "objetivo", entendendo por tal não uma ordem natural e inevitável, e sim condicionamentos e contradições estruturais do capitalismo que tendem a se exacerbar, mutar e/ou se aplacar e em função dos quais é factível privilegiar um formato concreto em nível organizativo e um tipo de vínculo específico entre ambos os polos daquela relação.

Um primeiro esclarecimento que precisa ser feito, levando em conta os mal--entendidos que proliferam sobre a obra de Rosa, é que frequentemente o debate sobre esse eixo tem sido formulado de maneira equivocada e com o foco no lugar errado. Ao contrário do que afirmam seus intérpretes mal-intencionados e seus precoces coveiros políticos, ela jamais questionou a necessidade da organização nem da disciplina política. O que de fato sempre debateu *é o tipo de organização revolucionária, quem devem ser seus principais protagonistas e a que disciplina se ater*, assim como não temeu confrontar o fetichismo do partido como órgão infalível e contestar as direções e os líderes que rejeitavam a capacidade de auto-emancipação e iniciativa das massas na construção de um horizonte socialista.

Recordemos: desde jovem ela se junta a uma organização já existente na sua Polônia natal, Proletariado, e pouco tempo depois contribui para a gestação de uma inédita instância política, a Social-Democracia do Reino da Polônia (SDKP), que mais tarde passará a se chamar Social-Democracia do Reino da Polônia e Lituânia (SDKPiL). Muda-se para Berlim para incorporar-se às fileiras do Partido Social-Democrata da Alemanha (SPD) e participar das instâncias de debate nos Congressos da Segunda Internacional (um espaço de articulação europeu e global de partidos de esquerda no qual ocupa durante uma década um lugar destacado e permanente no *bureau* de Bruxelas), assim como em comícios em fábricas, minas e parques onde se congregavam milhares de trabalhadores e ativistas organizados. Durante os anos em que milita na Alemanha, e sem perder o vínculo orgânico com seu partido natal na Polônia e Lituânia, é redatora de diversos jornais e revistas editados e difundidos como órgãos oficiais da social-democracia, e também atua como educadora na escola de formação do partido. Obviamente, esses espaços não estavam isentos de disputas e árduas polêmicas teóricas e políticas, o que a leva a formar uma ala esquerdista, o Grupo Internacional, que com o tempo leva à criação da Liga Spartacus e, por último, à fundação do Partido Comunista da Alemanha, poucos dias antes de seu assassinato. Tudo isso sem desmerecer sua reivindicação e total acompanhamento de espaços plurais de auto-organização popular, como os sovietes na Rússia e, particularmente, os conselhos de operários e soldados na Alemanha, em plena mobilização e luta nas ruas no fim de 1918 e início de 1919.

No entanto, essa insistência teórico-prática em considerar a organização política algo imprescindível para dinamizar o projeto revolucionário a que aspira não a impede de se abrir para a aprendizagem de processos e ações imprevistas, como a Revolução Russa de 1905 ou as greves políticas de massas que irrompem em escala europeia naqueles anos, em que partidos e sindicatos, longe de dirigirem e orientarem o rumo dos acontecimentos, vão na esteira deles e se veem obrigados a se adaptar a seus ritmos e movimentos ziguezagueantes. Daí Rosa representar, sem dúvida, "o oposto inequívoco do burocrata de partido, meticuloso, unicamente preocupado com a manutenção da máquina da qual depende, que nunca quer arriscar nada, medíocre, sem imaginação, para quem a política é sinônimo de conchavos e de acordos feitos na surdina"[1].

Talvez por isso mesmo tenha decidido rejeitar, em mais de uma ocasião, a oferta de ser "sustentada" pelo partido (como funcionária paga), preferindo viver de maneira austera, mas com a autonomia econômica que lhe proporcionava sua incisiva e poliglota caneta como jornalista e redatora, ou dando aulas na escola de formação criada pela social-democracia alemã. E talvez com conhecimento de causa, ou por sofrer na própria carne aquelas dinâmicas burocráticas e instrumentais que permeavam profundamente a subjetividade de dirigentes e quadros intermediários da organização em que militava, ela confessa com uma dose de ironia a uma de suas amigas, em pleno encarceramento como presa política:

> No fundo eu me sinto muito mais em casa num pedacinho de jardim como aqui ou no campo entre as vespas e a relva do que num congresso do partido. Para você posso dizer tudo isso sem preocupação: você não vai farejar logo uma traição ao socialismo. Você sabe que eu, apesar de tudo, espero morrer a postos: numa batalha urbana ou na penitenciária. Mas o meu eu mais profundo pertence antes de tudo aos chapins-reais que aos "camaradas".[2]

Apesar dessa e outras intervenções, em que se queixa de quão tediosas e burocráticas são essas instâncias, Rosa nunca deixou de apostar na organização. Mas desde que fosse entendida em constante movimento, ou seja, enquanto *organização-processo*, dinâmica, aberta e participativa, e não como rígida estrutura

---

[1] Isabel Loureiro, *Rosa Luxemburgo: vida e obra* (São Paulo, Expressão Popular, 1999), p. 27.

[2] Rosa Luxemburgo, *El pensamiento de Rosa Luxemburgo* (org. María José Aubet, Barcelona, Del Serbal, 1983), p. 68 [ed. bras.: "Carta a Sonia Liebknecht, 2/5/1917", em *Textos escolhidos III (Cartas)*, org. Isabel Loureiro, trad. Mario Luiz Frungillo, 3. ed., São Paulo, Editora Unesp/ Fundação Rosa Luxemburgo, 2017].

de revolucionários profissionais, ou em uma chave piramidal de extremo disciplinamento, em que uma minoria de líderes decide tudo e uma maioria (as bases) simplesmente obedece a seu mandato ou executa suas ordens sem contestar.

Precisamente, um dos textos mais sugestivos em que ela aprofunda essa questão é "Questões de organização da social-democracia russa", escrito em 1904 com a intenção de polemizar com a proposta de estatutos apresentada por Vladímir Lênin[3] no Segundo Congresso do Partido Operário Social-Democrata Russo (POSDR). O artigo de Rosa aparece simultaneamente em *Die Neue Zeit* (revista teórica da social-democracia alemã) e no *Iskra* [A Faísca] (órgão central do POSDR) em 1904, e constitui uma dura resposta a dois documentos elaborados pelo marxista russo: *O que fazer?* e, sobretudo, *Um passo adiante, dois passos atrás*[4]. O primeiro deles, um de seus livros mais conhecidos, havia sido escrito antes do Segundo Congresso do POSDR (1903), enquanto o segundo é uma análise *a posteriori* desse congresso.

Rosa entende que não é viável uma organização revolucionária exclusivamente polonesa (uma vez que não se trata, a essa altura, de impulsionar uma libertação da Polônia como "nação", e sim de convergir em um mesmo projeto emancipatório que envolva também a classe operária russa), portanto as discussões sobre a estratégia e as formas organizativas desse partido novato são prioritárias. O certo é que, durante o congresso, Lênin insiste em incorporar aos estatutos a reivindicação do direito à autodeterminação, o que contrariava a proposta da Social-Democracia do Reino da Polônia e Lituânia, de que Rosa fazia parte. Diante da negativa de suprimir o mencionado parágrafo, os delegados poloneses se retiram do congresso, assim como o farão um pouco mais tarde os representantes do Bund judeu.

Após essa altercação, tem início um árduo debate sobre o nível de abertura e democracia interna, assim como em relação ao grau de centralização que a organização deveria ter, e como isso se expressaria em seus estatutos, particularmente

---

[3] Vladímir Ilitch Uliánov (Lênin) (Simbirsk, 22 de abril de 1870 – Gorki, 21 de janeiro de 1924) foi um membro do Partido Operário Social-Democrata Russo (POSDR) e dirigente do bolchevismo. Salvo por breves períodos, viu-se obrigado a viver de 1900 a 1917 no exílio. Escreveu numerosos livros e documentos, entre eles *O que fazer?* (trad. Avante! e Paula Vaz de Almeida, São Paulo, Boitempo, 2020), *O imperialismo: fase superior do capitalismo* (trad. Leila Prado, 4. ed., São Paulo, Centauro, 2010) e *O Estado e a revolução* (trad. Avante! e Paula Vaz de Almeida, São Paulo, Boitempo, 2017). Retorna à Rússia após a queda do tsarismo, e em outubro de 1917 é um dos artífices da insurreição que concede todo o poder aos sovietes. Nos anos posteriores, é a referência máxima do processo revolucionário russo, como presidente do Conselho de Comissários do Povo e da Internacional Comunista, criada em 1919. Por causa de seu estado de saúde, cada vez mais delicado, passa seus últimos dois anos de vida numa cadeira de rodas e quase sem poder realizar atividade alguma.

[4] Vladímir Lênin, "Un paso adelante, dos pasos atrás", em *Obras escogidas* (Buenos Aires, Problemas, 1946).

no ponto 1, que trata das características específicas que todo integrante do partido deve cumprir. Isso leva a uma votação que, por sua vez, gera uma divisão entre dois setores: o *bolchevique*, liderado por Lênin, e o *menchevique*, representado por Martov (que significam, respectivamente, "maioria" e "minoria" em russo").

Mas, para além dos pormenores e do pano de fundo do congresso, o fato relevante é que Rosa apresenta em seu escrito "Questões de organização da social--democracia russa" uma série de críticas aos postulados formulados por Lênin que, em função da experiência histórica da própria Rússia e também de vários países de nosso continente, é bastante sugestiva e premonitória, ao mesmo tempo que adverte sobre certos perigos de se assumir a perspectiva proposta pelo líder bolchevique como virtuosa por definição.

É preciso considerar que Rosa concorda plenamente com a posição de Lênin e do grupo do jornal *Iskra* contra as propostas da chamada tendência "economicista" – fração que, na Rússia, negava a necessidade de uma luta política frontal, mostrava-se reticente a uma organização unitária e pretendia restringir a luta do movimento operário apenas a demandas reivindicativas imediatas e setoriais (daí seu nome). Para Rosa, o eixo da polêmica girava, sobretudo, em torno dos princípios organizativos que, segundo Lênin, deveriam reger o novo partido.

Depois de elucidar que "em nenhum campo a concepção marxista do socialismo se deixa imobilizar em fórmulas rígidas, nem mesmo na questão da organização" e, portanto, deve sempre se adequar ao processo histórico e às condições específicas em que é gestada, uma primeira questão que Rosa aborda e questiona é o que considera a "tendência ultracentralista" e implacável de Lênin, em que "o Comitê Central aparece como o verdadeiro núcleo ativo do partido, e todas as demais organizações apenas como seus instrumentos executivos"[5]. Essa concepção, dirá ela, é "totalmente diferente" da empregada pelo movimento socialista, que depende da "organização e ação autônoma e direta da massa", e responde a experiências precedentes, como a jacobina e a blanquista, partidárias "da conspiração de uma pequena minoria"[6].

---

[5] Rosa Luxemburgo, "Problemas organizativos de la socialdemocracia rusa", em *Obras escogidas* (Madri, Ayuso, 1978), p. 114 [ed. bras.: "Questões de organização da social-democracia russa", em *Textos escolhidos I (1899-1914)*, org. Isabel Loureiro, trad. Stefan Fornos Klein, 3. ed., São Paulo, Editora Unesp/Fundação Rosa Luxemburgo, 2017, p. 151-76].

[6] Ibidem, p. 115. Auguste Blanqui (1805-1881) foi um ativista francês que liderou várias revoltas durante o século XIX, razão pela qual amargou várias décadas na prisão. O tipo de organização que pôs em evidência para a tomada do poder foi a *sociedade secreta*, totalmente clandestina, cujos membros – rigorosamente eleitos – em geral não se conheciam até o dia da insurreição, que era definido por uma elite ou direção conspirativa. Seu projeto buscou dar continuidade à ala mais radical da Revolução Francesa (por isso as associações entre jacobinismo e blanquismo), cujo líder máximo foi Gracchus Babeuf (1760-1797) e cujo horizonte era um comunismo igualitarista que

É importante mencionar que Rosa não rejeita a necessidade de a organização revolucionária contemplar uma *instância central*, mas rechaça, sim, um tipo de centralismo particular que, segundo sua apreciação crítica, baseia-se "na obediência cega, na subordinação mecânica dos militantes a um poder central", e que, ao mesmo tempo, tende a levantar "uma parede divisória absoluta entre o núcleo do proletariado com consciência de classe, solidamente organizado no partido, e as camadas circundantes, já atingidas pela luta de classes, que se encontram em processo de esclarecimento de classe". A contrapelo, Rosa considera que esses princípios correspondem a uma estrutura de tipo blanquista, cuja utilização, por parte das massas trabalhadoras, mostra-se infrutífera.

Rosa também rejeita a glorificação que Lênin faz do "valor educativo da fábrica", segundo o qual o proletariado se formaria em uma *disciplina* compatível com a requerida na organização socialista. "A disciplina que Lênin tem em vista não é de forma alguma", comenta, "inculcada no proletariado apenas pela fábrica, mas também pela *caserna* e pelo moderno burocratismo, numa palavra, por todo o mecanismo do Estado burguês centralizado"[7]. Aqui, ela novamente diferencia, por um lado, a obediência cega e a falta de vontade incutidas por esse tipo de instância autoritária que se entrelaça com a estrutura de funcionamento do capitalismo como sistema de exploração e opressão e, por outro, a possibilidade de uma coordenação voluntária de ações políticas conscientes, em que o que vigora é uma autodisciplina pessoal e coletiva, política e revolucionária, que se vincula com métodos de luta concertados que vão na contramão do automatismo e da submissão que a fábrica e a subsunção do trabalho vivo impõem.

Além disso, a concessão de um poder praticamente absoluto à direção do partido, dotada de atribuições quase ilimitadas de intervenção e fiscalização, resultaria, segundo Rosa, na exacerbação do caráter conservador e autoritário dessa instância central burocrática, debilitando de maneira simétrica a liberdade de crítica e a participação ativa das bases da organização. Por isso, conclui afirmando

---

desse à República um conteúdo social e econômico. Por meio de uma organização clandestina, o Comitê de Insurgentes tentou realizar um levante armado, mas foi descoberto, e vários de seus integrantes foram sentenciados à morte. Filippo Buonarroti (1761-1837), um dos sobreviventes da chamada "Conspiração dos Iguais", publicará em Bruxelas em 1828 um livro que relata essa experiência e seu projeto político e terá uma influência muito grande nos anos seguintes, tanto em seitas secretas e sociedades neobabouvistas quanto em numerosos intelectuais orgânicos do incipiente movimento operário europeu, entre eles o jovem Marx. No entanto, este se distanciará da concepção tanto de Babeuf quanto de Blanqui de uma minoria esclarecida que assalte o poder por meio de uma conspiração e privilegiará a capacidade autoemancipatória da classe trabalhadora. Precisamente, Rosa terá como eixo esse contraste (que é organizativo, mas também corresponde a contextos históricos diferentes) para argumentar suas posições políticas.

[7] Rosa Luxemburgo, "Problemas organizativos de la socialdemocracia rusa", cit., p. 118.

de maneira lapidar que esse ultracentralismo extremamente hierárquico que Lênin defende "parece-nos, em toda a sua essência, portador não de um espírito positivo e criador, mas do espírito estéril do guarda-noturno [...] que degrada o operário combativo a instrumento dócil de um 'comitê'"[8].

Uma vez mais, a aposta é no protagonismo das massas, ou seja, em uma organização que, longe de asfixiar seu potencial e capacidade de iniciativa, o fortaleça a partir de uma perspectiva revolucionária, evitando duas tentações ou perigos que "não vêm da cabeça dos homens, mas sim de condições sociais" e que, segundo Rosa, são os dois braços de um alicate: "A perda do seu caráter de massa e o abandono do objetivo final, [...] a recaída no estado de seita e a queda no movimento de reformas burguês"[9].

Seu texto culmina com uma frase altamente provocativa que será, sem dúvida, uma marca distintiva da visão de Rosa nos anos seguintes: "E, por fim, precisamos admitir francamente: os erros cometidos por um movimento operário verdadeiramente revolucionário são, do ponto de vista histórico, infinitamente mais fecundos e valiosos que a infalibilidade do melhor 'comitê central'"[10].

Sabe-se que Rosa não foi a única que, nesse contexto, formulou críticas às formulações de Lênin no Segundo Congresso do POSDR em 1903. Além de outros militantes socialistas como Pável Axelrod ou David Riázanov, Leon Trótski refutou seus argumentos em um sentido semelhante em seu esquecido e sugestivo livro *Nossas tarefas políticas*, no qual, além de criticar o "jacobinismo" e a concepção de partido defendida por Lênin, escreve uma frase que ficou para a história por sua conotação visionária sobre o que, décadas depois, acabaria acontecendo na Rússia com o triunfo do stalinismo: "A organização do partido substitui o partido em seu conjunto, em seguida o comitê central substitui a organização e, por fim, o ditador substitui o comitê central"[11].

Quando as massas obrigam os dirigentes a ir para a esquerda

O certo é que a eclosão da Revolução Russa em 1905, que surpreende tanto mencheviques quanto bolcheviques, resolve na prática o acalorado debate do Segundo

---

[8]   Ibidem, p. 121 e 127.

[9]   Ibidem, p. 129.

[10]   Ibidem, p. 130. Sem dúvida, John William Cooke (que leu Rosa atentamente), quando lança sua frase magistral e provocativa "é melhor se equivocar com o Che do que acertar com Codovilla", tem em mente e recupera quase textualmente esse trecho final escrito por ela em sua polêmica com Lênin. Para se aprofundar nas possíveis afinidades entre ambos, ver Miguel Mazzeo, *El hereje: apuntes sobre John William Cooke* (Buenos Aires, El Colectivo, 2016).

[11]   Leon Trótski, *Nuestras tareas políticas* (Cidade do México, Juan Pablo, 1975), p. 77.

Congresso do POSDR, e é o próprio Lênin que se vê obrigado a relativizar suas formulações e até minimizá-las em função da nova e inédita conjuntura aberta no território russo. De seu exílio em Estocolmo, ele vislumbra pelas notícias que lhe chegam o caráter espontâneo das greves e insurreições que se sucedem por meses, assim como o alto nível de radicalidade das massas nas lutas travadas no transcurso do processo (que chegam a criar de maneira autônoma os primeiros sovietes como órgãos de autogoverno territorial). Tal realidade exige de Lênin a revisão de seu posicionamento, uma vez que àquela altura era evidente que o proletariado era capaz de avançar sozinho para além do "tradeunismo", o qual – segundo os preceitos expostos em *O que fazer?* e *Um passo adiante, dois passos atrás* – ele não poderia transcender a não ser com a ajuda e a conscientização de revolucionários profissionais[12].

Contrariando esse preconceito, desde o começo de 1905, as massas russas se insubordinam e despontam como sujeito com iniciativa, ousadia e extraordinária criatividade, a tal ponto que Rosa comenta com ironia que "os chamados dos partidos mal eram capazes de acompanhar os levantes espontâneos da massa; os líderes mal tinham tempo de formular as palavras de ordem da multidão proletária que avançava"[13]. É por essa razão que a partir desse momento, tal como indica Antonio Carlo, Lênin se vê obrigado a defender "uma estrutura elástica e democrática, e reivindica uma entrada em massa dos operários em suas fileiras, com o objetivo de transformar em vida concreta os insípidos esquemas dos intelectuais"[14].

Por isso consideramos certeira a caracterização feita por Kurt Lenk, para quem a posição do partido *vis-à-vis* as massas populares "não foi vista por Rosa Luxemburgo como uma relação de vontade dirigente centralizada e de massas dirigidas":

> Pelo contrário, aquilo que o partido fazia e podia fazer deveria estar orientado sempre de acordo com o movimento próprio, espontâneo das massas populares e, em todo caso, encontrava sua legitimação somente por sua fundamentação no movimento dessas massas. As revoluções não podem ser proclamadas ou desconvocadas por decisão de alguns dirigentes do partido, elas irrompem de repente, de maneira espontânea, impetuosas, incontroláveis, sob determinadas condições históricas.[15]

---

[12] Vladímir Lênin, "Un paso adelante, dos pasos atrás", cit.

[13] Rosa Luxemburgo, *Huelga de masas, partidos y sindicatos* (Córdoba, PyP, 1970, Cuadernos de Pasado y Presente 13), p. 56 [ed. bras.: "Greve de massas, partidos e sindicatos", em *Textos escolhidos I*, cit., p. 263-350].

[14] Antonio Carlo, "La concepción del partido revolucionario en Lênin", *Revista Pasado y Presente*, n. 2/3, 1973, p. 330.

[15] Kurt Lenk, *Teorías de la revolución* (Barcelona, Anagrama, 1978), p. 178.

Essa acepção formulada por Rosa, de uma organização menos vanguardista e cujos dirigentes populares têm uma função não insignificante de orientar e, ao mesmo tempo, acompanhar (paralelamente, aprender com) o processo de autoativação de massas, aproxima-se da categoria de "intelectual orgânico" desenvolvida por Antonio Gramsci em seus *Cadernos do cárcere**. Como expõe Rosa em sua análise das greves de massas, a tarefa da direção de uma organização ou movimento, sobretudo em contextos de ascensão das lutas, consiste em proporcionar certa perspectiva assentada no ponto de vista da totalidade e fazer compreender o conjunto do processo, ou seja, tentar se antecipar ao curso dos acontecimentos e sugerir possíveis rumos de ação, sem ter jamais plena certeza, nem infalibilidade alguma, ainda que com uma busca constante de orientação geral da luta que proporcione coesão organizativa às massas. É um trabalho pedagógico-político de primeira ordem, visto que deve estabelecer com clareza, coerência e resolução a tática e os horizontes das classes subalternas, não a partir do lado de fora frio e remoto, mas como parte ativa e inerente à própria dinâmica da experiência prática.

O debate sobre a greve política de massas e os limites do parlamentarismo

Embora a formulação mais sistemática sobre a greve de massas como ferramenta política tenha sido a exposta por Rosa em seu livro *Greve de massas, partidos e sindicatos*, nascido justamente a partir de sua experiência direta na última fase do processo revolucionário na Rússia de 1905, o certo é que o debate sobre as potencialidades e limites desse método de luta, tanto no seio do movimento socialista europeu quanto do alemão, remonta a mais de uma década antes da publicação desse folheto, em 1906. Poderíamos apelar para uma de suas frases preferidas e afirmar que, uma vez mais, *no princípio era a ação*.

De fato, em maio de 1891 eclodiu na Bélgica uma greve de massas para exigir a reforma do injusto sistema eleitoral, que foi sucedida por uma de maior envergadura em abril de 1893, pela qual foi conquistada uma democratização parcial do voto. Pouco tempo depois dessa segunda greve, Eduard Bernstein publica um artigo em *Die Neue Zeit* em que, mesmo que a reconheça como possível arma de luta, adverte que somente deve ser usada em casos excepcionais e "de forma prudente". Entre 1895 e 1896, vem à tona uma série de artigos na revista social-democrata que aborda e discute o assunto com mais profundidade. Entre eles, destaca-se o de Aleksandr Helfand, mais conhecido como Párvus, intitulado "Golpe de Estado e greve de massas". Ele retoma as

---

* Antonio Gramsci, *Cadernos do cárcere* (org. e trad. Carlos Nelson Coutinho, 5. ed., Rio de Janeiro, Civilização Brasileira, 2010). (N. E.)

78 HERNÁN OUVIÑA

formulações do velho Friedrich Engels de 1895 para analisar as transformações do cenário da luta de classes e a complexização das sociedades e reivindicar a greve de massas como importante fator político naquela fase do capitalismo no fim do século XIX.

Já em 1902, Rosa publica sem assinatura um conjunto de artigos sobre a experiência belga. Como explica Paul Frölich, "do mesmo modo que o ministerialismo na França, essa greve geral na Bélgica representou para ela um dos exemplos práticos que podiam corroborar suas conclusões teóricas sobre o reformismo"[16]. De fato, em um deles, intitulado precisamente "A causa da derrota", ela demonstra como a greve geral eclodiu, sobretudo, por uma decisão soberana das massas operárias, e a contragosto acabou sendo apoiada pela direção do Partido Socialista belga. O interessante é que, ao denunciar a atitude ambivalente e conservadora dessa organização durante o processo grevista, Rosa lamenta que não se tenha contemplado como parte da pauta de reivindicações "o sufrágio feminino", cedendo aos interesses dos setores liberais e clericais no parlamento[17].

Concretamente, e para além da análise detalhada dos acontecimentos, o balanço dessa luta coletiva não deixa, para ela, nenhuma margem a dúvidas: "Os ruidosos discursos na Câmara não podiam conseguir nada. Fazia falta a pressão máxima das massas para vencer a resistência máxima do governo"[18]. Por isso, de maneira frontal, a última parte desse artigo oferece um título que serve, ao mesmo tempo, de repúdio total a uma forma de fazer política em que a ação direta nas ruas é sacrificada, tal como Prometeu acorrentado, em benefício do que acontece no Parlamento: "O burocratismo contra a espontaneidade". E, como expressa no mesmo sentido em um artigo posterior, essa atitude da direção do socialismo belga não faz outra coisa a não ser denotar "uma total falta de confiança na ação das massas populares" e um medo extremo da violência exercida por elas nas ruas como meio legítimo da luta de classes para conquistar direitos ou evitar que estes sejam violados[19].

---

[16] Paul Frölich, "El debate sobre la experiencia belga", em Vv. Aa., *Debate sobre la huelga de masas* (Córdoba, PyP, 1975, Cuadernos de Pasado y Presente 62), p. 62.

[17] Émile Vandervelde, o dirigente socialista belga com o qual Rosa polemiza, chega a dizer em sua resposta a essa crítica que "o partido operário limitara momentaneamente o movimento para a revisão da constituição ao sufrágio masculino, excluindo o feminino", com o argumento de que isso aconteceu por conta da "grande massa de operários que, com o meu pesar [*sic*], era muito hostil à introdução imediata do sufrágio feminino, por temer que com ele se prolongasse por tempo indeterminado a dominação do clérigo" (citado em ibidem, p. 92-3).

[18] Ibidem, p. 89.

[19] Ibidem, p. 99.

Mas, à margem desses antecedentes, será a Revolução Russa de 1905 que instalará o debate sobre a greve política de massas como método e arma de luta no seio da social-democracia alemã. O livro de Rosa, *Greve de massas, partidos e sindicatos*, busca justamente sacudir a adormecida direção do partido, mas também advertir as massas do país para o fato de que os acontecimentos na Rússia não são alheios às tarefas da industrializada Alemanha, mas sim inauguram e antecipam um ciclo geral de lutas baseadas nessa metodologia concreta e em um protagonismo destacado do proletariado. Longe de ser uma ferramenta meramente "defensiva" – como pretendem interpretar certos dirigentes sindicais medrosos –, a greve de massas se constitui como elemento central da estratégia revolucionária em consonância com o período histórico aberto em território russo.

Nesse sentido, esse processo insurrecional não é o último respiro das revoluções burguesas, mas sim o primeiro capítulo das revoluções proletárias. Para Rosa, uma característica distintiva é a ampla unidade e confluência produzida na prática entre ativistas organizados/as e setores não organizados, diluindo nesse enfurecido oceano grevista aquela linha divisória tão rígida estabelecida por Lênin no começo do século e colocando em questão a "superstição organizativa". Além dessa característica, outra também inédita é a influência recíproca e "interação completa" entre as lutas econômicas (com reivindicações imediatas) e a luta política (contra o absolutismo, por exemplo), que nos reenvia à dialética virtuosa entre reforma e revolução.

Portanto, a espontaneidade das massas não é vista por ela como algo pernicioso e, menos ainda, contrarrevolucionário, sobretudo em processos em que o que irrompe com força é a autoatividade, o dinamismo e descontentamento popular, que se materializam em mobilizações maciças, greves de caráter político, ações de rua que ultrapassam os limites de qualquer institucionalidade, ou combates e iniciativas plebeias que se desenrolam na contramão do que costumam ordenar as burocracias de escritório e os dirigentes hesitantes[20].

---

[20] Não acreditamos nos equivocar ao afirmar que a totalidade dos grandes acontecimentos em que as massas populares de Nossa América irromperam no cenário público do poder, ao longo do século XX e no atual, com enorme ousadia e radicalidade, ultrapassando os limites de qualquer institucionalidade existente e abrindo novos horizontes de sentido em termos históricos, teve, quase sem exceções, a espontaneidade como traço distintivo e invariável. Do 17 de outubro de 1945 em Buenos Aires ao Bogotazo de 9 de abril de 1948, do Cordobazo de 29 de maio de 1969 ao Caracazo de 27 de fevereiro de 1989; do dezembro de 2001 na Argentina ao junho de 2013 no Brasil. Em particular, 2019 foi um ano marcado por rebeliões espontâneas e greves políticas de massas nas quais, mais do que movimentos populares, aqueles que animaram as dinâmicas insurrecionais foram povos em movimento, sobretudo no Haiti, Chile e Colômbia.

A burocracia sindical:
a organização como fim em si mesmo
e a trégua como estratégia

A especialização de sua atividade profissional como líderes sindicais, bem como seu horizonte naturalmente estreito, que num período calmo decorre das lutas econômicas fragmentadas, levam facilmente os funcionários sindicais a uma concepção burocrática e obtusa. Ambos se manifestam em toda uma série de tendências, que podem tornar-se fatídicas para o futuro do próprio movimento sindical. Disso faz parte, sobretudo, a sobrevalorização da organização, que aos poucos se transforma de meio para determinado fim em fim em si, em um bem maior, ao qual são submetidos os interesses da luta. Daí também se explica aquela conhecida e confessa necessidade de repouso, que recua diante de um risco maior e de supostos perigos à existência dos sindicatos, diante da incerteza de ações de massas maiores, e, enfim, a superestimação do modo de luta sindical propriamente dito, de suas expectativas e de seus sucessos.[21]

A primeira edição, de novembro de 1906, foi confiscada e destruída, mas não pelas autoridades monárquicas nem a pedido da Justiça, e sim por solicitação de vários dirigentes sindicais. Apesar desse ato de extrema baixeza, uma segunda edição conseguiu circular profusamente e instalou com força uma discussão que, com o passar dos anos, seria crucial tanto na Alemanha quanto no resto da Europa: que tipo de estratégia revolucionária era pertinente no Ocidente. Embora o nível de conflituosidade vivido imediatamente após os acontecimentos russos tenha diminuído, o certo é que entre 1909 e 1910 uma nova onda de mobilizações de protesto e greves de caráter político em favor da reforma e da democratização do sistema eleitoral sacode a Prússia.

Nessa conjuntura crítica, Rosa decide retomar a polêmica e afirmar a pertinência de suas formulações desenvolvidas em *Greve de massas, partidos e sindicatos*. Mas, então, é o próprio Karl Kautsky[22] que arremete contra seus argumentos

---

[21] Rosa Luxemburgo, *Huelga de masas, partidos y sindicatos*, cit., p. 110.

[22] Karl Kautsky (Praga, 16 de outubro de 1854 – Amsterdá, 17 de outubro de 1938) foi um dos principais teóricos da social-democracia alemã e da Segunda Internacional. Redator do Programa de Erfurt aprovado pelo Partido Social-Democrata da Alemanha (SPD) em 1891 e autor de numerosos livros sobre o marxismo, com os quais gerações inteiras se formaram, entre eles, *A doutrina econômica de Karl Marx*, *A questão agrária* e *O caminho do poder*. Foi diretor da

ROSA LUXEMBURGO E A REINVENÇÃO DA POLÍTICA   81

nas páginas de *Die Neue Zeit*. Inicialmente, Rosa toma o cuidado de não refutar plenamente a estratégia da social-democracia, mas não deixa de fazer notar que, em mais de uma ocasião, "as massas foram contidas" pelo partido, que por momentos parece se converter em um fim em si mesmo. Em sua resposta crítica, Kautsky expõe o que caracteriza como "estratégia de desgaste" (contraposta, segundo ele, à "estratégia de assalto direto"), que evita todo combate decisivo prematuro, razão pela qual diante desse cenário uma greve política se apresenta como perniciosa. "Nós não temos de intensificar nossa agitação atual na direção da greve de massas, mas devemos fazê-lo já visando à próxima eleição para o Reichstag", sugere Kautsky[23].

Rosa levanta a guarda e recrimina: "A social-democracia não é uma seita constituída por um punhado de alunos obedientes, mas um movimento de massas no qual as questões que o agitam interiormente se tornam públicas, embora haja quem as queira silenciar"[24]. Questiona a ideia de greve de massas visualizada por Kautsky como "um plano surpreendente e comandado pelo 'estado-maior'", em nítida alusão aos dirigentes sindicais que pretendem ser a voz condutora e ter a última palavra sobre o desencadeamento de uma greve desse tipo. E, sem rejeitar a disputa que pode ser feita na arena parlamentar, adverte para a absolutização desse tipo de luta em detrimento das ações de rua e da confrontação fora do Reichstag.

Na troca de opiniões, as diferenças entre ambos se tornam cada vez mais agudas, em razão da recusa do jornal *Vorwärts* de publicar um artigo de Rosa a respeito desse assunto, e de Kautsky decidir excluí-lo também do *Neue Zeit*. À margem das argumentações, a direção da social-democracia se posiciona em bloco em defesa das teses de Kautsky e ignora as formulações de Rosa, a quem em trocas epistolares definem como uma "fulana" que "carece do mínimo sentido de responsabilidade" e é "maligna como um macaco"[25]. O debate, claro, é interrompido, e Rosa rompe todo vínculo pessoal e político com o maior teórico da social-democracia.

José Aricó sugere que, "diante da negação kautskiana da insurreição, e diante do blanquismo preconizado pelos teóricos da revolução de minorias, Rosa

---

revista *Die Neue Zeit*. Rosa rompe com ele em 1910 em razão de suas posições "centristas" e contrárias à greve geral como ferramenta política de massas contra a monarquia na Alemanha. Integra-se ao Partido Social-Democrata Independente (USPD) em 1917, mas ingressa novamente na social-democracia em 1922, a partir da qual mantém uma crítica aguda ao processo revolucionário na Rússia, que caracteriza como ditatorial.

[23] Citado em Vv. Aa., *Debate sobre la huelga de masas*, cit., p. 137.

[24] Ibidem, p. 158.

[25] John Peter Nettl, *Rosa Luxemburgo* (Cidade do México, Era, 1974), p. 372.

Luxemburgo preconiza o que denomina uma 'estratégia de derrubada', baseada na prática sistemática da greve de massas"[26]. Sem dúvida, ela tem a intenção de se distanciar desses formatos que considera equivocados para enfrentar os desafios de uma realidade cada vez mais complexa em sua trama social, mas também na qual a classe trabalhadora havia assumido níveis de "integração" no plano gremial e político que colocavam em risco sua capacidade de questionamento sistêmico. Para Rosa, as revoluções, embora *sejam por definição antidefinicionais*, envolvem não somente níveis de força favoráveis para as massas populares e mudanças substanciais em um plano geral, mas também rupturas, rompimentos e dinâmicas de confrontos *vis-à-vis* o Estado que não são planejados em lousas ou cérebros, tampouco provocados por ordens e diretrizes emanadas de um comitê central ou estado-maior.

De acordo com sua estratégia revolucionária assentada no método dialético, é preciso articular *processo e salto*, ou seja, construção de fôlego duradouro e eclosão violenta, acumulação de forças, capacidade organizativa e autoconsciência por parte da classe trabalhadora, que precede e continua para além do momento de inflexão do "assalto" ao poder, que implica a desarticulação do núcleo burocrático-militar do aparato estatal. Por essa razão, podemos afirmar que, para ela, o poder é simultaneamente disputado (uma vez que é relacional e envolve uma correlação de forças dinâmica e em permanente mutação), construído (na chave de um poder próprio, autônomo e antagônico ao que o Estado e as classes dominantes ostentam) e conquistado ou tomado (por meio do assalto e derrubada dessas instâncias nas quais o poder burguês se cristaliza e condensa materialmente). Portanto, não é nesse ponto específico que residem os desencontros absolutos com o bolchevismo, como muitos supõem. Rosa jamais questionou o *instante* revolucionário[27] que tornou possível a transferência de todo o poder aos sovietes em 25 de outubro de 1917, tampouco o considerou – como Kautsky – um mero "golpe de Estado" vanguardista. O que ela fez, como veremos mais adiante, foi chamar a atenção, depois do triunfo e da consolidação do poder soviético, para a necessidade de que este implicasse também uma mudança radical dos mecanismos e das formas de exercício do

---

[26] José Aricó, "Advertencia", em Rosa Luxemburgo, *Huelga de masas, partidos y sindicatos*, cit.

[27] Segundo György Lukács, um *instante* é "uma situação cuja duração temporal pode ser mais curta ou mais longa, mas que se destaca do processo que conduz em direção a ela pelo fato de que nela se concentram as tendências essenciais do processo, de modo que em tal instante é preciso tomar uma decisão em relação à *direção futura do processo*. Ou seja: as tendências alcançam uma espécie de ponto culminante, e, conforme se *atue* na situação dada, o processo assume uma nova direção, depois do 'instante'" (György Lukács, *Derrotismo y dialéctica: una defensa de* Historia y conciencia de clase, Buenos Aires, Herramienta, 2015, p. 25).

poder – na qual a democracia socialista cumpre um papel fundamental – e não meramente uma transferência deles.

Excursus: as raízes da burocratização da social-democracia europeia

Como vimos, Rosa luta sem descanso contra as lógicas burocráticas e crescentemente conservadoras que permeiam e condicionam o Partido Social-Democrata da Alemanha ou outras plataformas organizativas, em grande parte, do continente europeu, como os poderosos sindicatos e as cooperativas de produção e consumo. Um erro comum é considerar que essas práticas e formas de proceder se devem a discursos ou teorias que incidiram em grau cada vez maior no interior das fileiras socialistas, induzindo o conjunto da militância à burocratização e ao reformismo. O exemplo de Eduard Bernstein e suas hipóteses revisionistas foi, obviamente, o mais conhecido, embora certamente não tenha sido o único[28]. Antes dele, o próprio Engels chegou a formular certas propostas e chaves de intervenção política na Alemanha que, segundo algumas leituras, poderiam ter provocado um reformismo crescente por parte do SPD[29].

A contrapelo das variadas interpretações que investigam as questões individuais e até psicológicas do velho Engels no momento de explicar o motivo da autocrítica que faz na introdução de 1895 a *A luta de classes na França*, buscando nesse texto e na releitura que Bernstein e mais tarde Kautsky fazem dele uma causa crucial do aburguesamento da social-democracia europeia[30], acreditamos ser necessário realizar uma análise crítica que dê conta dos diferentes condicionamentos que deram lugar a uma teorização cada vez mais cindida da práxis revolucionária, cuja máxima expressão acaba se plasmando, no alvorecer do primeiro conflito bélico em escala planetária, no voto dos legisladores do SPD a favor dos créditos de guerra.

De acordo com Rosa, o "oportunismo" não era algo totalmente alheio ao movimento operário, mas algo que despontava como perigo latente ao se dissociar o objetivo final (a revolução) da luta cotidiana por reformas. Ao focar de

---

[28] É preciso reconhecer que Bernstein não faz outra coisa a não ser explicitar o que na prática já vinha acontecendo havia anos. Por isso, o próprio Ignaz Auer, secretário do Partido Social-Democrata e favorável à formulação revisionista, lhe escreve cinicamente em carta: "Ede, você é um asno; essas coisas não se escrevem, se praticam" (José M. Vidal Villa, *Conocer Rosa Luxemburg y su obra*, Barcelona, Dopesa, 1978, p. 41).

[29] Friedrich Engels, *Introducción a la lucha de clases en Francia* (Buenos Aires, Papel Negro, 2004) [ed. bras.: "Prefácio", em Karl Marx, *As lutas de classes na França de 1848 a 1850*, trad. Nélio Schneider, São Paulo, Boitempo, 2012].

[30] Lucio Colletti, "Bernstein y el marxismo de la Segunda Internacional", em *Ideología y sociedad* (Barcelona, Fontamara, 1975).

maneira quase exclusiva essa última dimensão do processo (algo que Rosa questiona tanto em sua crítica de Bernstein quanto nas polêmicas com o socialismo belga e Kautsky) e perder de vista o horizonte estratégico, a social-democracia tende a se integrar de maneira cada vez maior à sociedade capitalista. Portanto, o reformismo não é superado simplesmente corrigindo-se os possíveis "erros" teóricos de intelectuais ou referências revisionistas, como, por exemplo, Bernstein e Vollmar. Pelo contrário, é preciso entender a raiz de classe e seus fundamentos materiais últimos que remetem àquele esquecimento ou negação do objetivo final que, longe de fortalecer a negação da sociedade burguesa, tem como consequência o fato de que essas conquistas parciais acabam potencializando a condição subalterna e a integração a ela[31].

Sobre isso, Ernest Mandel fornece sólidas ferramentas para entender o complexo processo de burocratização sofrido pela social-democracia em grande parte da Europa[32]. De fato, segundo o autor de *O capitalismo tardio**, o problema da burocracia no movimento operário é colocado como "o problema do aparato das organizações operárias". Isso significa que, na medida em que um grupo diferenciado faz profissionalmente e de forma permanente o sindicalismo político ou revolucionário, existe já de modo latente uma incipiente possibilidade de burocratização do movimento.

Acompanhando essa formulação, podemos afirmar que a famosa frase do *Manifesto Comunista* ("Os proletários nada têm a perder a não ser os seus grilhões")** estava muito distante da realidade do SPD. Com milhões de eleitores e membros, centenas de jornais e revistas, milhares de sindicatos, cooperativas,

---

[31] O marxista boliviano René Zavaleta formulou esse dilema na seguinte chave: todo movimento revolucionário deve cavalgar sobre a dialética que se desenrola em um processo contraditório, condensado, por um lado, em lutas por reformas cotidianas e, por outro, em uma estratégia de mudança global radical que as oriente, de forma que seja suficientemente interno à realidade que se pretenda transformar pela raiz, e "suficientemente externo [a ela] de forma que deixe de lhe pertencer'" (René Zavaleta, *El poder dual: problemas de la teoría del Estado en América Latina*, La Paz, Los Amigos del Libro, 1987, p. 204).

[32] Ernest Mandel, *La burocracia* (Cidade do México, Quinto Sol, 1973). Existem, obviamente, outras interpretações, tanto no seio do marxismo quanto alheias a ele. Uma contribuição interessante, a partir de uma perspectiva oposta à de Mandel, é a desenvolvida por Robert Michels em *Los partidos políticos: un estudio sociológico de las tendencias oligárquicas de la democracia moderna* (Buenos Aires, Amorrortu, 2017) [ed. port.: *Para uma sociologia dos partidos políticos na democracia moderna*, trad. José M. Justo, Lisboa, Antígona, 2001]. Em razão da extensão deste capítulo, limitamo-nos a apenas mencioná-lo.

* Ernest Mandel, *O capitalismo tardio* (trad. Carlos Eduardo Silveira Matos, Regis de Castro Andrade e Dinah de Abreu Azevedo, São Paulo, Nova Cultural, 1985). (N. E.)

** Karl Marx e Friedrich Engels, *Manifesto Comunista* (trad. Álvaro Pina e Ivana Jinkings, São Paulo, Boitempo, 2010), p. 69. (N. E.)

bibliotecas, núcleos feministas e de juventude, assim como dezenas de deputados do Reichstag e militantes pagos, o SPD constituía sem dúvida alguma uma organização política e social de enorme envergadura. Diante disso, surgiu indefectivelmente o conflito da *necessidade de defender o adquirido*. Segundo Mandel, depois do problema da burocratização vem o dos privilégios materiais e da defesa das conquistas parciais obtidas. É a partir dessa ótica que o crescente reformismo dos membros do partido deve ser compreendido, e não a partir de uma possível "contaminação teórica" realizada por Bernstein ou Kautsky[33].

Outro fator a ser levado em conta é a evolução da composição social e profissional dos membros do partido. Um claro exemplo disso é que, no fim do século XIX, da totalidade de deputados social-democratas membros do Reichstag, praticamente nenhum era operário. Somado a isso, Lênin utilizou em numerosas ocasiões o conceito de *aristocracia operária* para se referir a um setor considerável da social-democracia[34], a fim de dar conta do crescente aburguesamento de certos setores do movimento operário europeu, que correspondeu, em boa medida, à ausência de eclosões revolucionárias ao longo de todo o período que vai da sangrenta repressão da Comuna de Paris em 1871 até princípios do século XX.

As esperanças de transformação social se transfeririam, segundo Marx e Engels, da França para a Alemanha. Mas, após a primeira grande crise do capitalismo (1873-1887), que, em teoria, deveria ser sucedida por uma etapa de catástrofes econômicas e insurreições políticas, chega, ao contrário, a *belle époque*: um florescimento e uma expansão capitalista nunca vistos, que fizeram a indústria alemã crescer cerca de 40% entre 1893 e 1902.

Isso minou os ânimos de numerosos dirigentes do movimento operário, levando muitos a reformular, assim como fez Eduard Bernstein, a capacidade crescente do capital de sair bem-sucedido das crises periódicas que o ameaçavam. Nos anos seguintes, o imperialismo e a acumulação por espoliação nas periferias

---

[33] Como afirma Paul Kellog, a verdadeira raiz da aceitação da via parlamentar para o socialismo não está no velho Engels, "mas na realidade material da prática cotidiana da social-democracia europeia (em especial a alemã)" (Paul Kellog, "Engels y las raíces del revisionismo", *Revista Crítica de Nuestro Tiempo*, n. 12, 1995).

[34] Embora tenha sido Lênin quem desenvolveu essa noção de maneira acabada, Engels afirmara, mais de meio século antes, o seguinte: "Parece que, depois de tudo, os operários [franceses] se aburguesaram completamente por causa da momentânea prosperidade e das perspectivas da glória do império" (Carta a Marx, 24 de setembro de 1852). Poucos anos depois, estenderia essa caracterização para se referir ao "real aburguesamento progressivo do proletariado inglês". Como possível explicação desse fenômeno, argumentava que "em uma nação que explora o mundo inteiro, isso é, de certo modo, de se esperar" (Carta a Marx, 7 de outubro de 1858). Ambas as cartas se encontram em Karl Marx e Friedrich Engels, *Correspondencia* (Buenos Aires, Cartago, 1973).

e colônias proporcionariam, além disso, um marco de contenção material para as classes dominantes europeias diante dos setores subalternos em constante crescimento. Essa relativa (e, claro, temporária) *bonança* capitalista pode, portanto, fornecer alguma explicação adicional ao paulatino reformismo e burocratização da social-democracia na Alemanha e em grande parte da Europa.

4
FORMAÇÃO POLÍTICA E DISPUTA CULTURAL PARA A EMANCIPAÇÃO

O único meio de pressão que pode levar à vitória é a formação política dentro da luta cotidiana.

Rosa Luxemburgo

Não são muitos os estudos e as pesquisas dedicados à vida e obra de Rosa que destaquem sua faceta como educadora e impulsionadora de projetos político-culturais, assim como suas ideias e propostas centradas na luta nesse plano, apesar de esse ter sido um lado fundamental de sua trajetória militante. Por isso, vale a pena percorrer brevemente algumas das principais reflexões e iniciativas que ela nos legou nesse sentido, para revitalizar a práxis revolucionária e potencializar os projetos relacionados a uma pedagogia libertadora e uma cultura emancipatória, e que nos permita dobrar a aposta na formação constante dos movimentos populares e organizações feministas, de juventude, comunitárias e territoriais da América Latina e do Caribe.

Rosa é uma das marxistas que, como educadora popular, mais esforços dedicou, ao longo de sua vida, aos processos formativos, que considerava prioritários para todo ativista. De maneira paradoxal e equivocada, ela continua sendo caricaturada como uma "espontaneísta" que desdenhava a teoria e a necessidade da organização política, algo completamente distante de sua concepção revolucionária. Desde seus primeiros passos como militante clandestina em sua Polônia natal até seu destacado papel no seio da esquerda alemã e europeia, sempre defendeu construir e dotar de centralidade os espaços orgânicos e os momentos de autoaprendizagem das massas.

A experiência da escola de formação política em Berlim

Anos depois de juntar-se às fileiras do Partido Social-Democrata da Alemanha, Rosa foi convidada a se incorporar como educadora à sua escola de formação. Salvo nos diferentes períodos em que esteve presa, ela dedica boa parte de sua militância diária a essa tarefa, na ordem de quatro vezes por semana, de 1907 a 1914 (ano em que, como consequência de sua agitação contra a guerra, sofre sucessivos e prolongados períodos de prisão). Nas oficinas e cursos que coordena, não permite que se tomem notas, pois considera que é melhor que quem participa possa acompanhar, sem interrupção e com a maior atenção possível, a dinâmica de intercâmbio e exposição que orienta cada encontro: "não queremos apenas repetir", nos converter em "um fonógrafo", e sim "reunir material novo para cada novo curso, ampliar, modificar, melhorar", para fomentar a discussão e "um tratamento aprofundado da matéria por meio de questionamentos e de um debate abrangente", confessa em uma de suas cartas[1].

Rosi Wolfstein, integrante do Partido Comunista da Alemanha, proporciona um testemunho em primeira mão sobre o método de Rosa nessa escola:

> De que modo ela nos obrigava a enfrentar por nossa própria conta as questões da economia política e a esclarecer nossas próprias ideias? Com perguntas! Com perguntas e mais perguntas, indagações, ela extraía da classe o conhecimento escondido a respeito do que se tratava de encontrar. Com perguntas, auscultava a resposta, deixando que nós mesmos ouvíssemos seu som oco, com perguntas explorava os argumentos e deixava que víssemos se eram equivocados ou corretos, com perguntas nos forçava a reconhecer nosso próprio erro e a encontrar por nossa própria conta uma solução inatacável...[2]

Esse espaço formativo não estava isento de disputas e em mais de uma ocasião viu sua continuidade ameaçada, fruto do desprestígio e das críticas que recebia de parte dos setores mais moderados do partido, assim como dos dirigentes e burocratas sindicais contrários ao marxismo revolucionário – e que, inclusive, como forma de boicote, não preenchiam as vagas destinadas a seus filiados. Denunciada por eles como "centro intelectual de instrução de radicais" e "igreja marxista", a escola os incomodava não apenas por causa do conteúdo apresentado, mas também pelos quadros que compunham o corpo docente e expressavam uma tendência de esquerda refratária ao revisionismo e à perspectiva educativa conservadora própria dos sindicatos.

Rosa, aliás, entra em uma polêmica sobre esse ponto, uma vez que em determinado momento alguns setores do partido propõem uma fusão entre a escola que ela integra e o instituto de formação criado pelos sindicatos. Embora se

---

[1] Rosa Luxemburgo, *Textos escolhidos III (Cartas)* (org. Isabel Loureiro, trad. Mario Luiz Frugillo, 3. ed., São Paulo, Unesp/Fundação Rosa Luxemburgo, 2017), p. 174 e 175.

[2] Jörn Schütrumpf (org.), *Rosa Luxemburgo ou o preço da liberdade* (trad. Isabel Loureiro, Karin Glass, Kristina Michahelles e Monika Ottermann, 2. ed. ampl., São Paulo, Fundação Rosa Luxemburgo, 2015), p. 111.

mostre favorável a essa possibilidade – pois, segundo sua visão, o partido e os sindicatos são parte de um mesmo movimento que, em sua complementação recíproca, contribuem para a luta da classe trabalhadora, motivo pelo qual "podem somente florescer e fortalecer-se sobre um fundamento teórico comum e unificado", adverte que, para que a proposta tenha sentido, é preciso primeiramente conhecer em detalhes e problematizar ambas as iniciativas pedagógico-políticas.

Novamente, Rosa parte do ponto de vista da *totalidade* e, em um interessante e pouco conhecido texto intitulado *Escola sindical e escola partidária*, afirma que ambas as escolas "estão erigidas sobre alicerces completamente diferentes e representam [portanto] dois tipos inteiramente diferentes". Por isso, esclarece com sutil ironia que "não estamos nos referindo à orientação de alguns professores da escola sindical que notoriamente não se encontram no terreno da doutrina marxista"[3]. Pelo contrário, trata-se de um debate que excede esses espaços formativos, envolvendo tanto a direção do movimento operário quanto o Partido Social-Democrata, e corresponde a seus respectivos pontos de vista e convicções.

Mas, para além dessa centralidade *política* da desavença (a orientação teórico-ideológica e o perfil militante buscado em cada âmbito) que, em última instância, remetia ao confronto de duas posições no interior do socialismo, entre aquela que reivindica o revisionismo e propõe uma estratégia gradualista de absolutização das reformas e aquela defendida por Rosa em chave revolucionária, ela não rejeita o lado estritamente *pedagógico* da discussão, começando pela própria organização de cada espaço formativo. Se, no caso da escola partidária, prioriza-se uma quantidade relativamente pequena de participantes, para evitar a lotação e garantir a participação geral e, ao mesmo tempo, um trabalho mais personalizado, assim como um intercâmbio entre estudantes e educadores/as fluido, nas escolas sindicais o número é excessivo e essa dinâmica se torna quase impossível. Além disso, na escola partidária são abordadas duas ou no máximo três matérias por dia, de duas horas cada, para, segundo Rosa, haver tempo suficiente para o processo de ensino-aprendizagem e até mesmo retrabalhar em casa com mais tranquilidade o que foi visto e revisar materiais e anotações. Na escola sindical, ao contrário, a quantidade de matérias são cinco por dia, de uma hora cada, sem possibilidade de haver discussões profundas sobre a temática.

> A troca contínua dos que lecionam e das matérias lecionadas no decorrer do dia também não pode ter efeito diferente do que o de confundir os alunos, sobre os quais são jogadas tantas coisas diferentes que a capacidade de apreensão dos

---

[3] Rosa Luxemburgo, "Escola sindical e escola partidária", em *Textos escolhidos I (1899-1914)* (org. Isabel Loureiro, trad. Stefan Fornos Klein, 3. ed., São Paulo, Editora Unesp/Fundação Rosa Luxemburgo, 2017), p. 406.

proletários, que não cresceram rodeados pelo trabalho intelectual, é posta sob a mais dura prova.[4]

Além disso, cada curso dura apenas seis semanas[5].

Em uma linha semelhante, Rosa escreve uma carta a Wilhelm Dittmann, que em 1911 lhe faz uma consulta sobre a polêmica gerada no seio da social-democracia e de vários sindicatos, e conclui asseverando que, além do fato de que nas escolas sindicais os professores são, em sua maioria, revisionistas (entre eles, o próprio Bernstein), "a orientação dos professores é questão de convicção, mas a organização do ensino é questão de uma pedagogia racional, e nisso a escola sindical inteira é um enigma para mim"[6].

Uma parte substancial das aulas dadas por Rosa na escola do partido, em cujos rascunhos ela trabalha para publicação mesmo nos meses de 1914 e 1915 em que esteve presa, foi editada postumamente sob o título de *Introdução à economia política*. Vale a pena ler esses manuscritos porque neles ela não somente desmistifica o pensamento dos "sábios burgueses", como também aborda em detalhe – e até reivindica – as formas comunitárias de vida social existentes na periferia do mundo capitalista, entre elas as dos povos indígenas que ainda perduram em Nossa América.

Prefigurando dinâmicas de educação popular e perguntas geradoras semelhantes àquelas que décadas mais tarde serão desenvolvidas na América Latina por Paulo Freire e por uma plêiade de militantes e pedagogos da práxis, Rosa transporta imaginariamente os/as estudantes dessa escola de formação aos mais heterogêneos territórios remotos de nosso continente e da África, fazendo-os/as habitá-los tanto em tempos imemoriais quanto em anos recentes, falando-lhes em primeira pessoa tal como uma camponesa e indígena subjugada ou em férrea resistência de um entorno comunitário onde a propriedade privada não existe e o vínculo com a terra é radicalmente oposto ao que existe nas grandes urbes europeias.

Pedagogia da autonomia

Do ponto de vista pedagógico, a escola partidária está, sob todos os aspectos, organizada de modo fundamentalmente distinto da escola sindical. O contraste já começa com a quantidade de alunos que frequentam simultaneamente um curso. Criticamos a

---

[4] Ibidem, p. 408.
[5] Idem.
[6] Idem, "Carta a Wilhelm Dittmann", em *Textos escolhidos III*, cit., p. 175.

escola popular por causa da tão frequente superlotação das salas de aula, que impossibilita um ensino racional e, nomeadamente, um tratamento um tanto quanto individual do aluno. O mesmo vale, em grau ainda maior, para os proletários adultos em processo de aprendizado. Aqui a discussão, o debate livre dos estudantes com o professor aparece como a primeira condição de um ensino frutífero. Apenas por meio de uma troca viva de ideias é que se pode obter a atenção, a concentração de espírito entre os proletários que de modo geral não estão acostumados ao trabalho intelectual e, por isso, acabam por cansar-se mais facilmente. Mas esse método de ensino é especialmente recomendado pelo fato de que um instituto de formação para lutadores da classe proletária não pode, em primeira instância, considerar como sua tarefa principal enfiar na cabeça dos alunos mecanicamente uma soma de conhecimento positivo, mas sim a educação para o pensamento autônomo e sistemático. As discussões nas quais todos tomam parte ativamente – nem que seja pelo acompanhamento atento, ao menos – só podem ser levadas a cabo com um número limitado de participantes na aula. Por esse motivo, a escola partidária definiu de início um número máximo de 30 alunos, e a experiência de cinco anos confirmou a total exequibilidade de uma aula viva com uma participação geral ativa. Nas escolas sindicais, dependendo do caso, 50, 60, 70 até 75 alunos frequentam cada curso, sendo que uma constante troca de ideias entre alunos e professores, uma interação viva entre eles durante a aula parece, na melhor das intenções dos dois lados, quase impensável.[7]

Podemos imaginar o que significou que uma mulher, polonesa, judia e migrante se tornasse "professora" nesse espaço construído e habitado quase de maneira exclusiva por homens, que, além de desvalorizarem a capacidade intelectual e política das mulheres, em não poucas ocasiões reproduziam os piores preconceitos misóginos e antissemitas. E o mesmo se pode dizer de suas discordâncias e discussões em jornais e revistas teóricas da social-democracia, em que não teve medo de enfrentar os "sacerdotes" da velha guarda marxista ortodoxa (que certamente censuraram mais de um de seus artigos por causa de sua franqueza) em prol de defender cada ideia com extrema paixão e originalidade. Como afirmou Mariátegui no início de *Sete ensaios de interpretação da realidade peruana*, ela unia pensamento e vida e não hesitava em pôr todo o seu sangue em suas ideias.

---

[7]   Idem, "Escola sindical e escola partidária", cit., p. 407.

Instruções para escrever um artigo

Sabe o que não me tem dado sossego? Estou insatisfeita com a maneira e o estilo com que no partido se escreve a maior parte dos artigos. É tudo tão convencional, tão empolado, tão rotineiro. [...] Eu sei: o mundo é outro, e outros tempos pedem outras canções. Mas "canções", justamente, e nossa escrevinhação quase nunca é uma canção, e sim um zumbido incolor e sem melodia, como o som da roda de uma máquina. Penso que isso se dá porque as pessoas, ao escrever, quase sempre se esquecem de lançar mão do que têm no mais profundo de si e sentir toda a importância e a verdade do que é escrito. Penso que a cada vez, a cada dia, em cada artigo se deve vivenciar a coisa novamente em plenitude, senti-la em plenitude, e assim se encontrariam palavras novas para as coisas velhas e conhecidas, palavras vindas do coração e dirigidas ao coração. Mas nos acostumamos tanto a uma verdade que recitamos as coisas mais grandiosas e mais profundas como se rezássemos um Pai Nosso. Quando escrevo, procuro não esquecer jamais de me entusiasmar pelo que está sendo escrito e de refletir sobre o assunto.[8]

Formar-se pela práxis: a importância da discussão teórica e da educação na luta

Hoje, sabemos que a batalha de Rosa aconteceu em várias frentes: contra o capitalismo como sistema de dominação múltipla, que, além de intensificar a exploração da classe trabalhadora, exacerbava o militarismo bélico e transferia sua crise para os países coloniais e a periferia global por meio da acumulação por espoliação, mas também contra o que Raya Dunayevskaya chamou de "chauvinismo masculino", que impregnava o próprio partido em que militava, incluindo suas principais referências teóricas e políticas, Karl Kautsky e August Bebel. Alguns de seus textos mais disruptivos são fruto das queixas contra as tendências burocráticas no interior da organização, que subestimavam de maneira simétrica a capacidade de luta e autoconsciência das classes populares.

Um de seus primeiros escritos, *Reforma social ou revolução?*, é uma brilhante resposta às hipóteses reformistas de Eduard Bernstein. Produzido a partir da sistematização de artigos publicados na imprensa partidária, nesse livro editado entre 1899 e 1900 ela explicita a centralidade do estudo e da discussão teórica: "Não se pode pronunciar insulto mais rude, blasfêmia mais grave contra o

---

[8] Idem, "Carta a Robert Seidel", em *Textos escolhidos III*, cit., p. 34-5.

operariado", escreve, "do que a afirmativa: disputas teóricas seriam somente coisa de 'acadêmicos'". Pois, como afirma em outra de suas cartas, "o socialismo não é uma questão de 'garfo e faca', e sim um movimento cultural, uma grande e orgulhosa visão de mundo", razão pela qual a disputa intelectual e a formação política tinham uma relevância inescapável[9].

A relevância do debate teórico e de instâncias especificamente formativas como a escola do partido, da qual participa durante muitos anos, não significa para Rosa desmerecer as ações militantes na rua, mas, pelo contrário, concebê-las também como momentos de profunda aprendizagem, forjadores de autoconsciência em um movimento de ida e volta com a reflexão crítica. *Greve de massas, partidos e sindicatos*, outro de seus livros mais sugestivos, é um claro exemplo de sua concepção dialética da realidade e da autoformação em torno dela, em que também insiste na importância do debate teórico surgido de problemas práticos, nesse caso a greve de massas como inédita e potente ferramenta de luta. Rosa considera que essa discussão "levará à expansão do horizonte intelectual do proletariado, ao aguçamento de sua consciência de classe, ao aprofundamento de seu modo de pensar e ao fortalecimento de sua força de ação"[10].

A partir da reconstrução e análise do processo revolucionário que Rosa viveu na Rússia em 1905, esse texto elaborado na Finlândia após sua participação direta nos últimos meses do processo de rebelião vivido, em seu caso, em Varsóvia, demonstra como a suposta "espontaneidade" das massas populares nas ruas e barricadas daquele "bárbaro" país oriental tinha muito a ensinar à cômoda e "educada" liderança sindical e social-democrata da Alemanha e até mesmo ao conjunto da Europa, sobre qual era o horizonte de luta que se devia apontar: "Um ano de revolução deu ao proletariado russo aquela 'instrução' que trinta anos de luta sindical e parlamentar não puderam dar artificialmente ao proletariado alemão", sentencia em uma de suas páginas mais fervorosas, na qual zomba dos "burocratas apaixonados por esquemas pré-fabricados"[11].

Esse material gera tamanha irritação que a direção dos burocráticos e sonolentos sindicatos alemães decide destruir e incendiar a edição que se esperava distribuir por aquelas terras. Esse livro em particular proporciona um ensino vital em termos de formação, uma vez que postula que a experiência prática, *o aprender fazendo*, é fundamental no processo autoeducativo das massas em seu caminhar revolucionário, a tal ponto que a organização dos/as oprimidos/as

---

[9] Idem, *Textos escolhidos III*, cit., p. 203.

[10] Idem, *Huelga de masas, partidos y sindicatos* (Córdoba, PyP, 1970, Cuadernos de Pasado y Presente 13), p. 46-7 [ed. bras.: "Greve de massas, partidos e sindicatos", em *Textos escolhidos I*, cit., p. 263-350].

[11] Ibidem, p. 92.

não é uma criação que antecede a luta, mas sim um produto dela. Michael Löwy refere-se a isso quando assevera que "o que salva seu argumento de um economicismo fatalista era a pedagogia revolucionária da ação"[12].

Rosa destaca que o proletariado russo não lutou durante esses convulsionados meses de 1905 apenas por reivindicações mínimas, mas que um dos eixos de sua agenda era o fim do absolutismo, uma exigência que demandaria tempo, em razão de seu caráter ambicioso, e também níveis altos de consciência por parte da classe trabalhadora, o que, segundo sua interpretação, não seria alcançado por meio dos livros, mas sim na *escola viva dos acontecimentos*: "Em suma, se nas greves de massas na Rússia o elemento espontâneo desempenha um papel tão importante, não é porque o proletariado 'não é instruído', mas porque a revolução não admite instrutores"[13]. Ela insiste nesse ponto, na medida em que o proletariado, segundo sua visão, tem necessidade "de um alto grau de educação política, de consciência de classe e de organização. Todas essas condições não podem ser adquiridas em brochuras e panfletos, mas apenas na escola política viva, na luta e pela luta, no andamento progressivo da revolução", sentencia[14]. Por essa razão, embora não desmereça as conquistas materiais concretas que possam ser alcançadas nesse marco, afirma que o resultado mais precioso da revolução se apoia em seu peso intelectual. "O crescimento intermitente do proletariado no plano intelectual e cultural oferece uma garantia inquebrantável para seu progresso contínuo e irresistível tanto na luta política e econômica."[15]

No mesmo sentido, um princípio epistemológico e político de Rosa é entender que os conceitos e reflexões não são jamais elucubrações caprichosas gestadas atrás de uma mesa de escritório, e que o pensar insurgente não pode ser criado somente a partir de outros pensamentos ou reflexões meramente teóricas, mas é um produto genuíno daquela *práxis* crítico-transformadora que as massas colocam em prática em seu caminhar coletivo. Por isso, são sempre "categorias de luta" ou "ideias-ação", forjadas na esteira da intervenção militante, do diálogo de saberes e das resistências emancipatórias travadas cotidianamente. E, como expressou Roberto Pittaluga, se, para Rosa,

> era impossível um pensamento absolutamente isolado do caráter conflituoso das relações sociais que o tornam possível, o marxismo, emergente do conflito, deve

---

[12] Michael Löwy, "La chispa prende en la acción: la filosofía de la praxis en el pensamiento de Rosa Luxemburg", *Portal Viento Sur*, 20 nov. 2012. Disponível em: <https://vientosur.info/spip.php?article7444>; acesso em: 19 jan. 2021.

[13] Rosa Luxemburgo, *Huelga de masas, partidos y sindicatos*, cit., p. 79.

[14] Ibidem, p. 59.

[15] Ibidem, p. 64.

aplicar a si mesmo suas próprias categorias, começando por se conceber como produto histórico, eliminando esses entendimentos que o consideravam uma verdade revelada e eterna.[16]

A autocrítica como aprendizagem dos próprios erros

No contexto do desencadeamento da Primeira Guerra Mundial, Rosa utiliza sua caneta – sob vários pseudônimos – como arma de combate contra as forças nacionalistas que insistem no intervencionismo militar alemão no conflito. *A crise da social-democracia* (escrito em 1916 atrás das grades e assinado com o nome de *Junius*) é talvez um dos folhetos de denúncia contra a guerra imperialista de maior transcendência na Europa, em que, além de fazer uma sincera autocrítica em razão das fragilidades e limitações que impediram que se evitasse esse conflito bélico fratricida, Rosa adverte para uma disjuntiva civilizatória que passará para a história como palavra de ordem das causas populares de todo o mundo: "*Socialismo ou barbárie!*"[17].

Longe de propiciar uma neutralidade absoluta que signifique desconsiderar a tragédia bélica, adverte que "jamais a atitude passiva do *laisser-faire, laisser-passer* foi a linha de conduta de um partido revolucionário", portanto, o papel dos/as socialistas "não é o de se colocar sob a direção das classes dirigentes para defender a sociedade de classes existente, nem permanecer silenciosamente à margem, esperando que a tormenta passe, mas sim seguir uma política de classe, independente". Mas, para a construir, esclarece,

[a classe trabalhadora não tem] nenhum esquema prévio, válido de uma vez por todas, nenhum guia infalível que lhe mostre o caminho a percorrer. A experiência histórica é sua única mestra. [...] O proletariado atingirá [...] sua libertação se

---

[16] Roberto Pittaluga, "Reflexiones en torno a la idea de espontaneidad en Rosa Luxemburgo", *Revista El Rodaballo*, n. 9, 1998, p. 43.

[17] Embora essa palavra de ordem esteja relacionada com a visão trágica do devir histórico no contexto da Primeira Guerra Mundial, é possível rastrear alguns momentos prévios a esse conflito bélico em que Rosa caracteriza a cotidianidade da sociedade capitalista como *barbárie*. Em um emotivo e irônico artigo publicado no jornal feminista *Die Gleichheit* [A Igualdade], afirma que apesar de que "nossa sociedade, como um todo, pare[ça] bastante decente; ela preza a ordem e os bons costumes", o certo é que "De repente, a máscara da decência é arrancada da nossa sociedade pelo horrível espectro da miséria" e "sob a embriaguez e a frivolidade exteriores da civilização, escancara-se um abismo de barbárie e bestialidade. Imagens do inferno vêm à tona" (Jörn Schütrumpf (org.), *Rosa Luxemburgo ou o preço da liberdade*, cit., p. 116). Aqui e em outros fragmentos lúcidos, Rosa parece sugerir que a barbárie, longe de ser um estado de exceção momentâneo e breve, não é outra coisa senão uma exacerbação da normalidade burguesa.

souber aprender com os próprios erros. Para o movimento proletário, a autocrítica, uma autocrítica impiedosa, severa, que vá à raiz das coisas, é o ar e a luz sem os quais ele não pode viver.[18]

Essa atitude autocrítica alcançará uma dimensão cada vez maior na esteira do chauvinismo não somente dos chamados socialistas majoritários – que continuarão defendendo o intervencionismo na guerra mundial por parte da Alemanha, apesar do descontentamento crescente nas fileiras do partido –, como também da posição ambivalente e morna que assumirão os socialistas "independentes", que em abril de 1917 rompem com o partido e formam uma nova organização, o Partido Social-Democrata Independente da Alemanha. Embora decidam somar-se a essa plataforma, o Grupo Internacional e a Liga Spartacus mantêm um posicionamento crítico em relação ao novo agrupamento, caracterizado como "centrista" por Rosa e seus companheiros de militância.

Por isso, ela não hesita em reconhecer que é necessária uma "autocrítica impiedosa, de verdade sem disfarce, pois "só assim se pode hoje prestar serviço ao socialismo". Torna-se então urgente apelar para "essa importantíssima tarefa de esclarecimento crítico que atualmente faz falta ao movimento", uma vez que

não basta que um punhado de pessoas tenha a melhor receita no bolso e que já saiba como as massas devem ser dirigidas. Essas massas precisam ser intelectualmente arrancadas às tradições dos cinquenta anos passados para se libertarem delas [alusão à prática e ideologia reformistas da social-democracia alemã]. E só podem fazê-lo num amplo processo de rigorosíssima e permanente autocrítica do movimento como um todo.[19]

Pouco tempo depois, e apesar de se encontrar novamente atrás das grades – onde permanece confinada por dois anos e meio, precisamente em razão de sua militância internacionalista e contrária à guerra –, ela tem a oportunidade de realizar uma leitura crítica dos primeiros momentos do processo revolucionário vivido na Rússia soviética de 1917 e início de 1918. O manuscrito *A Revolução Russa* é um texto-chave, não somente para todo projeto de formação política por causa de seu método de análise e autocrítica fraterna baseado no marxismo, como também porque nele é explicitada a centralidade que esse tipo de proposta

---

[18] Rosa Luxemburgo, *La crisis de la socialdemocracia* (Cidade do México, Roca, 1972), p. 133 [ed. bras.: "A crise da social-democracia", em *Textos escolhidos II (1914-1919)*, org. e trad. Isabel Loureiro, 3. ed., São Paulo, Editora Unesp/Fundação Rosa Luxemburgo, 2017, p. 15-144].

[19] Idem, "Olhar retrospectivo sobre a Conferência de Gotha", em *Textos escolhidos II*, cit., p. 158 e 162.

adquire na transição para o socialismo, e até antes dele. Rosa dirá sem meias palavras: "A dominação de classe da burguesia não requer a formação, nem a educação política de toda a massa do povo, pelo menos não além de certos limites estreitamente traçados. Para a ditadura proletária ela é o elemento vital, o ar sem o qual não pode viver"[20].

De fato, a nova sociedade implica a participação ativa e consciente do povo, razão pela qual a "prática do socialismo exige uma transformação completa no espírito das massas, degradadas por séculos de dominação da classe burguesa". Segundo a militante espartaquista, "a própria escola da vida pública, a mais ampla e ilimitada democracia, *opinião pública*", é a que permitiria o avanço em direção a um socialismo não burocratizado nem autoritário. Por isso, ela conclui afirmando que "a democracia socialista não começa somente na Terra prometida", mas deve prefigurar-se no presente, ensaiar-se aqui e agora como projeto formativo de autogoverno cotidiano[21].

Mesmo nos momentos mais duros e adversos, Rosa não temeu exercitar de maneira fraterna e honesta aquela autocrítica reivindicada como vital, de forma a evitar um desencontro cada vez maior entre liberdade e igualdade, algo que vislumbrava como perigoso na Rússia soviética: "Liberdade somente para os partidários do governo, somente para os membros de um partido – por mais numerosos que sejam –, não é liberdade. Liberdade é sempre a liberdade de quem pensa de modo diferente", atreve-se a advertir de maneira premonitória os camaradas bolcheviques em um dos parágrafos finais de seu manuscrito, em que ao mesmo tempo denuncia a falta de canais de participação real das massas e a ausência de debate público sobre os principais problemas do processo revolucionário[22]. No entanto, seus próprios companheiros espartaquistas a repreendem e sugerem não divulgar o texto escrito por ela na prisão, por medo de que fizesse "o jogo da direita".

Em contraponto, para Rosa, a análise autocrítica e (caso seja necessária) a retificação genuína constituem um exercício teórico-político inescapável, uma vez que, segundo sua convicção, a militância não é útil aos projetos emancipatórios caso se converta em mera claque de suas possíveis conquistas e, "fazendo da necessidade virtude", omita suas contradições, ambiguidades ou erros, por temor a ser excomungada ou considerada "traidora". É preciso assumir de uma vez por todas que a ausência de reflexão (auto)crítica, a estagnação e a dogmatização caminham juntas, e, de acordo com Rosa, nos submergem em um círculo vicioso do qual é cada vez mais difícil sair.

---

[20] Idem, *Crítica de la revolución rusa* (Buenos Aires, Anagrama, 1972), p. 76 [ed. bras.: "A Revolução Russa", em *Textos escolhidos II*, cit., p. 175-212].

[21] Idem.

[22] Idem.

Pedagogia do poder popular e o autogoverno

Em duas de suas últimas manifestações públicas antes de morrer, *O que quer a Liga Spartacus?* e o discurso realizado no congresso de fundação do Partido Comunista da Alemanha, Rosa também faz algumas afirmações que denotam a extrema preocupação que tinha ainda com a formação intelectual e política das massas, com base em sua práxis coletiva centrada na construção e na irradiação de órgãos de autogoverno popular, como os conselhos de operários e soldados gestados na esteira da Revolução Alemã. Na primeira delas (que cumpriu o papel de programa da esquerda radical no fim de 1918), não somente dobra a aposta na autoemancipação – citando uma vez mais a frase de Marx para a qual tanto apelou durante sua vida, "a emancipação da classe trabalhadora deve ser obra da própria classe trabalhadora" –, como também define a revolução como um processo de transformação subjetiva, em que a educação e o cultivo de novos sentimentos refratários ao individualismo são cruciais:

> As massas proletárias devem aprender, de máquinas mortas que o capitalista instala no processo de produção, a tornar-se dirigentes autônomas desse processo, livres, que pensam. Devem adquirir o senso das responsabilidades, próprio de membros atuantes da coletividade, única proprietária da totalidade da riqueza social.[23]

Da mesma forma, no discurso pela criação do Partido Comunista da Alemanha, ela sugere: "Exercendo o poder, a massa deve aprender a exercer o poder. Não há nenhum outro meio de lhe ensinar isso", uma vez que, se nas revoluções burguesas "bastava derrubar o poder oficial no centro e substituí-lo [...] por algumas dúzias de homens novos", em nosso caso trata-se de um feito maciço não apenas em termos físicos, mas também espirituais, uma vez que a classe trabalhadora, como advertiu o jovem Gramsci, não pode se dar ao luxo de ser ignorante, pois esse é um privilégio exclusivo da burguesia. Portanto, "o socialismo não pode nem será criado por decreto; não pode ser criado por governo algum, por mais socialista que seja. O socialismo deve ser criado pelas massas, cada proletário deve realizá-lo", o que somente é possível a partir da conquista do poder vinda "de baixo"[24].

Imersa no clima revolucionário de Berlim, Rosa dobra a aposta na construção de poderes e instituições próprias, criadas e expandidas de baixo, que contem com o protagonismo do proletariado como *intelectual coletivo*, o qual aprende

---

[23] Idem, *¿Qué quiere la Liga Espartaco?* (Buenos Aires, La Minga, 2009), p. 68-9 [ed. bras.: "O que quer a Liga Spartakus?", em *Textos escolhidos II*, cit., p. 287-98].

[24] Ibidem, p. 99.

a (auto)governar na própria práxis de sua luta e em órgãos democráticos como os conselhos. Com o otimismo da vontade, sentencia:

> Felizmente, foi-se o tempo em que se tratava de ensinar o socialismo ao proletariado. Para os marxistas da escola de Kautsky esse tempo parece não ter acabado. Educar as massas proletárias de maneira socialista significa: fazer-lhes conferências, distribuir panfletos e brochuras. Não, a escola socialista dos proletários não precisa de nada disso. Eles são educados quando passam à ação.[25]

Em plena ebulição operária e combate desigual nas ruas de Berlim, e poucas horas antes de ser assassinada juntamente com Karl Liebknecht, Rosa, apesar do evidente refluxo, não hesita em redobrar a confiança na capacidade autoemancipatória das massas e exclamar:

> A direção fracassou. Mas a direção pode e deve ser novamente criada pelas massas e a partir delas. As massas são o decisivo, o rochedo sobre o qual se estabelecerá a vitória final da revolução. As massas estiveram à altura, elas fizeram dessa "derrota" um elo daquelas derrotas históricas que constituem o orgulho e a força do socialismo internacional. E por isso a vitória futura florescerá dessa "derrota".[26]

A disputa cultural por uma nova hegemonia: afinidades eletivas com Gramsci

Vista hoje, retrospectivamente, a confiança quase absoluta de Rosa nas massas pode parecer excessiva e até um tanto ingênua. Embora elas tenham demonstrado em reiteradas ocasiões estarem "à esquerda" das organizações, partidos e movimentos populares em diferentes conjunturas e processos históricos, mostrando radicalidade e ímpeto, também evidenciaram em certos contextos pontuais um caráter ambíguo e até conservador. Basta pensar no apoio que, em determinados momentos, deram a regimes fascistas e profundamente autoritários, entre eles na Itália e na própria Alemanha nos anos 1930, ou em eleições da América Latina em que apoiaram candidatos neoliberais, racistas e misóginos. Obviamente, Rosa tinha claro que sem uma árdua disputa cultural e educativa as massas acabariam subsumidas a valores e ideias próprios das classes dominantes. E, embora não tenha chegado a desenvolvê-la, como vimos, deu atenção a essa dimensão da luta que é profundamente pedagógica, uma vez que apela para o *convencer, para*

---

[25] Ibidem, p. 107-8.
[26] Idem, "El orden reina en Berlín", em *Obras escogidas* (Buenos Aires, Pluma, 1976), p. 100 [ed. bras.: "A ordem reina em Berlim", em *Textos escolhidos II*, cit., p. 395-401].

poder vencer. Por isso, afirmou que "para que o socialismo chegue à vitória é necessário que existam massas cuja potência resida tanto em seu nível cultural, como em seu número"[27].

Por essa razão, é bastante sugestivo pensar na articulação de seu legado intelectual e político com as contribuições do marxista italiano Antonio Gramsci. Como formulou Lelio Basso (um dos maiores "tradutores" do pensamento de Rosa Luxemburgo em uma chave revolucionária original):

> [Considerando que não é fácil] formular novamente uma estratégia para os países de capitalismo desenvolvido, onde a integração da classe operária no sistema alcançou níveis alarmantes, [...] é urgente ao menos uma limpada teórica no terreno. E isso somente pode acontecer com base na veia de pensamento marx-luxemburguiano, naturalmente enriquecido pela experiência e pelas contribuições teóricas sucessivas, entre as quais, claro, é de máxima importância a contribuição gramsciana.[28]

Assim como propuseram Carl Boggs, Peter Weiss e Frigga Haug[29], é possível estabelecer uma estreita conexão entre ambos os marxistas, o que nos habilita a pensar em uma linha "luxemburgo-gramsciana" em conformidade com a ressignificação da práxis política, em uma chave que envolve a disputa e construção de uma nova hegemonia, prioriza a autonomia integral e se distancia da imposição e do dogmatismo da esquerda tradicional, mas também da visão gradualista da social-democracia europeia, que considera as instituições do Estado instâncias neutras e isentas de um conteúdo de classe, racial e patriarcal.

Segundo expressou Carl Boggs,

> a interpretação teórica da luta de classes desenvolvida por Gramsci em seus *Cadernos do cárcere* tem muito em comum com a mais inicial discussão de Rosa Luxemburgo sobre a questão da consciência popular. [...] Em um momento em que predominava o marxismo objetivista, com seu fetichismo pelas "forças e estruturas históricas", tais teóricos se alçaram virtualmente sozinhos para afirmar que a ação revolucionária somente poderia surgir das normas compartilhadas, da linguagem e dos símbolos emocionais (tais como os "mitos") da luta ideológica popular.[30]

---

[27] Idem, *La crisis de la socialdemocracia*, cit., p. 158.

[28] Lelio Basso, *Per conoscere Rosa Luxemburg* (Milão, Mondadori, 1977), p. 14.

[29] Carl Boggs, *El marxismo de Gramsci* (Cidade do México, Premia, 1985); Peter Weiss, *La estética de la resistencia* (Barcelona, Hiru, 1999); Frigga Haug, "La línea Luxemburgo-Gramsci", *Revista Internacional Marx Ahora*, n. 35, 2013.

[30] Carl Boggs, *El marxismo de Gramsci*, cit., p. 57.

Da mesma forma, nas palavras da feminista marxista Frigga Haug,

ler Gramsci com as exigências políticas de Luxemburgo e sua práxis nos ensina a compreendê-lo melhor; ler Luxemburgo com Gramsci nos conduz a um grande número de pistas e propostas cuja importância e cuja possibilidade teríamos passado por alto sem ele. O estudo de ambos os autores em interação produz uma grande sinergia que reforça a esperança política e, portanto, a capacidade de atuar.[31]

Gramsci se distancia das visões que definem a cultura e o político como meros reflexos da infraestrutura ou "base material" de uma sociedade, ou então como aspectos secundários no estudo e na transformação da realidade. Em contraponto a essas leituras deterministas, ele postula que o fazer e o pensar, a matéria e as ideias, o objetivo e o subjetivo, são momentos de uma *totalidade* em movimento (no mesmo sentido do ponto de vista epistêmico de Rosa), que somente podem ser separados em termos analíticos, uma vez que configuram um bloco histórico heterogêneo no qual se articulam e se condicionam de maneira dialética, processo complexo que não pode ser explicado unicamente a partir da esfera econômica (que ele, assim como Rosa, certamente não rejeita).

Um dos conceitos mais potentes formulados por ele é o de *hegemonia*, que, enquanto concepção do mundo arraigada na – e coconstitutiva da – materialidade da vida social, busca construir um consenso ativo em torno dos valores e interesses das classes e dos grupos dominantes, internalizados como próprios pelo resto da sociedade, tornando-se "senso comum" e princípio articulador geral. Muitas vezes, não somos nós que falamos e atuamos, mas a hegemonia é que fala, sente e atua por nós. Campo de luta dinâmico e instável, o hegemônico é habitado, confrontado e recriado diariamente por quem resiste a uma condição subalterna.

É por isso que, em seus *Cadernos do cárcere*, Gramsci destaca o papel cumprido pelas instituições da sociedade civil (entre elas, os meios de comunicação e o sistema educativo) como "trincheiras" onde os sentidos são disputados, e por meio das quais são difundidos um conjunto de ideias, pautas de comportamento e expectativas que contribuem para sustentar e manter de pé – ou então corroer e rechaçar – uma estrutura de relações de dominação que, além de capitalistas, são patriarcais, racistas e adultocêntricas.

Embora não tenha chegado a aprofundar esse aspecto, Rosa, no entanto, tinha clareza sobre isso, em razão de sua concepção da revolução como processo de fôlego e *integral*, não restrito a uma questão "de comer com garfo e faca", mas concebido como uma aposta contracultural e pedagógica, de persuasão e batalha de ideias, que deveria comprometer o pensamento sem deixar de pensar

---

[31] Frigga Haug, "La línea Luxemburgo-Gramsci", cit., p. 77.

o compromisso, sempre baseada nos afetos, na corporalidade e na ação direta. O que hoje denominamos, baseados em Gramsci, de "espírito de cisão", um pilar fundamental na árdua dinâmica de criação de uma *nova hegemonia* que rompa com a dependência ideológica e política da classe trabalhadora em relação à burguesia, é, portanto, também para ela uma condição imprescindível de qualquer projeto socialista que se considere verdadeiramente emancipatório. "A *própria* compreensão das massas de suas tarefas e caminhos", ressalta, "é [...] uma precondição histórica tão indispensável da ação social-democrática, como antes sua falta de compreensão era a precondição das ações da classe dominante."[32] E nessa luta árdua e duradoura, Rosa perdeu a vida, assim como o teimoso Gramsci nas prisões do fascismo.

---

[32] Rosa Luxemburgo, "Expectativas frustradas", em *Textos escolhidos I*, cit., p. 144.

5
Estado, luta de classes e política prefigurativa
Da dialética reforma-revolução ao exercício de uma democracia socialista

> *Um povo politicamente maduro não pode renunciar "temporariamente" aos seus direitos políticos, assim como um ser humano vivo não pode "renunciar" a respirar.*
>
> Rosa Luxemburgo

Um dos temas mais espinhosos na obra de Rosa, gerando profundos mal-entendidos nas organizações de esquerda e no seio do marxismo, é o relacionado à tensão ou dicotomia entre reforma e revolução. Geralmente formulado como ponto de interrogação baseado em uma mútua exclusão, isto é, enquanto opções impossíveis de se complementarem ou estratégias totalmente contrapostas, essa polêmica ganha hoje nova vitalidade na esteira dos processos políticos com vocação pós-neoliberal na América Latina, alguns dos quais tentando ensaiar um vínculo virtuoso – com resultados variados, conforme o caso – entre ambos os polos dessa relação.

Por isso, retomar esse debate iniciado por ela há mais de um século e recuperar as possibilidades de articulação entre lutas em favor de reformas estruturais com o objetivo final de superação da ordem civilizatória capitalista constitui um desafio maiúsculo que, longe de ser uma inquietação puramente acadêmica ou intelectual, remete a uma urgência político-prática de primeira ordem, a fim de compreendermos e ponderarmos os processos vividos na América Latina (vários dos quais, para dizer a verdade, sofreram um declínio nos últimos anos ou foram desalojados do governo ao serem derrotados em processos eleitorais ou por contraofensivas destituidoras lideradas por forças de direita), embora sem ignorar o problema do poder do Estado como algo nevrálgico a se enfrentar.

Da mesma forma, outro desafio lançado por Rosa que nos parece relevante é aquele que postula a necessidade de fundir democracia e socialismo para repensar a relação entre meios e fins na construção de um projeto emancipatório que tenha como coluna vertebral o protagonismo popular a partir de uma política que podemos chamar de *prefigurativa*, na medida em que antecipa nas práticas do presente os embriões da sociedade futura. De fato, Rosa nos propõe conceber de maneira dialética esse binômio, razão pela qual cabe afirmar que, para ela, sem democracia não há socialismo, mas, ao mesmo tempo, sem socialismo não é possível uma democracia substantiva. Nessa chave, revisaremos o balanço autocrítico que Rosa realiza atrás das grades sobre o processo revolucionário na Rússia em seus primeiros momentos de ebulição e desenvolvimento, considerando suas fragilidades e contradições, mas sem omitir a vigência da revolução e o horizonte de um socialismo humanista e antiburocrático.

Reforma e revolução

É a atitude "empirista" e pragmática em que se encontram mergulhados os setores mais conservadores da organização em que Rosa começa a militar no fim do século XIX (com expressão tanto no plano sindical quanto no parlamentar) que a leva a enfrentar as referências revisionistas do Partido Social-Democrata da Alemanha. Recordemos como a polêmica se inicia. Eduard Bernstein[1], com a publicação de uma série de artigos na revista *Die Neue Zeit* em 1896, 1897 e 1898, posteriormente reunidos em formato de livro com o título *As premissas do socialismo e as tarefas da social-democracia*, abre o debate político sobre a caducidade das, segundo ele, principais teses do marxismo, a saber: 1) a derrocada "automática" do capitalismo a partir de suas próprias contradições internas; 2) o empobrecimento ou pauperização crescente do proletariado; e 3) a tomada do poder por meio de uma insurreição violenta.

Para Bernstein, a revolução não tinha mais sentido algum, uma vez que as contradições de classe tendiam a se "harmonizar", resultado do desenvolvimento positivo do capitalismo no fim do século XIX e de uma adaptabilidade crescente que ia na contramão da suposta polarização entre as classes sociais prevista por Marx. Da mesma forma, se para este, especialmente durante sua fase "madura"

---

[1] Eduard Bernstein (Berlim, 6 de janeiro de 1859 – Berlim, 18 de dezembro de 1931) entrou para o Partido Social-Democrata da Alemanha em 1872 e exilou-se doze anos, primeiro na Suíça e depois na Inglaterra, em consequência das leis antissocialistas de Bismarck. Durante o período em que esteve em Londres, tomou contato com a Sociedade Fabiana e os sindicatos de ofício, que postulavam um socialismo de caráter moderado. Também editou o jornal *O Social-Democrata*, introduzido de forma ilegal no Império Alemão, e correspondeu-se com Friedrich Engels, que o considerava um de seus herdeiros testamentários. Durante a Primeira Guerra Mundial, junta-se ao Partido Social-Democrata Independente da Alemanha (USPD), embora anos mais tarde, após o fim do conflito bélico, se reincorpore à social-democracia, em cujo âmbito exerce as funções de deputado e jornalista.

posterior a 1850, nunca se deveria perder de vista o objetivo ou meta final (isto é, a superação do capitalismo, a desarticulação do Estado e a construção de uma sociedade socialista), para Bernstein, ao contrário, "o fim não é nada, pois o movimento é tudo"[2].

No entanto, embora se queira apresentá-lo como o precursor do revisionismo, Bernstein não foi o primeiro a reformular os postulados básicos do socialismo. De fato, Marx e Engels já o haviam feito. A rigor, o questionamento de determinadas concepções e hipóteses – que, em princípio, não necessariamente supõe sua "queda em desuso" –, longe de ser uma claudicação teórica e política, faz parte do movimento dialético inerente à práxis transformadora, que reatualiza de maneira permanente seu *corpus* teórico e interpretativo. O problema, portanto, não reside na *revisão* em si, mas nos fundamentos e nas consequências que a sustentam e transformam em uma teorização *reformista*, que escamoteia a necessidade de rupturas revolucionárias ou confrontações violentas contra a ordem dominante.

Um claro exemplo disso é a crítica à "necessidade histórica" do socialismo que Bernstein realiza em seu livro. Em princípio, isso não constitui um fato negativo, uma vez que suporia entender a história das sociedades humanas como construção em disputa e, portanto, não determinada de maneira linear e teleológica (ou seja, como algo inevitável ou garantido de antemão). A questão reside em que, para Bernstein, a luta de classes se torna supérflua na explicação das mudanças sociais e políticas, pois, longe de se intensificar (segundo ele, prognóstico errado de Marx), a confrontação entre burguesia e classe trabalhadora tende a minguar cada vez mais e ceder espaço para a colaboração crescente, a tal ponto que o socialismo resulta de um processo gradual e isento de rupturas violentas, conquistado a partir do aprofundamento das bases democrático-liberais do sistema capitalista e assentado em um projeto moral de tipo kantiano. Bernstein afirma: "No que diz respeito ao liberalismo como movimento histórico universal, o socialismo é seu herdeiro legítimo"[3].

Essa concepção reformista, que, segundo ele, já está presente na introdução de 1895 de Engels para *A luta de classes na França*, de Marx[4], tem como correlato prático uma crescente moderação política, na medida em que entende as instituições liberais da sociedade moderna, por contraposição às feudais, como flexíveis

---

[2] Eduard Bernstein, *Las premisas del socialismo y las tareas de la socialdemocracia* (Cidade do México, Siglo XXI, 1982), p. 75. Talvez prevendo essa revisão posterior, já em 1885 Engels lhe advertia em uma epístola para "não esquecer a velha regra de não descuidar, em razão do presente do movimento e da luta, do futuro do movimento" (Karl Marx e Friedrich Engels, *Correspondencia*, Buenos Aires, Cartago, 1973).

[3] Eduard Bernstein, *Las premisas del socialismo y las tareas de la socialdemocracia*, cit., p. 98.

[4] Friedrich Engels, *Introducción a la lucha de clases en Francia* (Buenos Aires, Papel Negro, 2004) [ed. bras.: "Prefácio", em Karl Marx, *As lutas de classes na França de 1848 a 1850*, trad. Nélio Schneider, São Paulo, Boitempo, 2012].

e com capacidade de se transformar substancialmente. Assim, seria desnecessária (e indesejável) sua destruição ou derrubada, pois bastaria fazê-las evoluir, já que o próprio desenvolvimento da democracia – e, em especial, do parlamento enquanto encarnação da vontade geral – supõe "a supressão da dominação de classe"[5].

Dessa maneira, se para o velho Engels é possível fazer um (por definição, transitório) uso político do parlamento, principalmente como tribuna de denúncia e agitação, sem que paralelamente minguem as demais formas de luta (inclusive as de rua) e, claro, sem perder de vista o horizonte estratégico geral de transformação da ordem dominante; para Bernstein o caminho para o socialismo supõe de maneira inescapável a *absolutização do culto à legalidade*, independentemente de qualquer momento ou circunstância, e uma cisão entre ação cotidiana e objetivo final.

Mas, independentemente das possíveis interpretações que o "testamento político" de 1895 de Engels tenha originado, Rosa Luxemburgo levanta a guarda e se empenha em polemizar profundamente com as teses de Bernstein em seu livro *Reforma social ou revolução?*, escrito em 1899 e baseado em um conjunto de artigos precedentes[6]. Em primeiro lugar, e para descartar mal-entendidos, sugere que "há um nexo inseparável entre a reforma social e a revolução social", portanto não haveria, em princípio, oposição entre ambas as lutas. No entanto, ela esclarece que "a luta pela reforma social é *um meio*, enquanto a transformação social é *um fim*"[7]. Isso a leva a afirmar:

> Quem [...] se manifesta pelo caminho da reforma legal *em vez de* e *em oposição* à conquista do poder político e à transformação da sociedade escolhe, de fato, não um caminho mais calmo, seguro e vagaroso para um *mesmo* fim, mas também um *outro* fim, a saber, em vez da realização de uma nova ordem social, opta apenas por mudanças quantitativas na antiga. Assim é que, a partir das posições políticas de Bernstein, chega-se à mesma conclusão se se tiver como base suas teorias econômicas: que elas, no fundo, não visam a realização da ordem *socialista*, mas apenas a reforma da ordem *capitalista*, não a superação do sistema salarial, mas a maior ou menor exploração, em suma, a eliminação dos abusos capitalistas, e não do capitalismo propriamente dito.[8]

---

[5] Eduard Bernstein, *Las premisas del socialismo y las tareas de la socialdemocracia*, cit., p. 75.

[6] Apesar do evidente tom confrontador do livro de Rosa, Bernstein reconhece que os artigos da marxista polonesa "são o melhor que já se escreveu contra mim, do ponto de vista metodológico" (ibidem, p. 266).

[7] Rosa Luxemburgo, "¿Reforma social o revolución?", em *Obras escogidas* (Buenos Aires, Pluma, 1976), p. 110 [ed. bras.: "Reforma social ou revolução?", em *Textos escolhidos I (1899-1914)*, org. Isabel Loureiro, trad. Stefan Fornos Klein, 3. ed., São Paulo, Editora Unesp/Fundação Rosa Luxemburgo, 2017, p. 1-112]; grifos no original.

[8] Ibidem, p. 97; grifos no original.

Rosa apela para o ponto de vista da totalidade precisamente para questionar as teses formuladas por Bernstein, uma vez que ele dissocia completamente o presente do futuro, a luta imediata do horizonte estratégico, o movimento do fim. Por isso, ela alega que o revisionismo, longe de defender a realização do socialismo, tende, segundo essa leitura crítica, à mera reforma do sistema capitalista, sem conseguir superá-lo nem buscar enfraquecê-lo, mas, pelo contrário, baseia-se em "construir uma cadeia de reformas crescentes que levará do capitalismo ao socialismo sem solução de continuidade"[9].

Cabe elucidar que ela não renega a participação efetiva nas eleições parlamentares, sempre e quando esse tipo de disputa tenha como horizonte a (e permita avançar em direção à) construção de um projeto político antissistêmico e um nível de correlação de forças tal que torne possível a eliminação da burguesia enquanto classe exploradora e do Estado enquanto órgão de dominação. Decerto esse objetivo está totalmente fora da perspectiva de Bernstein, que, como lembra José Aricó, "situava o problema no terreno puramente eleitoral e no da democratização de certas instituições, e não no terreno da produção social"[10]. Seu *daltonismo epistêmico* o impedia de enxergar a natureza exploradora da relação básica capitalista e o papel regulador e de coconstituição que cumpria o Estado nesse sentido, fazendo-o, no máximo, lutar para suprimir os "abusos" do capitalismo, mas não seus núcleos fundantes. É assim que, segundo a irônica e lapidar interpretação de Vania Bambirra e Theotonio dos Santos, Bernstein acaba,

no campo político, opondo a reforma e a revolução para optar eticamente pela primeira, ajustando o conjunto de sua tática ao funcionamento do Estado burguês. O pequeno burguês se concilia assim com o Estado burguês sem abandonar sua simpatia sentimental pela classe operária. A ideologia surgida desse encontro cumpre um papel mediador importante entre a ordem burguesa e a subversão operária, em favor da conservação da primeira.[11]

Em contraposição, Rosa parte da caracterização da sociedade burguesa como opressiva e baseada em uma forma de dominação específica que lhe é inerente, assim como "o Estado imperante é um Estado classista". Mas, ainda por esse prisma, fiel ao seu método de análise marxista, ela esclarece que "da mesma forma que tudo que se refere à sociedade capitalista, não se deve entendê-lo de maneira

---

[9] Ibidem, p. 75.

[10] José Aricó, *Nueve lecciones sobre economía y política en el marxismo* (Cidade do México, El Colegio de México, 2011), p. 74.

[11] Vania Bambirra e Theotonio dos Santos, *La estrategia y la táctica socialistas de Marx y Engels a Lênin* (Cidade do México, Era, 1980), p. 127.

rígida e absoluta, mas sim dialeticamente"[12]. É isso que lhe permite admitir a possibilidade de lutas por reformas, mas em estreita conexão com o fim revolucionário de conquista do poder e a construção do socialismo, e sem debilitar sua capacidade de antagonismo anticapitalista, uma vez que essa "*vontade* [...] só pode ser formada pelas massas na luta contínua com e nos quadros da ordem vigente". Em última instância, o desafio reside na "unificação [...] da luta cotidiana com a grande reforma mundial", abrindo caminho entre dois perigos em toda a marcha do desenvolvimento: abandonar o objetivo final ou abandonar o caráter de massa; retornar ao movimento de reforma burguês ou recair na seita, isto é, "cair no reformismo ou no sectarismo"[13].

Segundo o marxista holandês Anton Pannekoek, a corrente revisionista não concebia a luta parlamentar como o que efetivamente podia ser, isto é, "um meio para fazer aumentar o poder do proletariado"[14], mas sim enquanto a própria luta pelo poder, motivo pelo qual seu mergulho no perigo do reformismo foi se tornando, em grau cada vez maior, uma crua realidade cotidiana. No caso concreto da social-democracia alemã, cabe dizer que ela era, no fim do século XIX, um verdadeiro partido de massas, com forte enraizamento popular, sobretudo operário, com uma estrutura burocrática e administrativa girando em torno do parlamentarismo e da luta por reformas imediatas, que o tornava "um Estado dentro do Estado, e seus legítimos governantes representavam um interesse poderoso na manutenção do *status quo*"[15]. O historiador Jacques Droz detalha que no começo do século XX a organização compreendia mais de 4 mil funcionários que, longe de serem autodidatas, faziam as vezes de intelectuais diplomáticos, com cargos relativamente bem remunerados, ao que se somavam os deputados e legisladores dos conselhos municipais, particularmente das regiões do sul da Alemanha[16].

A consequência desse processo é que

> desenvolve-se no seio do partido um grupo de técnicos, uma oligarquia de burocratas permanentes para os quais os problemas ideológicos passam a ser secundários, e que colocam no primeiro plano de suas preocupações a melhoria material da condição do proletariado: formam uma clientela abonada para o revisionismo.

---

[12] Rosa Luxemburgo, "¿Reforma social o revolución?", cit., p. 68.

[13] Ibidem, p. 110.

[14] Serge Bricianer (org.), *Anton Pannekoek y los consejos obreros* (Buenos Aires, Schapire, 1975), p. 178.

[15] John Peter Nettl, *Rosa Luxemburgo* (Cidade do México, Era, 1974), p. 191.

[16] Jacques Droz, *Historia del socialismo* (Barcelona, Laia, 1977).

[...] A "organização" social-democrata se converte em um fim em si mesmo, em prol do qual se sacrifica tudo.[17]

Não por acaso, Rosa conclui seu livro advertindo que, posto que "nosso movimento é um movimento de massas. [...] Os perigos que o ameaçam não são oriundos de cabeças humanas, mas de condições sociais"[18]. Nessa mesma chave, Lelio Basso sugere precisamente que a impotência crescente da social-democracia se estabeleceu, em última instância, nessa separação entre estratégia e tática, ou seja, no desencontro cada vez mais exacerbado entre reforma e revolução[19].

O chamado "debate Bernstein" condensou, para além da figura individual do autor de *As premissas do socialismo e as tarefas da social-democracia*, variadas e contrapostas posições e estratégias políticas, que ganhariam um contorno mais nítido com o passar dos anos e seriam um divisor de águas nas fileiras do movimento socialista no contexto da Primeira Guerra Mundial, e até mesmo nas chamadas Segunda e Terceira Internacionais, como instâncias de articulação europeia e global. Não obstante, à margem dessa interessante história, o certo é que, com o tempo, o livro de Rosa parece ter sido interpretado em chave oposta àquela que é formulada ao longo de cada uma de suas páginas.

A verdade é que, apesar dos/as autores/as, há textos que escamoteiam a intenção de quem contribuiu para os parir. De fato, aquela que, segundo Rosa, deveria ser concebida como ponte e conexão orgânica entre ambos os vocábulos e propostas de ação (reforma-revolução), de maneira que fossem combinadas as lutas pela melhoria das condições de vida da classe trabalhadora com o projeto estratégico de emancipação, acabou se tornando uma muralha intransponível que funcionou como nítida delimitação. Assim, o que constituía um todo inseparável e complementar (não isento, obviamente, de tensões), tornou-se uma férrea incompatibilidade e crucial dilema com o transcorrer dos anos. Dessa forma, o argumento principal utilizado pelos líderes da social-democracia alemã com os quais Rosa debateu incansavelmente acabou operando em termos dicotômicos no seio da própria esquerda ortodoxa, embora em um sentido inverso ao proposto em seu primeiro momento: a revolução social e a ruptura com a ordem dominante, enquanto horizonte de sentido, transmutaram-se em antídoto e contraproposta *diante* da possibilidade (e do "perigo") de se conquistar reformas parciais.

No entanto, as apostas na articulação entre reforma e revolução ganharam uma nova significação tanto na conjuntura aberta pelo contexto de rebelião global nos anos 1960 e 1970 na Europa e no chamado Terceiro Mundo quanto

---

[17] Ibidem, p. 50.

[18] Rosa Luxemburgo, "¿Reforma social o revolución?", cit., p. 110.

[19] Lelio Basso, *Rosa Luxemburgo* (Cidade do México, Nuestro Tiempo, 1977).

nas últimas décadas pelas lutas levadas a cabo na América Latina contra as políticas neoliberais e os processos de ajuste estrutural. A partir da recuperação da formulação de Rosa Luxemburgo, esboça-se nessas interpretações uma estratégia revolucionária que podemos caracterizar como *prefigurativa*.

No primeiro caso, algumas das releituras mais lúcidas foram as realizadas por Lelio Basso na Itália e André Gorz e Nicos Poulantzas na França. Constata-se neles uma perspectiva luxemburguista comum a partir de uma interrogação--chave formulada por Gorz em seu livro *Estratégia operária e neocapitalismo*: "É possível *de dentro* do capitalismo – ou seja, sem tê-lo derrubado previamente – impor soluções anticapitalistas que não sejam imediatamente incorporadas e subordinadas ao sistema? É a velha questão sobre 'reforma e revolução'"[20]. A resposta é afirmativa, pois não é necessariamente reformista "uma reforma que se reivindica não em função do que é possível nos marcos de um sistema e de uma administração dados, mas do que *deve se tornar possível* em função das necessidades e exigências humanas"[21].

Essas *reformas não reformistas* não pretendem estabelecer "ilhotas de socialismo" em um oceano capitalista, mas fortalecer um poder autônomo que restrinja ou desloque o poder do capital e busque romper o equilíbrio do sistema. Por sua parte, Basso retoma a formulação de Rosa Luxemburgo e estabelece que "a diferença entre uma posição revolucionária e uma reformista não reside tanto no quê, ou seja, nos objetivos da luta cotidiana, mas no como, ou seja, na união desses objetivos ao objetivo final", razão pela qual o critério que deve guiar todo movimento ou projeto emancipatório em cada uma de suas ações deve ser o da aproximação real e progressiva em relação à meta, que implica a captação da história como processo unitário e articulado[22].

Assim, longe de se fechar nas medidas e reivindicações como momentos em si (a absolutização do *o quê*), estas devem ser contempladas em relação com o processo histórico considerado em toda sua complexidade (a subordinação ao *como*). Em última instância, a prefiguração da sociedade futura no presente estaria dada não tanto pelas conquistas individuais ou corporativas valoradas como boas em si mesmas, mas segundo as repercussões que trazem consigo sobre a construção e o fortalecimento do poder antagônico das classes subalternas enquanto sujeito político antissistêmico com vocação hegemônica. Mas essa conexão também deve ser pensada em um sentido inverso: o fim ou horizonte estratégico deve estar contido em potência nos próprios meios de construção e reivindicações cotidianas.

---

[20] André Gorz, *Estrategia obrera y neocapitalismo* (Cidade do México, Era, 1969), p. 58.

[21] Ibidem, p. 59.

[22] Lelio Basso, *Rosa Luxemburgo*, cit., p. 89.

Por sua vez, em suas últimas teorizações, o marxista greco-francês Nicos Poulantzas reposiciona como estratégico o debate sobre o vínculo entre reforma e revolução. Em *O Estado, o poder, o socialismo*, ele reivindica Rosa Luxemburgo para esboçar o que considera uma via de transição para o socialismo que transcenda as matrizes clássicas da social-democracia e do leninismo. Após reconhecer que "o reformismo é um perigo sempre latente", adverte que

> modificar a relação de forças internas do Estado não significa reformas sucessivas em uma progressão contínua, conquista peça por peça de uma engrenagem estatal ou simples ocupação de postos e altos cargos governamentais. Significa claramente um processo de rupturas efetivas cujo ponto culminante, e forçosamente haverá um, reside na inclinação da relação de forças em favor das massas populares no terreno estratégico do Estado.[23]

Por isso, explica que uma estratégia desse tipo não significa uma via parlamentar ou eleitoral de conquista do poder, e sim a necessidade de articular processos de luta que envolvam reforma estrutural na chave antes mencionada, mas também redes autogestionárias e instâncias de democracia direta impulsionadas a partir de baixo, de tal forma que sejam evitados, de maneira simultânea, o estatismo e o impasse social-democrata.

Esse tipo de leitura, formulado nas décadas de 1960 e 1970, não alcançou tanto eco na América Latina por causa da predominância das ditaduras civil-militares, Estados oligárquicos refratários às demandas das classes subalternas e proscrições ou falta de espaços de participação real para partidos de esquerda ou de raízes populares, o que tendeu a bloquear a possibilidade de se ensaiar projetos desse tipo por aqueles anos em nosso continente. O contexto histórico autoritário e excludente, assim como a triunfante experiência armada em Cuba, pareciam demonstrar que, *para concretizar reformas, revoluções seriam necessárias*. E, com a exceção da intensa e trágica aposta da Unidade Popular no Chile, que possibilitou o debate de algumas das formulações de Rosa em uma chave político-prática[24], o certo é que a vigência e a contemporaneidade da dialética

---

[23] Nicos Poulantzas, *Estado, poder y socialismo* (Cidade do México, Siglo XXI, 1979), p. 317.

[24] Entre eles, talvez um dos mais interessantes tenha sido o que se produziu no simpósio "A transição para o socialismo e a experiência chilena", realizado em outubro de 1971 em Santiago e organizado pelo Centro de Estudos Socioeconômicos da Universidade do Chile e o Centro de Estudos da Realidade Nacional da Universidade Católica. Na ocasião, o debate sobre a dialética reforma-revolução e as perspectivas de uma estratégia revolucionária que a recupere teve entre os/as participantes Paul Sweezy, Marta Harnecker, Lelio Basso, Theotonio dos Santos, Ruy Mauro Marini e Rossana Rossanda. Sobre isso, algumas das apresentações podem ser consultadas em

entre reforma e revolução ganharam um novo impulso nas últimas décadas, em função de certos projetos e estratégias políticas levadas a cabo por movimentos sociais e organizações de base, mas também a partir do triunfo eleitoral de coalizões e líderes contrários ao credo neoliberal e, inclusive em certos casos, com uma retórica anticapitalista, que reatualizou na própria práxis – e, algumas vezes, mesmo sem mencioná-la de maneira explícita – aquela dialética virtuosa formulada por Rosa Luxemburgo.

Numerosos intelectuais de esquerda ensaiaram leituras sobre as potencialidades e as limitações desses processos de luta popular e impugnação do neoliberalismo na região[25] que causaram uma mudança na relação de forças em nível continental, reinstalando o Estado como arena de disputa e confronto e possibilitando a cristalização, em termos de políticas públicas, de algumas reformas impulsionadas de baixo ou então dinamizadas por governos de corte progressista, o que resultou em uma redistribuição parcial do excedente apropriado pelos Estados e no seu redirecionamento para a melhoria relativa e transitória das condições de vida de um setor importante das classes subalternas. No entanto, no balanço da dialética "poder próprio/poder apropriado", tendeu-se a privilegiar, quase sem exceções, o fazer um uso particular e gerir – sem nenhuma vocação de ruptura – a institucionalidade estatal herdada do neoliberalismo. As interpretações sobre

---

Lelio Basso et al., *Transición al socialismo y experiencia chilena* (Santiago, Centro de Estudios Socio-Económicos, 1972).

[25] Michael Brie e Dieter Klein, "Los caminos: revolución, reforma, transformación. Reflexiones desde una óptica marxista", em Vv. Aa., *Reforma ou revolução? Para além do capitalismo neoliberal: concepções atores e estratégias* (São Paulo, Fundação Rosa Luxemburgo e Laboratório de Políticas Públicas da Uerj/Expressão Popular, 2004); Emir Sader, *A nova toupeira: os caminhos da esquerda latino-americana* (São Paulo, Boitempo, 2009); Roberto Regalado (org.), *América Latina hoy: ¿reforma o revolución?* (Cidade do México, Ocean Sur, 2009); Beatriz Stolowicz, "El debate actual: posneoliberalismo o anticapitalismo", em Roberto Regalado (org.), *América Latina hoy: ¿reforma o revolución?*, cit.; Isabel Rauber, *Revoluciones desde abajo: gobiernos populares y cambio social en Latinoamérica* (Buenos Aires, Continente, 2010); Marta Harnecker, *Inventando para no errar: América Latina y el socialismo del siglo XXI* (Barcelona, El Viejo Topo, 2010); Atilio Borón, "Rosa Luxemburgo y la crítica al reformismo social-demócrata", em *¿Reforma social o revolución?* (Buenos Aires, Luxemburg, 2010); Hernán Ouviña e Mabel Thwaites Rey, "La estatalidad latinoamericana revisitada: reflexiones e hipótesis alrededor del problema del poder político y las transiciones", em Mabel Thwaites Rey (org.), *El Estado en América Latina: continuidades y rupturas* (Santiago, Arcis, 2012); Hernán Ouviña e Mabel Thwaites Rey (orgs.), *Estados en disputa: auge y fractura del ciclo de impugnación al neoliberalismo en América Latina* (Buenos Aires, El Colectivo/Clacso/Iealc, 2018); Henry Renna, *Sobre el ejercicio y construcción de autonomías* (Santiago, Poblar, 2014); Álvaro García Linera, "Estado, democracia y socialismo: una lectura a partir de Poulatnzas", em *Colóquio Internacional dedicado à obra de Nicos Poulantzas: um marxismo para o século XXI* (Sorbonne, Paris, 16 de janeiro de 2015).

esse ciclo, claro, variam nos diferentes estudos e investigações voltados para o tema, mas, à margem dos matizes e até contrapontos que evidenciam entre si, é sugestiva a vigência de certas formulações teórico-políticas de Rosa Luxemburgo que permitem pensar em – e intervir nos – processos de mudança radical ocorridos em nosso continente, mas também, como veremos na seção seguinte, a ponderar seus alcances e restrições em uma chave crítica.

A polêmica sobre a participação de socialistas em governos burgueses e a absolutização da disputa eleitoral

A discussão gerada pelo livro de Bernstein não teve origem simplesmente em uma elucubração teórica de um indivíduo. Na verdade, como temos tentado demonstrar, correspondia a raízes concretas e práticas materiais das organizações da classe trabalhadora europeia. Uma das que suscitou mais polêmica foi a participação, de junho de 1899 até maio de 1902, do dirigente socialista Alexandre-Étienne Millerand como ministro de Comércio no governo de Pierre Waldeck-Rousseau. O eixo do debate girava em torno da pertinência da participação nas instituições estatais, particularmente no Executivo, de governos caracterizados como burgueses, e fez que o tema fosse tratado no Congresso da Segunda Internacional realizado em Paris no começo do século XX. Na ocasião, condenou-se pontualmente o envolvimento de Millerand com o governo francês, mas sugeriu-se, a pedido de Kautsky, que em situações de emergência e como questão prática a factibilidade de uma participação desse tipo. Setores mais moderados do socialismo francês, como o representado por Jean Jaurès, chegaram a proclamar a justificativa de participar de governos burgueses para além da possibilidade de colocar a República em risco (argumento esgrimido por Millerand) e exigiram que essa proposta fosse concebida como uma parte substancial de sua estratégia política.

Rosa foi uma das primeiras a intervir no debate com uma série de textos incisivos em jornais franceses e alemães. Em seu artigo "Uma questão tática", diferencia duas posições a serem adotadas em relação à participação de socialistas em governos como o da França. Uma é a sintetizada teoricamente por Bernstein, que postula a necessidade de se considerar tal ingresso não apenas desejável, como também natural. A outra, defendida por ela, argumenta que a atividade socialista deve ser orientada para ganhar todas as posições possíveis no Estado atual, mas somente na medida em que *permitam intensificar a luta de classes contra a burguesia*.

Nesse sentido, ela sustenta que existe uma diferença essencial entre os corpos legislativos e o Executivo de um Estado burguês: enquanto "nos parlamentos os representantes operários eleitos podem, quando não conseguem fazer passar suas moções e reivindicações, no mínimo persistir em sua luta de oposição", o Executivo, "que tem por tarefa executar as leis, a ação, não tem espaço em seu seio para uma oposição de princípios". A partir dessa perspectiva socialista, uma vez mais o que importa não é "o quê", mas sobretudo o "como". Portanto, quando os representantes socialistas tentam impulsionar reformas sociais no parlamento, eles têm a possibilidade, por sua oposição paralela e simultânea à legislação e ao governo burguês em seu conjunto, de dar à sua luta um caráter socialista e antiestatal[26].

Em outro texto contemporâneo a esse conflito, intitulado *O caso Dreyfus e o caso Millerand,* Rosa retoma essa distinção para explicitar com total nitidez uma concepção anti-instrumentalista do Estado (ou seja, contrária a que seja concebido como uma instância neutra que pode ser simplesmente usada para avançar rumo a uma sociedade socialista). No texto, ela afirma que "a participação no poder burguês parece contraindicada, pois a própria natureza do governo burguês exclui a possibilidade da luta de classes socialista". Isso acontece porque

> a natureza de um governo burguês não é determinada pelo caráter pessoal de seus membros, mas por sua função orgânica na sociedade burguesa. O governo do Estado burguês é essencialmente uma organização de dominação de classe cuja função regular é uma das condições de existência para o Estado de classe.[27]

Tal contundência aumenta ainda mais quando Rosa se refere à entrada de Millerand no gabinete francês: nesse caso, "o governo burguês não se transforma em um governo socialista, mas, ao contrário, um socialista se transforma em um ministro burguês". Aqui aparece novamente a necessidade de se analisar esse tipo de ação a partir do ponto de vista da totalidade, e não em função do voluntarismo ou de uma atitude isolada no âmbito do cargo ocupado: "Pelo posto que ocupa, não pode deixar de lado a globalidade de sua responsabilidade em todas as demais funções do governo burguês (militarismo etc.)". Por essa razão, conclui de forma lapidar: "A entrada dos socialistas em um governo burguês não é, pois, como se poderia acreditar, uma conquista parcial do Estado burguês pelos socialistas, mas uma conquista parcial do partido socialista pelo Estado burguês"[28].

Diante de tamanha intransigência, pode parecer que Rosa Luxemburgo nega rotundamente a possibilidade de luta a partir de dentro de qualquer instituição que expresse os interesses da burguesia. No entanto, em seu artigo *Social-*

---

[26] Rosa Luxemburgo, *El pensamiento de Rosa Luxemburgo* (org. María José Aubet, Barcelona, Del Serbal, 1983), p. 108.

[27] Ibidem, p. 111.

[28] Idem.

-democracia e parlamentarismo, em que confronta a posição de Jaurès, estabelece uma diferenciação crucial entre a participação no parlamento, âmbito no qual, sem o sobrevalorizar, "podemos obter reformas úteis lutando contra o governo burguês", e no Executivo, em cujo seio não existe margem para exercitar uma oposição de princípios nem para estimular a luta de classes. Em franca oposição às perspectivas revisionistas que fazem da disputa eleitoral um sustentáculo quase exclusivo de sua construção política cotidiana, Rosa entende que os motivos e justificativas pontuais da participação nesse tipo de cenário "estão tanto melhor e mais seguramente protegidos quanto mais nossa tática não se funda somente no parlamento, mas também na ação direta da massa proletária":

> O perigo para o sufrágio universal se reduz na medida em que damos a entender claramente à classe governante que a verdadeira força da social-democracia não se baseia de modo algum na ação de seus deputados no Reichstag, mas que se encontra fora, no próprio povo, na "rua", e que a social-democracia está em condições, e com disposição, de mobilizar também diretamente o povo em defesa de seus direitos políticos.[29]

Nesse caminhar coletivo enquanto força revolucionária "que não considera as lutas parlamentares como eixo central da vida política", a massa trabalhadora, para Rosa, deve *prefigurar* no presente o futuro pelo qual ela luta, mediante práticas e projetos que confrontem a institucionalidade estatal delegatória e refratária à participação protagonista das classes subalternas e antecipem esses embriões de poder popular e autogoverno aqui e agora. Obviamente, sem deixar de lutar por reformas estruturais que, longe de operar como mecanismos de integração à sociedade capitalista, possam cumprir o papel de alicerce de enorme relevância na edificação de um sujeito político antissistêmico. Em suas próprias palavras: a tarefa principal não é apenas a "de criticar a política das classes governantes do ponto de vista dos interesses do povo, [...] mas também a de pôr-lhe diante dos olhos, a cada passo, o ideal da sociedade socialista, que vai além da política burguesa, mesmo a mais progressista"[30].

Acreditamos que essas advertências, formuladas por Rosa com extrema lucidez, constituem uma contribuição inestimável para lançar luz sobre uma análise crítica do ciclo de rechaço ao neoliberalismo ocorrido na América Latina nos últimos vinte anos e ponderar suas virtudes e defeitos na esteira das continuidades, reconfigurações e rupturas que se pôde ensaiar a partir e para além dos formatos da democracia representativa liberal predominante na região. E,

---

[29] Ibidem, p. 114.
[30] Ibidem, p. 115.

embora a polêmica continue aberta, é evidente que os tempos e as dinâmicas eleitorais em seu desenho e configuração estatal-burguês tradicional (aos quais praticamente a totalidade dos governos se subordinou, independentemente de suas diferenças, assim como não poucos movimentos e organizações populares) não costumam ser compatíveis com as transformações radicais requeridas pelas forças de esquerda anticapitalista. Pelo contrário, estas envolvem longos processos de amadurecimento e disputa hegemônica, em que a autoatividade coletiva das massas deve ter necessariamente, nas palavras de Rosa, um papel fundamental na construção de uma alternativa socialista.

A Revolução Russa e os dilemas da democracia socialista

Após a derrota de outras apostas revolucionárias no primeiro ciclo de ascensão das lutas do século XX, o complexo e original processo vivido na Rússia se converteu pouco a pouco em referência obrigatória – e quase exclusiva – no momento de se conceber uma estratégia política e viabilizar um projeto de transformação de caráter emancipatório. Assim, a excepcional experiência russa e, dentro dela, o bolchevismo como uma de suas expressões mais potentes tornaram-se exemplo de construção triunfante e linha correta, independentemente de suas particularidades e ancoragem no tempo histórico. Simetricamente, as experiências de insubordinação e autogoverno que não conseguiram se sustentar no tempo foram extintas a ferro e fogo ou tiveram menor visibilidade dentro do imaginário dos/as revolucionários/as tenderam a ser eclipsadas ou simplesmente descartadas em função de critérios realistas e pragmáticos.

Rosa soube se distanciar das leituras que faziam da Revolução Russa um "modelo" a ser replicado em qualquer tempo e espaço. Em primeiro lugar – e justamente nisso não se distanciava nem um pouco de Lênin –, porque sempre é preciso realizar uma "análise concreta da situação específica", tendo como ponto de partida a *historicidade* da sociedade que se pretende conhecer e transformar, mas também assumindo o ponto de vista da *totalidade* para exercitar essa análise de conjuntura. Isso não nega, e sim pressupõe extrair ensinamentos e recuperar aqueles elementos, apostas e práticas que – por meio de um exercício de tradução – contribuem para potencializar um projeto revolucionário no tempo histórico e na realidade concreta nos quais se busca intervir. Mas implica não absolutizar e tampouco generalizar experiências que remetem a uma temporalidade concreta e a uma geografia determinada. Assim como José Carlos Mariátegui, Rosa considera que o socialismo não pode ser jamais "nem decalque nem cópia", mas sim uma criação heroica dos povos. Por isso, desde o início ela soube ler de maneira aguda a revolução na Rússia a partir, em suas próprias palavras, de um "entusiasmo misturado com espírito de crítica".

Um dos textos mais sugestivos de Rosa a esse respeito é o manuscrito intitulado *A Revolução Russa*, que ela redigiu na prisão de Breslau enquanto cumpria pena por seu ativismo internacionalista. A história desse texto e suas repercussões posteriores poderiam muito bem servir de roteiro para um romance policial. Depois de sair da prisão, Rosa não chega a corrigi-lo e divulgá-lo porque é assassinada poucas semanas depois, razão pela qual o folheto será publicado apenas no final de 1921 por Paul Levi, ex-companheiro de Rosa, que acabara de ser expulso do Partido Comunista da Alemanha. Anedotas à parte, o certo é que em suas páginas ela faz um balanço provisório do processo aberto na Rússia, o qual ela reivindica, mas não sem deixar de formular críticas tanto à caracterização equivocada que fazem dele Kautsky e o grosso da social-democracia quanto a algumas das principais iniciativas impulsionadas pelos bolcheviques na esteira dessa convulsionada conjuntura.

O objetivo principal desse rascunho consiste em impedir que as soluções práticas adotadas pelo poder soviético – em um contexto bastante adverso e de assédio brutal – se convertam em dogma, *fazendo da necessidade virtude*. As críticas abarcam diversos aspectos da política bolchevique (como a reafirmação do princípio de "autodeterminação dos povos", mesmo que isso possa implicar a separação do projeto soviético ou a distribuição da terra aos camponeses sem levar à socialização ou à propriedade coletiva), mas o problema da ditadura do proletariado e da democracia no processo de transição ao socialismo é um dos de maior transcendência.

No caso pontual dos questionamentos a Kautsky, é surpreendente como suas formulações são coincidentes com as do jovem Antonio Gramsci em seu conhecido artigo "A revolução contra o capital", escrito também em 1918, em que ele propõe não aferrar-se à letra morta de Marx, mas ao seu pensamento vivo, para entender o ocorrido na Rússia. Nesse território, dirá o marxista italiano, *O capital* havia se convertido em um texto de devoção da burguesia, a partir de uma leitura mecanicista que enterrou totalmente a vontade coletiva e a ação consciente como fatores construtores da história:

> Era a demonstração crítica da fatal necessidade de que na Rússia se formasse uma burguesia, e iniciasse uma era capitalista, se instaurasse uma civilização de tipo ocidental, antes que o proletariado pudesse sequer pensar em sua ofensiva, em suas reivindicações de classe, em sua revolução.[31]

O erro cometido pelos dogmáticos, segundo essa leitura original, foi pretender que se repetisse na Rússia a história da Inglaterra.

---

[31] Antonio Gramsci, *Antología* (Buenos Aires, Siglo XXI, 1998), p. 34.

Em uma linha semelhante, Rosa escreve nas primeiras páginas de seu manuscrito que o curso dos fatos "é uma prova flagrante contra a teoria doutrinária que Kautsky compartilha com o partido dos socialistas governamentais, segundo a qual a Rússia, país economicamente atrasado, essencialmente agrário, não estaria madura para a revolução social"[32]. Mas quem se encontra imatura, segundo ela, não é a Rússia, e sim a classe trabalhadora alemã que, longe de ter empatia pela grande façanha ocorrida nessa "atrasada" realidade e assumir sua responsabilidade histórica como parte do proletariado internacional, mostra-se impotente e – no momento, pelo menos – sem perspectivas de dinamizar um processo de envergadura similar. Por isso, ela esclarece que as condições nas quais a revolução na Rússia se desenvolve são dramáticas ao extremo, e é com base nessa conjuntura que é preciso analisar o processo em curso.

Após acertar contas com Kautsky, e com maior profundidade na análise, o texto questiona algumas das principais iniciativas promovidas pelo governo bolchevique, criticando cada uma delas por exacerbar certos problemas e dar origem a outros, mais do que proporcionar soluções. Mas talvez seja a parte final do manuscrito, dedicada integralmente a polemizar com as medidas reivindicadas por Lênin e Trótski, a mais sugestiva e atual por seu caráter humanista, libertário e extremamente visionário. Depois de questionar a dissolução da Assembleia Constituinte por parte dos bolcheviques em novembro de 1917 na Rússia, dedica-se a aprofundar a questão do exercício genuíno de uma democracia de caráter socialista e as limitações impostas pelo poder governamental.

Em primeiro lugar, chama a atenção para as restrições impostas e adverte que "é um fato patente, incontestável, que sem imprensa livre, sem livre associação e reunião, a dominação de vastas camadas populares é totalmente impossível"[33]. Em seguida, questiona duramente a concepção de Lênin sobre o Estado de transição ou socialista, a qual o considera de forma muito ingênua "o Estado capitalista de cabeça para baixo". Para Rosa, essa caracterização omite algo essencial, que é a necessidade de que as massas tenham plena consciência e estejam formadas para o exercício do autogoverno, algo que jamais pode ser conseguido sem liberdade política. Por isso, ela se distancia do que denomina ditadura do proletariado no sentido leninista-trotskista, já que, por essa perspectiva, "a transformação socialista seria uma coisa para a qual o partido revolucionário tem no bolso uma receita pronta, que só precisa de energia para ser realizada"[34].

---

[32] Rosa Luxemburgo, *Crítica de la revolución rusa* (Buenos Aires, Anagrama, 1972), p. 28 [ed. bras.: "A Revolução Russa", em *Textos escolhidos II (1914-1919)*, org. e trad. Isabel Loureiro, 3. ed., São Paulo, Editora Unesp/Fundação Rosa Luxemburgo, 2017, p. 175-212].

[33] Ibidem, p. 73.

[34] Ibidem, p. 75.

A liberdade não pode ser um privilégio

Liberdade somente para os partidários do governo, somente para os membros de um partido – por mais numerosos que sejam –, não é liberdade. Liberdade é sempre a liberdade de quem pensa de modo diferente. Não por fanatismo pela "justiça", mas porque tudo quanto há de vivificante, salutar, purificador na liberdade política depende desse caráter essencial e deixa de ser eficaz quando a "liberdade" se torna privilégio.[35]

Rosa insiste, uma vez mais, em apostar na participação popular como antídoto para os perigos do burocratismo. Propõe um controle público democrático e participativo, que rompa com o "círculo fechado dos funcionários do novo governo". E, sobretudo, adverte que a prática socialista que começou a ser ensaiada "exige uma transformação completa no espírito das massas". Para ela, é a isso que se refere a noção marxista de *ditadura do proletariado*. Não equivale a autoritarismo no sentido burguês, tampouco à ditadura de uns poucos políticos. Implica vida pública, criação de instâncias de autogoverno, liberdade ilimitada de imprensa e reunião, assim como (auto)responsabilidade e iniciativa constante por parte das massas.

Por essa razão é que ela protesta contra a forma como a questão é formulada por Kautsky, mas paradoxalmente também por Lênin e Trótski: eles a formulam em termos dicotômicos e abstratos, a partir da disjuntiva "ditadura ou democracia". No entanto, não se trata de abolir toda democracia, mas de criar a democracia socialista, já que ela "não começa somente na Terra prometida", ironiza Rosa. "É preciso que toda a massa popular participe", o "controle público [é] absolutamente necessário"[36].

A crítica não poderia ser mais severa. Ainda assim, é uma crítica camarada, duríssima, mas fraternal. Rosa tem plena consciência das condições extremamente adversas e das dificuldades exorbitantes que a Revolução Russa deve enfrentar, mas, de toda forma, sua caneta é contundente e direta. O problema maior, conclui, talvez não seja do bolchevismo:

O perigo começa quando [os bolcheviques] querem fazer da necessidade virtude, fixar em todos os pontos da teoria uma tática que lhes foi imposta por essas

---

[35] Ibidem, p. 74.
[36] Ibidem, p. 82.

condições fatais e recomendar [ao proletariado internacional] imitá-la como modelo da tática socialista.[37]

Portanto, dessacralizar essa experiência emblemática que aconteceu na Rússia um século atrás, e que durante décadas foi farol estratégico e padrão universal de medida para grande parte da esquerda mundial, é uma tarefa tão árdua quanto imprescindível.

A experiência de autogoverno dos conselhos operários

Considerando o fato de que Rosa redige esse manuscrito sobre a Revolução Russa em 1918, poderíamos pensar que a questão democrática é uma descoberta tardia em suas reflexões teórico-políticas. No entanto, anteriormente ela já havia tentado problematizá-la, em seu vínculo com a luta da classe trabalhadora e a construção do socialismo no presente. A controvérsia com Bernstein contempla, entre outras coisas, essa face pouco explorada pelos clássicos do marxismo. Nas páginas de *Reforma social ou revolução?* afirma que

> os destinos do movimento socialista [não] estão ligados aos da democracia burguesa, mas que inversamente os destinos do desenvolvimento democrático [estão] ligados ao movimento socialista; que a democracia não se torna capaz de viver na medida em que a classe operária abandona sua luta emancipatória, mas, inversamente, na medida em que o movimento socialista se torna suficientemente forte para combater as consequências reacionárias da política mundial e da deserção burguesa; que quem deseja o fortalecimento da democracia também precisa desejar o fortalecimento e não o enfraquecimento do movimento socialista e que, com o abandono dos anseios socialistas, também são igualmente abandonados o movimento operário e a democracia.[38]

Mas, para além da formulação de Rosa e sua possível vigência para a análise crítica dos processos políticos da América Latina, parece-nos relevante aprofun-

---

[37] Ibidem, p. 84.

[38] Idem, "¿Reforma social o revolución?", cit., p. 95. Surpreende a contemporaneidade da formulação de Rosa, pois, apesar do tempo transcorrido, suas palavras parecem escritas para intervir na crítica da conjuntura atual de países como o Brasil, onde é a direita que "deserta" das fileiras da democracia (ainda chegando ao governo via eleições, certamente facilitadas pela proscrição de candidatos populares e por um golpe de Estado judicial-parlamentar) e é a esquerda progressista que, em prol da luta contra a ameaça fascista, paradoxalmente enfraquece seu projeto socialista e perde radicalidade em seus discursos e práticas cotidianas.

dar-nos no posicionamento que ela delineia em seus escritos e práticas posteriores, particularmente aqueles gestados no calor do levante de massas que se vive na Rússia e na Alemanha, e que entre 1917 e 1918 gera um contexto propício para o ensaio de novas formas de exercício da democracia, a partir da criação de uma institucionalidade antagônica à dos Estados absolutistas e imperiais em ambos os países (e mesmo contra o Estado como tal).

Uma primeira questão importante ao se recuperar essas experiências revolucionárias sob conjunturas específicas nas quais emergem e se irradiam os sovietes e conselhos (*Räte*), extensível também a conjunturas contemporâneas, como o "biênio vermelho" na Itália e a Revolução Húngara, é não dissociar a própria concepção e o transcorrer da *revolução* em dois momentos desvinculados entre si, um "burguês" e outro "proletário" ou "socialista". Restaurar sua unicidade e seu caráter contínuo implica entender a revolução não em termos de um evento excepcional de simples "tomada" do poder estatal, e não reduzi-la à possível ação insurrecional (vitoriosa ou derrotada), mas sim ressignificá-la como um *processo complexo e multifacetado*, extremamente contraditório e instável, marcado por vaivéns, avanços e recuos protagonizados por uma multiplicidade de sujeitos sociopolíticos, que envolve a crítica e a demolição do antigo regime, como também práticas autoafirmativas a partir das quais ganham força real novas formas de organização popular, entre as quais se destacam os conselhos e, em menor medida, os delegados de oficina, os comitês de fábrica e as comissões internas.

Assim como aconteceu com o projeto interrompido da Comuna de Paris, tanto em 1905 como em 1917, 1918 e 1919, um dos catalisadores desses processos de democracia radical foi o descontentamento e a ativação popular gerada como consequência de um conflito bélico entre potências. A Guerra Franco-Prussiana (1870-1871), a Guerra Russo-Japonesa (1904-1905) e, sobretudo, a Primeira Guerra Mundial (1914-1918) constituíram a antessala e o forno onde foram acirrados, sob extrema temperatura e intensidade, os ânimos das massas. Particularmente no último caso, alguns dos atores que se combinaram para dar lugar a situações pré-revolucionárias ou de ruptura com a ordem dominante em países como Rússia, Alemanha, Hungria e Itália foram a escassez e carestia dos alimentos, a participação forçada de camponeses/as e trabalhadores/as em um conflito militar que lhes era alheio, a crescente politização dos setores mais pobres da sociedade, a desorientação e a persistência do belicismo por parte das classes dominantes, a crise terminal do liberalismo, tanto em termos da institucionalidade estatal quanto em um plano socioeconômico, e a vacância ideológica nas classes subalternas que tornou viável a transformação de sua subjetividade.

No momento de ponderar a relevância da experiência dos conselhos, segundo Sergio Bologna, podemos falar de uma série de *ciclos de luta* de escala internacional, começando pelo de 1904-1906, caracterizado por um conjunto de greves de massas que em mais de um caso desembocaram em ações violentas e insurrecionais e serviram de escola de enorme aprendizagem para Rosa Luxemburgo. Desde a primeira greve geral na Itália, em 1904, até a luta nas fábricas da Putilov na Rússia, a dos mineradores no vale do Ruhr na Alemanha e a impulsionada pela Industrial Workers of the World (conhecida pela sigla IWW), em todos esses casos, nessas greves se "prefigurava a das grandes lutas do período dos conselhos"[39].

Além da emblemática experiência da Revolução Russa de 1905, quando surgem pela primeira vez os sovietes de operários e soldados (e, aliás, quando se abre um debate profundo nas fileiras da esquerda europeia sobre a sua caracterização e em que medida ela era parte do velho que estava morrendo ou, como postula Rosa, do *novo que começava a nascer*), vale a pena lembrar que a guerra imperialista iniciada em 1914 foi precedida de um novo ciclo de lutas (1911-1913) caracterizado por um crescente descontentamento na Europa e em boa parte do mundo, e cujo auge ocorrerá com o começo do conflito bélico.

Esse novo período, marcado pela "bancarrota" da Segunda Internacional (em razão de seu crescente reformismo) e culminando com o voto da social-democracia alemã a favor dos créditos de guerra em 4 de agosto de 1914, obriga referências políticas como o próprio Lênin a revisar os fundamentos filosóficos e políticos do marxismo, confrontando-os com o processo histórico em curso e com os inéditos problemas que este ia gestando[40]. Essa retificação "tardia" de Lênin foi antecedida por desavenças e distanciamentos que referências da esquerda holandesa e alemã já haviam ousado realizar vários anos antes. Entre eles, Anton Pannekoek, Herman Gorter e a própria Rosa Luxemburgo, que, inclusive antes do início da Primeira Guerra Mundial, haviam questionado os fundamentos políticos e filosóficos dos "chefes" da social-democracia, especialmente de Karl Kautsky.

Recordemos que Rosa passa grande parte da guerra na prisão e é libertada somente em 8 de novembro de 1918, dia do início da Revolução Alemã. Vive pouco mais de dois meses – talvez os mais intensos de sua militância – imersa em um clima de rechaço da ordem dominante e emergência dessas formas inéditas de organização. Nesse cenário de intensificação da luta de classes, os conselhos de operários e soldados constituem a encarnação de uma democracia

---

[39] Sergio Bologna, "Composición de clase y teoría del partido en el origen del movimiento de los consejos", em Vv. Aa., *Guerra y revolución* (Cidade do México, Somos, 1984), p. 198.

[40] A leitura crítica da *Lógica* de Hegel que Lênin faz semanas depois desse episódio e a Conferência de Zimmerwald, convocada por ele em setembro de 1915 para recompor as forças da esquerda radical europeia, não podem ser pensadas como divorciadas, pois ambas correspondem àquela inquietação militante que exige fundir teoria e práxis em um só movimento.

radical que prefigura o autogoverno popular. Assim como os sovietes e comitês de fábrica na Rússia, podiam representar na Alemanha a materialização de "uma nova estrutura que não tivesse nada em comum com as velhas tradições, herança do passado", e erguer-se como verdadeiros órgãos que tornam possível a unificação do poder público, do legislativo e do administrativo, para minar "o Estado a partir de baixo"[41]. E, como nos lembra Sergio Bologna, no marco da Revolução Alemã as reflexões e propostas semeadas por Rosa não foram inócuas, pois "a quase totalidade dos quadros operários e juvenis que deram vida ao movimento dos conselhos encontraram em suas obras as indicações prático-teóricas fundamentais"[42].

Conselhos para fazer a revolução

A realização da sociedade socialista é a mais grandiosa tarefa que, na história do mundo, já coube a uma classe e a uma revolução. Essa tarefa exige uma completa transformação do Estado e uma completa mudança dos fundamentos econômicos e sociais da sociedade.

Essa transformação e essa mudança não podem ser decretadas por nenhuma autoridade, comissão ou parlamento: só a própria massa popular pode empreendê-las e realizá-las.

Em todas as revoluções anteriores, era uma pequena minoria do povo que conduzia a luta revolucionária, que lhe dava os objetivos e a orientação, utilizando a massa apenas como instrumento para fazer triunfar os próprios interesses, os interesses da minoria. A revolução socialista é a primeira que só pode triunfar no interesse da grande maioria e graças à grande maioria dos trabalhadores.

A massa do proletariado é chamada não só a fixar claramente o objetivo e a orientação da revolução, mas é preciso que ela mesma, passo a passo, com sua própria atividade, dê vida ao socialismo.

A essência da sociedade socialista consiste no seguinte: a grande massa trabalhadora deixa de ser uma massa governada para viver ela mesma a vida política e econômica em sua totalidade, e para orientá-la por uma autodeterminação consciente e livre.

Assim, da cúpula do Estado à menor comunidade, a massa proletária precisa substituir os órgãos herdados da dominação burguesa [...] por seus próprios órgãos de classe, os Conselhos de

---

[41] Rosa Luxemburgo, *¿Qué quiere la Liga Espartaco?* (Buenos Aires, La Minga, 2009), p. 107 [ed. bras.: "O que quer a Liga Spartakus?", em *Textos escolhidos II*, cit., p. 287-98].

[42] Sergio Bologna, "Composición de clase y teoría del partido en el origen del movimiento de los consejos", cit., p. 211.

> Trabalhadores e Soldados. [...] E só por uma influência recíproca constante, viva, entre as massas populares e seus organismos, os Conselhos de Trabalhadores e Soldados, é que a atividade das massas pode insuflar no Estado um espírito socialista. [...]
> A socialização da sociedade não pode ser realizada em toda a sua amplitude senão por uma luta tenaz, infatigável da massa trabalhadora em todos os pontos onde o trabalho enfrenta o capital, onde o povo e a dominação de classe da burguesia se encaram, olhos nos olhos. A libertação da classe trabalhadora deve ser obra da própria classe trabalhadora.[43]

No contexto de extrema ebulição nas ruas, e após a queda abrupta do Império Alemão, a tarefa para ela era, obviamente, titânica. "Devemos construir de baixo para cima", exclama no final de dezembro de 1918, no discurso de fundação do Partido Comunista da Alemanha, conhecido pelo título "Nosso programa e a situação política". "São também os conselhos de trabalhadores que devem dirigir os conflitos econômicos e fazer-lhes tomar vias sempre mais largas. Os conselhos de trabalhadores devem ter todo o poder no Estado", proclama em plena conjuntura crítica[44].

Em geral, tentou-se restringir a experiência dos conselhos à cidade de Berlim para afirmar que a dinâmica de rebelião e auto-organização popular não teve conotação nacional, o que, por sua vez, invalidaria falar de uma verdadeira revolução na Alemanha. No entanto, embora não tenham gozado da mesma fortaleza e persistência no tempo, em novembro de 1918 surgiram conselhos em Chemnitz, Gotha, Leipzig, Bremen, Hamburgo, Königsberg, Halle, Rostock, Britz e no vale do Ruhr, para mencionar apenas algumas das principais cidades e regiões onde foram gestados e até chegaram a assumir o poder de fato por vários dias e até semanas inteiras[45].

Mas os conselhos não foram somente a pedra angular do processo revolucionário alemão. Foram também uma expressão generalizada da irrupção das massas populares no ciclo que se viveu de 1917 a 1921, em escala continental e mundial, e a concretização organizativa de uma *subjetividade revolucionária* de novo tipo que se espalhou por boa parte da Europa nessa mudança de época marcada pelo descontentamento e pela politização. Diante de uma "forma-partido" cada vez mais estagnada – cuja máxima expressão talvez tenha sido a social-democracia

---

[43] Rosa Luxemburgo, *¿Qué quiere la Liga Espartaco?*, cit., p. 67-9.

[44] Idem, "Congreso de fundação do KPD", em *Textos escolhidos II*, cit., p. 368.

[45] Pierre Broué, *Revolución en Alemania: de la guerra a la revolución, victoria y derrota del izquierdismo* (Barcelona, Redondo, 1973).

alemã –, irrompem com força e na esteira da espontaneidade essas instâncias de autogoverno que, sob uma matriz comum, assumem contornos e potencialidades diferentes de acordo com o território e a realidade específica onde germinam, mas contribuem para a unidade do econômico e do político, para o exercício de uma democracia socialista enraizada em âmbitos produtivos e territoriais, assim como para a edificação de um "espaço público popular" subtraído das lógicas da institucionalidade burguesa.

6
MULHERES, POVOS INDÍGENAS E NATUREZA NA REPRODUÇÃO DA VIDA

Não é casualidade que, nos últimos vinte anos, a questão da mulher, a questão das populações indígenas e a questão da Terra não apenas tenham se imposto de maneira progressiva, como também tenham constituído um trinômio particularmente sinérgico.

Mariarosa Dalla Costa

Para Rosa, ainda que uma dimensão fundamental do capitalismo seja a apropriação de mais-valor por parte da classe capitalista, e a resistência ativa que essa forma de exploração e alienação traz consigo, como sistema de dominação o capitalismo é de extrema complexidade e envolve todo um tecido de relações de poder e submissão que excede, com folga, o processo imediato de produção entendido em seu sentido estrito e em função exclusivamente do vínculo capital-trabalho.

O concreto, dizia Marx, *é concreto porque é síntese de múltiplas determinações*, portanto é imperioso repensarmos, com base em Rosa, certas modalidades de opressão e de luta levadas a cabo contra o patriarcado e a colonialidade, assim como as resistências travadas contra a instrumentalização, o saque e a espoliação da natureza e dos bens comuns, a partir de suas contribuições e propostas sobre sujeitos/as e processos autoafirmativos que, em geral, têm sido desvalorizados pelo marxismo hegemônico, para entender a condição subalterna e a potencialidade dessas lutas na realidade latino-americana contemporânea. Apresentamos como hipótese que as mulheres, os povos indígenas e a natureza (incluindo as crianças)[1]

---

[1] Embora não nos seja possível esmiuçar esse ponto, consideramos que Rosa também teve a lucidez de perceber – ainda que sem o abordar tão profundamente – o que hoje podemos chamar de *adultocentrismo* como forma específica de dominação, em que o controle é tomado e exercido pelos/as adultos/as, enquanto a infância e adolescência são submetidas a uma condição subalterna e de opressão. Em um texto pouco conhecido, intitulado "O próprio filho", ela fez esta sentida reflexão crítica: "Quando forem concluídos os registros da história sobre a sociedade capitalista, quando todos os seus crimes forem expostos aos olhos de todos e quando vigorar o veredicto definitivo de uma humanidade tardia, acreditamos que, entre esses crimes, aqueles referentes aos maus-tratos das crianças proletárias terão o maior peso diante da história

128 HERNÁN OUVIÑA

são subalternidades oprimidas dentro da condição subalterna geral que o capitalismo impõe como sistema de dominação múltiplo[2].

A mais despossuída de direitos de todos os despossuídos

É um debate ainda aberto em que medida Rosa Luxemburgo pode ser considerada feminista. Leituras superficiais de sua obra querem renegar essa faceta e postular que ela foi totalmente alheia às lutas em favor da libertação das mulheres, embora o certo é que sua própria luta como mulher, em um mundo dominado por homens – inclusive no interior de organizações de esquerda permeadas pela misoginia e pela exclusão deliberada das mulheres dos âmbitos de poder –, seja em si mesma um exemplo digno de destaque. Não é coincidência que, nessas desavenças e disputas, Rosa recebesse os mais variados insultos sob uma mesma conotação machista: "fêmea histérica", "cadela raivosa", "bruxa venenosa", "mulherzinha", "dura amazona" e "pirralha atrevida".

Segundo Paul Frölich, camarada de Rosa e um de seus biógrafos mais próximos, o que despertava essa dura oposição era sua condição de mulher:

---

julgadora. Sugar a seiva vital desses seres sem capacidade de defesa, destruir a alegria de viver logo no umbral da vida, consumir a semente da humanidade ainda no pé, vai além de todos os pecados da terrível dominação do capital no presente: são intervenções de uma mão assassina sobre o futuro. 'Eu acuso', gritava Friedrich Engels em seus clássicos escritos de juventude de 1845 no que se refere à sorte das crianças proletárias, 'eu acuso a burguesia de morte social!'" (Rosa Luxemburgo, *Textos escolhidos I (1899-1914)*, org. Isabel Loureiro, trad. Stefan Fornos Klein, 3. ed., São Paulo, Editora Unesp/Fundação Rosa Luxemburgo, 2017, p. 119). Para uma crítica ao sistema adultocêntrico a partir de uma perspectiva latino-americana, recomendamos a compilação de Santiago Morales e Gabriela Magistris, *Niñez en movimiento* (Buenos Aires, Chirimbote/El Colectivo/Ternura Revelde, 2018).

[2] Nas palavras de Gilberto Valdés Gutiérrez, "a significação histórica e epistemológica da noção de sistema de dominação múltipla tem raízes na superação do reducionismo e na consequente compreensão de que as lutas contra o poder político do capital estão intimamente vinculadas à criação não somente de uma nova ordem político-institucional alternativa ao capitalismo, como também à superação histórica de sua civilização e sua cultura hegemônicas" (*Posneoliberalismo y movimientos antisistémicos*, Havana, Ciencias Sociales, 2009, p. 20). Portanto, falar de um sistema implica entender que as diferentes formas de opressão (de classe e étnicas, mas também de gênero, em razão do regime patriarcal e heteronormativo que predomina em nossas sociedades) estão articuladas ou conectadas entre si, em geral reforçando-se mutuamente. Nesse sentido, embora seja importante dar conta das características específicas que distinguem cada forma de dominação (daí seu caráter múltiplo), também é preciso analisar quais vínculos ou nexos existem entre cada uma elas, a partir de uma perspectiva integral ou de totalidade, evitando o encapsulamento das lutas.

Mulher que ousava se intrometer num ofício de homens, a política, e, ao fazer isso, não perguntava modestamente a opinião dos "práticos", mas desenvolvia "com atrevimento" pontos de vista próprios e – o que era o mais grave – expunha argumentos que obrigavam o interlocutor a capitular, resmungando.[3]

Numa chave semelhante, Bolívar Echeverría sugere até que ponto sua autorreivindicação como mulher foi realizada na forma de uma intervenção muito peculiar na história do movimento operário organizado, assentada na radicalidade comunista:

> Já no fim do século XIX, uma mulher que se encontrava no "erro objetivo" de não poder ser "atraente" tinha a oportunidade de emendá-lo caso cultivasse como atrativos compensatórios as virtudes "masculinas"; mas somente se o fizesse de maneira propriamente "feminina", ou seja, dissimulada ou como imitação que servisse para que o modelo visse confirmada sua superioridade. Apenas se demonstrasse a validez do espírito empreendedor produtivo ("masculino") e burguês – composto basicamente de ambição, mas inteligente, voluntarioso e realista –, mostrando-o em uma versão defeituosa, que somente fosse explicável pela ação do imediatismo, inconsistência e exageração próprios do "feminino".[4]

Como Rosa nunca abriu espaço para esse mandado, foram muitos os que se irritaram com sua atitude de extrema ousadia (que estava longe de se restringir a uma questão "temperamental", como presumiam) em relação à hegemonia patriarcal. Franz Mehring o admitiu sem rodeios em 1907, quando ela sofreu o escárnio de parte da imprensa social-democrata – hegemonizada, claro, por homens: "Essas sangrias de mau gosto contra a cabeça mais genial que surgiu até hoje entre os herdeiros científicos de Marx e Engels, no final das contas, são motivadas pelo fato de ser uma mulher a carregar essa cabeça sobre os ombros", lamentou-se seu amigo na ocasião[5].

Esses falsos líderes e insípidos funcionários teriam sentido uma imensa raiva diante de tamanha irreverência, posta em ação tanto em atividades públicas, comícios de rua e congressos quanto em âmbitos privados e vínculos amistosos ou afetivos. Rosa, diz Claudia Korol, vivia o amor com ímpeto, mas não aceitou a chantagem emocional de Leo Jogiches, que foi seu companheiro político em períodos importantes de sua vida,

---

[3] Paul Frölich, *Rosa Luxemburgo: vida y obra* (Madri, Fundamentos, 1976), p. 78 [ed. bras.: *Rosa Luxemburgo: pensamento e ação*, trad. Nélio Schneider e Erica Ziegler, São Paulo, Boitempo, 2019].

[4] Bolívar Echeverría, *El discurso crítico de Marx* (Cidade do México, Era, 1986), p. 150.

[5] Paul Frölich, *Rosa Luxemburgo*, cit., p. 210.

e atreveu-se a apaixonar-se uma e outra vez, rompendo as convenções sobre "a família" presentes nas direções partidárias, ousando até mesmo amar Costia Zetkin, o filho de sua amiga Clara, treze anos mais jovem que ela. Um escândalo para um socialismo conservador, para o qual a família era um fator de disciplinamento altamente patriarcal.[6]

Poderíamos arriscar-nos a dizer que, no amor, Rosa era raivosamente *espontaneísta* e contrária ao controle e à direcionalidade das energias e dos afetos mútuos, assim como a imposições e hierarquias em seus vínculos. Isso fica evidente especialmente na correspondência com Leo Jogiches, em que ela, com muita sinceridade, recrimina sua soberba, sua extrema frieza e sua obsessão quase exclusiva pela "Causa" (assim, com maiúscula e aspas, escreve com fina ironia em uma de suas cartas). Sobre isso, Elzbieta Ettinger, sua biógrafa mais intimista, confessa que Rosa "contrastava sua própria espontaneidade com a maneira calculada que ele tinha de 'lidar' com ela" e repreendia que "ele convertesse a relação entre ambos em um assunto 'puramente superficial'"[7]. Por isso não temeu, em momentos de máximo desencontro e incompreensão da parte de Jogiches, pensar em ter um filho e criá-lo sozinha.

Em nível geral, na sociedade alemã também acontecia um desencontro ou hiato profundo entre o que os partidos socialistas proclamavam em termos teóricos, ou em seus programas a favor das mulheres, e o que acontecia na realidade concreta. Se omitimos alguns parágrafos destacados de *A origem da família, da propriedade privada e do Estado**, escrito pelo velho Engels, é August Bebel – principal dirigente político do Partido Social-Democrata da Alemanha – quem pela primeira vez aborda essa questão em profundidade em *A mulher e o socialismo*[8]. Publicado originalmente em 1878, esse livro teve cinquenta edições antes de 1909 e foi traduzido em quinze idiomas, convertendo-se em um dos materiais mais lidos e difundidos na Europa pela militância de esquerda. Nele, Bebel denuncia a dupla opressão da mulher e esboça uma análise detalhada da dependência socioeconômica das mulheres em relação aos homens e da carência

---

[6] Claudia Korol, "Las revoluciones de Rosa", em Vv. Aa., *Revolución: escuela de un sueño eterno* (Buenos Aires, Cuadernos Relámpago/Negra Mala Testa, 2018), p. 18. Não por acaso, Eduard Bernstein chega a postular em seu livro clássico que "com o proletário instável, sem pátria e sem família, nunca será possível fundar um movimento sindical duradouro e sólido" (Eduard Bernstein, *Las premisas del socialismo y las tareas de la socialdemocracia*, Cidade do México, Siglo XXI, 1982, p. 272-3).

[7] Elzbieta Ettinger, *Rosa Luxemburgo: su vida* (Buenos Aires, Sudamericana, 1988), p. 84.

* Friedrich Engels, *A origem da família, da propriedade privada e do Estado* (trad. Nélio Schneider, São Paulo, Boitempo, 2019). (N. E.)

[8] August Bebel, *La mujer y el socialismo* (Buenos Aires, Estudio, 1981).

de direitos elementares que elas sofrem, algo que também será explicitado no próprio *Programa de Erfurt*, aprovado em 1891 pela social-democracia alemã[9].

O pessoal é político

Em geral, você não percebe que toda a sua correspondência adquire sistematicamente um ar desagradável: contém unicamente uma pregação tediosa, pedante, como acontece com "as cartas do professor ao querido aluno". Eu entendo que você queira me fazer suas observações críticas, entendo a utilidade em geral e até a necessidade delas em certos casos. Mas, pelo amor de Deus, em você isso se transformou em doença, em vício! Não posso lhe escrever sobre nenhuma coisa, nenhum pensamento, nenhum fato que não receba como resposta os mais tediosos e aborrecidos discursos. É indiferente que se trate dos meus artigos, minhas visitas, minha estadia nos Winter, dos jornais que assino, dos meus vestidos, do meu relacionamento com a minha família, enfim, não existe de fato nenhuma coisa importante para mim que eu lhe escreva que você não me responda com ensinamentos e orientações. É verdadeiramente chato! Em especial porque é unilateral, pois você não me fornece nenhuma matéria para que eu lhe ensine e o critique, nem tenho a vontade e o mau gosto de fazê-lo, nem você escutará. [...] Tudo isso é consequência do seu velho costume que me incomodou desde o início em Zurique e prejudicou muito a nossa convivência, a saber: sua mania de mentor, que fazia você se sentir autorizado a corrigir-me sempre e em tudo e a fazer o papel do meu mestre. Seus atuais conselhos e críticas à minha "militância" aqui estão de novo ultrapassando os limites de um amigo íntimo para se tornar uma pregação sistemática. Deus é testemunha de que, diante disso, eu posso apenas sacudir os ombros e limitar-me em minhas cartas a mencionar o que é realmente necessário, a fim de não provocar os seus chatos ensinamentos em resposta.[10]

No entanto, essa retórica em favor da emancipação das mulheres tendia na maioria das vezes a ser inócua, e a prática não condizia muito com os preceitos e

---

[9] Geoff Eley, *Un mundo que ganar: historia de la izquierda en Europa, 1850-2000* (Barcelona, Crítica, 2003).

[10] Rosa Luxemburgo, "Carta a Leo Jogiches, 13/1/1900", em *Textos escolhidos III (Cartas)* (org. Isabel Loureiro, trad. Mario Luiz Frungillo, 3. ed., São Paulo, Editora Unesp/Fundação Rosa Luxemburgo, 2017), p. 47 e 48.

132 HERNÁN OUVIÑA

boas intenções plasmados em documentos e discursos. Já desde o famoso congresso de fundação da organização em Gotha, em 1875, após acaloradas discussões, a exigência do voto universal somente incluiu em seus fundamentos o sufrágio masculino e, como diz Geoff Eley, nos anos seguintes "a misoginia exclusivista [...] se transmutou em culturas generalizadas de masculinidade agressiva que não acolhiam bem as mulheres", chegando ao extremo de muitos homens do partido proibirem suas esposas e filhas de sequer participar dos comícios de mulheres[11]. Isso se exacerbava, certamente, no caso dos sindicatos alemães (não por acaso, Rosa era a sua pior inimiga), nos quais, após sua legalização em 1890, somente 1,8% dos filiados eram mulheres, e no alvorecer da Primeira Guerra Mundial esse índice ainda não chegava a 9% do total.

Embora os textos em que Rosa aborda o tema do protagonismo das mulheres não sejam abundantes, ela teve ao longo de sua vida militante e pessoal uma sensibilidade particular pelas reivindicações que, na época, eram a bandeira principal do movimento feminista, ainda que tenha tido o cuidado de não dissociar essas exigências da dinâmica geral da luta de classes. Além de romper em seu cotidiano e em suas relações amorosas com os preconceitos próprios da época (entre outros, manter relações livres com diversos homens), foi companheira de organização e amiga de Clara Zetkin[12], principal ativista e propagandista em escala europeia de um feminismo de caráter socialista. Juntamente com ela, participou da Primeira Conferência de Mulheres, realizada em 1907, e impulsionou um vasto movimento antibélico na Alemanha e em outros países, composto principalmente por mulheres trabalhadoras, o que lhe custou longos meses de prisão mais de uma vez.

Raya Dunayevskaya, que escreveu talvez um dos melhores livros centrados nessa faceta ofuscada e pouco entendida de Rosa, denunciou que "o total esquecimento a que tanto marxistas quanto não marxistas relegaram a dimensão feminista de Rosa Luxemburgo exige correção imediata"[13]. Por causa dessa omissão,

---

[11] Geoff Eley, *Un mundo que ganar*, cit., p. 103.

[12] O verdadeiro nome de Clara Zetkin (Wiederau, 5 de julho de 1857 – Moscou, 20 de junho de 1933) era Clara Eisner. Integrou-se à social-democracia alemã e teve um papel protagonista na auto-organização das mulheres trabalhadoras em nível europeu. Militante durante anos no exílio, voltou à Alemanha em 1890, onde participou de diversas iniciativas e fundou o jornal *Die Gleichheit* [A Igualdade], que se converteu em um dos mais importantes e se tornou órgão oficial da Internacional de Mulheres Socialistas. Com Rosa, organizou sucessivos encontros de mulheres e participou da Liga Spartacus e do Partido Comunista da Alemanha, chegando a ser deputada no Reichstag. Faleceu em um sanatório russo aos 76 anos.

[13] Raya Dunayevskaya, *Rosa Luxemburgo, la liberación femenina y la filosofía marxista de la revolución* (Cidade do México, FCE, 1985), p. 12.

ela sugere que se estude mais a obra da marxista polonesa como feminista e revolucionária, embora em estreita conexão com a dinâmica da luta de classes.

Assim como outras mulheres da esquerda revolucionária (como Aleksandra Kollontai ou a própria Clara Zetkin), Rosa não concebe a opressão das mulheres de maneira abstrata. Na verdade, entende que o capitalismo e o patriarcado são coconstitutivos, razão pela qual é impossível dissociar a exploração de classe da condição subalterna das mulheres, que certamente, longe de ser genética, configura-se como um prisma heterogêneo de situações cheio de matizes, ainda que submetido a uma mesma estrutura de dominação. No artigo "A proletária", ela diz:

> Um mundo de lamúria feminina aguarda libertação. A mulher do pequeno camponês suspira à beira do colapso sob o fardo da vida. Ali, na África alemã, no deserto do Kalahari, permanecem os ossos de mulheres hererós indefesas, que foram levadas pelos soldados alemães à pavorosa morte de fome e sede. Do outro lado do oceano, nos altos rochedos de Putumayo, perdem-se, inaudíveis para o mundo, gritos de morte de mulheres indígenas torturadas nas plantações de borracha de capitalistas internacionais. Proletária, a mais pobre dos pobres, a mais injustiçada dos injustiçados, vá à luta pela libertação do gênero das mulheres e do gênero humano do horror da dominação do capital.[14]

Nesse sugestivo texto, ela reivindica o dia da mulher trabalhadora, fixado como data inaugural da Semana Vermelha do Partido Social-Democrata da Alemanha, que seria realizado de 8 a 15 de março de 1914 e que tinha como principal palavra de ordem a luta pelo voto feminino e pela igualdade geral de direitos das mulheres. Após indicar que "o partido dos deserdados coloca sua coluna feminina no *front* ao partir para a dura luta pela jornada de oito horas, a fim de espalhar a semente do socialismo sobre novas terras", a tal ponto que a mulher proletária "pisa no palco público [...] como a protagonista da classe trabalhadora", lamenta que "a mulher do povo teve de trabalhar pesado desde sempre" e é "a mais injustiçada dos injustiçados"[15]. Por isso, decide examinar e tornar visível a infinidade de tarefas que ela cumpre há séculos: desde as aldeias indígenas, onde "planta e mói o cereal, faz panelas; na Antiguidade, como escrava, serve os senhores e amamenta os rebentos; na Idade Média, fiava para o senhor feudal", até a época contemporânea, em que a propriedade privada é predominante e a mulher do povo fica "encurralada na estreiteza doméstica de uma pobre existência familiar"[16].

---

[14] Rosa Luxemburgo, *El pensamiento de Rosa Luxemburgo* (org. María José Aubet, Barcelona, El Serbal, 1983), p. 290 [ed. bras.: "A proletária", em *Textos escolhidos I*, cit., p. 493-496].

[15] Ibidem, p. 287.

[16] Ibidem, p. 287-8.

Esse caminho comum não a impede de advertir para uma diferença de extrema relevância entre o que caracteriza como "feminismo burguês" e o feminismo socialista defendido pelas ativistas de esquerda. No primeiro caso, falta uma perspectiva de totalidade que permita situar determinadas reivindicações genuínas da época (como o sufrágio feminino) no interior de uma luta mais ampla e integral contra o caráter opressivo da sociedade, o que traz como consequência o fato de simplesmente "*que[re]rem adquirir direitos políticos* para então tomarem parte na vida política" e de certas mulheres burguesas gozarem "dos frutos acabados da dominação de classe"[17].

Em contraste, no caso do ativismo ao qual se junta Rosa – e que tem Clara Zetkin como uma de suas máximas referências –, o que se busca é entrelaçar essa e outras lutas em que as mulheres sejam as protagonistas e tenham um projeto *integral* de emancipação que inclui, e ao mesmo tempo transcende, essa pauta de reivindicações. Por isso, Rosa não hesita em defender "a estreita relação entre a causa das mulheres e a transformação social universal", uma vez que "as mulheres deveriam lutar pela igualdade e pela fraternidade para a humanidade e pela abolição da opressão em todas as partes"[18].

Já no auge da Primeira Guerra Mundial, ela se aflige também com o chauvinismo militarista que embriagou boa parte da militância social-democrata na Europa – certamente, empapada de machismo – e incluiu as próprias mulheres em sua loucura bélica.

> A liderança do movimento das mulheres social-democratas [denuncia da prisão, uma vez iniciada a guerra] proclamou a união com as mulheres burguesas visando, em comum, a um "serviço nacional das mulheres", de modo a fazer que a mais importante força de trabalho do partido que ficou no país depois da mobilização, em vez de fazer agitação social-democrata, se empenhasse no samaritanismo nacional, como distribuição de sopas, aconselhamentos etc.[19]

Em uma passagem sumamente luminosa de outro texto, intitulado *Direito de voto das mulheres e luta de classes*, Rosa destaca que as mulheres "ajudam o

---

[17] Ibidem, p. 289.

[18] Elzbieta Ettinger, *Rosa Luxemburgo*, cit., p. 142. Já no programa escrito para o SDKPiL, difundido sob o nome de *O que queremos?*, Rosa havia denunciado que na "sociedade de hoje, apoiada na propriedade privada e na dominação dos capitalistas, a mulher é privada de quaisquer direitos políticos e considerada uma criatura de segunda classe, subordinada ao homem. A libertação da mulher desta humilhação, a devolução a ela de direitos iguais e de dignidade humana só é possível com o sistema socialista" (Rosa Luxemburgo, "O que queremos?", em *Textos escolhidos I*, cit., p. 242).

[19] Rosa Luxemburgo, *La crisis de la socialdemocracia* (Cidade do México, Roca, 1972), p. 101-2 [ed. bras.: "A crise da social-democracia", em *Textos escolhidos II (1914-1919)*, org. e trad. Isabel Loureiro, 3. ed., São Paulo, Editora Unesp/Fundação Rosa Luxemburgo, 2017, p. 15-144].

homem, por meio do trabalho doméstico, a garantir, com um salário exíguo, a existência diária da família e a educar as crianças". No entanto, esse tipo de trabalho, argumenta, "não é produtivo no sentido da ordem econômica capitalista de hoje, ainda que possa, por meio de milhares de tantos e tão variados esforços, constituir uma gigantesca contribuição em termos de autossacrifício e dispêndio de forças"[20]. Uma leitura apressada poderia gerar objeções a sua formulação, pois ainda se mantém o binômio marxista clássico de trabalho produtivo/trabalho improdutivo, e, à luz dos estudos e reinterpretações de inúmeras feministas nas últimas décadas, é evidente que não chega a visualizar o caráter profundamente produtivo do trabalho doméstico e sua extrema funcionalidade dentro da engrenagem capitalista e do "patriarcado do salário"[21].

Apesar disso, e levando-se em conta que esses textos foram publicados há mais de cem anos, sua ousadia em jogar luz sobre essa dimensão invisibilizada da reprodução e do cuidado para realizar uma leitura política desse tipo de relações de poder e submissão é, sem dúvida, precursora e bastante sugestiva, mais ainda em um contexto em que as organizações de esquerda eram dominadas quase de maneira exclusiva por homens. Por isso, não é à toa que Rosa afirma com veemência em outro parágrafo:

> Um dos grandes anunciadores dos ideais socialistas, o francês Charles Fourier, há cem anos escreveu as memoráveis palavras: em toda sociedade o grau da emancipação (liberdade) feminina é a medida natural para a emancipação geral. Isso é totalmente correto para a sociedade atual.[22]

O crescente distanciamento em relação à totalidade dos dirigentes da social--democracia alemã e a ruptura precoce e sem volta com seus máximos expoentes podem ser lidos precisamente a partir da coerência ética e militante de uma mulher que não temia pagar esse tipo de preço político – e afetivo – diante da soberba masculina dessa velha-guarda crescentemente conservadora. Após o rompimento de qualquer vínculo com eles, nos anos posteriores e até seu covarde assassinato, ela "se manteve distante dos líderes, que praticavam a liderança como se fossem chefes de governo, embora não tivessem um poder estatal"[23].

---

[20] Idem, *El pensamiento de Rosa Luxemburgo*, cit., p. 285 [ed. bras.: "Direito de voto das mulheres e luta de classes", em *Textos escolhidos I*, cit., p. 443-450].

[21] Silvia Federici, *Calibán y la bruja* (Buenos Aires, Tinta Limón, 2010) [ed. bras.: *Calibã e a bruxa: mulheres, corpo e acumulação primitiva*, trad. Coletivo Sycorax, São Paulo, Elefante, 2017].

[22] Rosa Luxemburgo, *El pensamiento de Rosa Luxemburgo*, cit., p. 286.

[23] Raya Dunayevskaya, *Rosa Luxemburgo, la liberación femenina y la filosofía marxista de la revolución*, cit., p. 74.

Perfil de Rosa

por *Clara Zetkin*

Em Rosa Luxemburgo vivia uma indomável disposição. Sempre dona de si, sabia avivar no interior do seu espírito a chama disposta a brotar quando fosse necessário, e nunca perdia seu aspecto sereno e imparcial. Acostumada a dominar a si mesma, podia disciplinar e dirigir o espírito dos demais. Sua linda sensibilidade a fazia buscar pontos de apoio para não se deixar arrastar pelas impressões externas; mas, sob aquela aparência de temperamento reservado, escondia-se uma alma delicada, profunda, apaixonada, que não somente abraçava como seu a todo o humano, como também se estendia a todo ser vivente, pois para ela o universo formava um todo harmônico e orgânico. Quantas vezes aquela a quem chamavam "Rosa, a sanguinária", exausta e sobrecarregada de trabalho, parava e voltava para salvar a vida de um inseto perdido na relva! Seu coração estava aberto a todas as dores humanas. Nunca carecia de tempo ou paciência para escutar a quantos recorriam a ela buscando ajuda e conselho. Para si mesma, nunca precisava de nada e privava-se com gosto do mais necessário para dá-lo a outros. Severa consigo mesma, era toda indulgência para com os amigos, cujas preocupações e dores a entristeciam mais do que seus próprios pesares. Sua fidelidade e abnegação estavam acima de toda prova. E aquela a quem se tinha por fanática e sectária transbordava de cordialidade, graça e bom humor quando se encontrava rodeada de amigos. Sua conversação era o encanto de todos. A disciplina que se havia imposto e o brio natural lhe haviam ensinado a sofrer cerrando os dentes. Em sua presença parecia desvanecer tudo o que era vulgar e brutal. Aquele corpo pequeno, frágil e delicado abrigava uma energia única. Sabia exigir sempre de si mesma o máximo esforço e jamais falhava. E, quando se sentia a ponto de sucumbir ao esgotamento de suas energias, impunha-se para descansar um trabalho ainda mais pesado. O trabalho e a luta lhe infundiam ânimo. De seus lábios raras vezes saía um "não posso"; por outro lado, sempre saía o "devo". A saúde delicada e as adversidades não afetavam seu espírito. Rodeada de perigos e contrariedades, jamais perdeu a confiança em si mesma. Sua alma livre vencia os obstáculos que a cercavam.

Mehring tem muita razão quando diz que Luxemburgo era a mais genial discípula de Karl Marx. Tão claro quanto profundo, seu pensamento brilhava sempre pela independência; ela não precisava se submeter às fórmulas rotineiras, pois sabia julgar por si mesma o verdadeiro valor das coisas e dos fenômenos. Seu espírito lógico e penetrante se enriquecia com a instrução das contradições que a vida oferece. Suas ambições pessoais não se satisfaziam em conhecer Marx, dominar e interpretar sua doutrina; precisava continuar investigando por conta própria e criar sobre o espírito do mestre. O estilo brilhante lhe permitia realçar suas ideias. Suas teses nunca eram demonstrações secas e áridas, circunscritas aos quadros da teoria e da erudição. Cheias de comentários espirituosos e irônicos, em todas elas vibrava sua contida emoção e todas revelavam uma imensa cultura e uma fecunda vida interior. Luxemburgo, grande teórica do socialismo científico, não incorria nunca nesse pedantismo livresco que aprende tudo na letra impressa e desconhece qualquer outro alimento espiritual que não seja os conhecimentos indispensáveis e circunscritos a sua especialidade; sua grande ânsia de saber não conhecia limites, e seu amplo espírito, sua aguda sensibilidade levavam-na a descobrir na natureza e na arte fontes continuamente renovadas de prazer e riqueza interior.

No espírito de Rosa Luxemburgo, o ideal socialista era uma paixão avassaladora que arrastava tudo; uma paixão, igualmente, do cérebro e do coração, que a devorava e a estimulava a criar. A única ambição grande e pura dessa mulher ímpar, a obra de toda a sua vida, foi a de preparar a revolução que havia de deixar o caminho livre para o socialismo. Poder viver a revolução e participar de suas batalhas era para ela a suprema felicidade. Com uma vontade férrea, com um abandono total de si mesma, com uma abnegação que não há palavras com que expressar, Rosa colocou a serviço do socialismo tudo o que era, tudo o que valia, sua pessoa e sua vida. A oferenda de sua vida à ideia, ela não a fez somente no dia de sua morte; já a havia dado pedacinho por pedacinho, em cada minuto de sua existência de luta e trabalho. Por isso, podia legitimamente exigir dos demais que também entregassem tudo, inclusive a vida, em prol do socialismo. Rosa Luxemburgo simboliza a espada e a chama da revolução, e seu nome ficará gravado nos séculos como o de uma das mais grandiosas e destacadas figuras do socialismo internacional.[24]

Sem enunciá-la dessa forma – uma vez que se tratava de uma noção relativamente recente na luta feminista –, Rosa exercitou a *sororidade* com as mulheres do partido e também com aquelas que não eram orgânicas a ele, mas sustentavam uma luta firme contra toda injustiça sem deixar de enfrentar, assim como ela, o universo exclusivo

---

[24] Artigo publicado na revista *The Communist International* em setembro de 1919. Ver Rosa Luxemburgo, *Cartas de la prisión* (La Plata, Calomino, 1948), p. 10-2.

e excludente de boa parte dos homens. Uma vez mais, suas cartas talvez sejam o melhor olho mágico por onde espreitar esse sentimento de irmandade e companheirismo entre mulheres (de Mathilde Jacob e Clara Zetkin a Sonia Liebknecht e Luise Kautsky) que lhe permitiu, por exemplo, manter e até intensificar o vínculo com Luise, esposa de Karl Kautsky, apesar de confrontar e romper toda relação com ele em 1910 por seus posicionamentos temerosos sobre a greve de massas e a ação direta como ferramentas de luta pela democratização integral da sociedade, mas também por suas atitudes autoritárias no trato pessoal com ela.

Seria um erro contemplar suas contribuições ao feminismo levando em conta apenas os escritos ou as epístolas explicitamente dedicadas ao tema. Em muitos outros textos, que poderiam ser concebidos à primeira vista como alheios à denúncia da opressão patriarcal, existem pistas e hipóteses muito sugestivas para interpretar e potencializar a luta e o protagonismo das mulheres. *Greve de massas, partidos e sindicatos*, por exemplo, apela para uma metáfora de "geografia aquática" que foi recuperada recentemente por ativistas do feminismo popular latino-americano para ler em uma mesma chave a maré verde e violeta que se vive no Cone Sul, assim como as paralisações internacionais de mulheres que denunciam publicamente as múltiplas formas de violência e divisão sexual do trabalho[25]. "Ora ela [a greve de massas] se estende como uma grande onda […], ora se divide em uma grande rede de pequenas correntes; ora borbulha como uma fonte fresca saída do subsolo, ora se perde completamente na terra", pronuncia Rosa de maneira premonitória[26].

Se nos sindicatos alemães as mulheres eram uma minoria insignificante, ponderar a espontaneidade das massas equivalia, para ela, dar relevância nos processos grevistas e de resistência popular também àquelas mulheres que não estavam representadas nos grêmios nem tinham possibilidade alguma de influir na decisão de declarar ou não uma paralisação geral. Podemos conjecturar juntamente com Drucilla Cornell que Rosa foi uma feminista ética, uma vez que lutou contra todas "aquelas estruturas que dividiam as pessoas entre seres de primeira e de segunda classe", razão pela qual sua confiança nas massas é também um princípio despatriarcalizador, que supõe passar do egocêntrico capitalista a pessoas que convivem de forma respeitosa e praticam "o poder da doçura", ou seja, uma relação não violenta entre pessoas e com outros seres[27].

---

[25] Verónica Gago, *La potencia feminista* (Buenos Aires, Tinta Limón, 2019).

[26] Rosa Luxemburgo, *Huelga de masas, partidos y sindicatos* (Córdoba, PyP, 1970, Cuadernos de Pasado y Presente 13), p. 71 [ed. bras.: "Greve de massas, partidos e sindicatos", em *Textos escolhidos I*, cit., p. 263-350].

[27] Drucilla Cornell, "Rosa Luxemburg, feminista socialista", em Vv. Aa., *Luxemburg* (Buenos Aires, Fundación Rosa Luxemburgo, 2019), p. 25.

Da mesma forma, seus artigos e folhetos de denúncia contra o militarismo e a escalada bélica, assim como suas insistentes ações diretas de boicote internacionalista contra a guerra (que lhe custaram anos de prisão), podem ser lidos em uma idêntica chave antipatriarcal e anti-imperialista. Como reconstrói lucidamente Isabel Loureiro[28], o Exército alemão era um Estado dentro do Estado, gozava de prerrogativas em relação à população civil e irradiava sua concepção hierárquica, disciplina extrema e "obediência cega" ao conjunto da sociedade, com rituais misóginos, apologia ao autoritarismo e uma exaltação de tudo o que é considerado "varonil", particularmente a glorificação da força. Essa lógica patriarcal assentada no "chauvinismo masculino" contaminava as fileiras da própria social-democracia e se expressava até no código civil do Império, que reconhecia a subordinação de mulheres e filhos às figuras legais de pais e maridos[29].

Por tudo isso, Rosa subverteu, com sua vida e obra como militante, mas também com seus gestos e suas ações mais íntimas, os papéis que a divisão patriarcal e capitalista do trabalho lhe havia designado. Foi subversiva tanto no âmbito público quanto no privado, e lutou de maneira incansável para dotar as mulheres na luta revolucionária do maior protagonismo possível. Pôs o corpo, os afetos e as ideias a serviço do projeto emancipatório no qual acreditava fervorosamente. E pagou essa teimosa loucura com a própria vida. Hoje, com o "Nem uma a menos!" como palavra de ordem de mobilização nas ruas, camas e praças, podemos nomear seu covarde assassinato como o que foi: um feminicídio, cometido por soldados embriagados de violência e virilidade, que não toleravam a ousadia dessa pequena e, ao mesmo tempo, enorme mulher.

A resistência dos povos indígenas

Nos vários anos de vida em que se dedica à tarefa educativa no seio da escola de formação, Rosa dá diferentes cursos e disciplinas, entre eles um sobre os fundamentos da economia política a partir da perspectiva marxista. Durante o tempo em que trabalha como professora, compartilha sua visão e abundante bibliografia

---

[28] Isabel Loureiro, *A Revolução Alemã (1918-1923)* (São Paulo, Editora Unesp, 2005).

[29] O século XXI tem como um de seus traços distintivos o de haver desencadeado uma verdadeira *guerra contra as mulheres*, como vem sendo denunciado pela maior parte do movimento feminista latino-americano. Portanto, o boicote ativo ao militarismo e à espoliação colonizadora que Rosa exercitou como militante, longe de ser um gesto ingênuo e caduco, emerge na atualidade como uma das bandeiras mais urgentes e disruptivas a serem levantadas, em um contexto de crise profunda do capitalismo em que, com o objetivo de relançar e sustentar um novo ciclo de acumulação em escala global, a violência machista, burguesa e racial ganha níveis cada vez mais inusitados e tem o corpo das mulheres como botim e troféu de guerra, mas principalmente como verdadeiro campo de batalha.

140 HERNÁN OUVIÑA

com os ativistas que participam atentamente de suas aulas (cerca de quarenta por semestre, com os quais debate de forma acalorada), e já desde 1908 tem a intenção de sistematizar essas leituras em formato de livro, intitulado *Introdução à economia política*. No entanto, diversos contratempos – como uma militância muito intensa e a elaboração de outros materiais também urgentes – impedem--na de finalizá-lo. E, embora entre 1916 e 1917 ela tenha podido retomar e polir o rascunho com mais atenção, após ser presa por conta da luta contra a guerra, o certo é que seu assassinato poucas semanas depois de ser libertada implicou que esse texto, assim como muitos outros, permanecessem em formato de manuscrito.

Além de proporcionar uma caracterização simples e contundente do que é a economia política, em suas páginas evidencia-se uma profunda vocação pedagógica que busca tornar compreensíveis algumas das principais categorias marxistas com o uso de numerosos exemplos históricos. No entanto, no nosso entender, o mais notável desse manuscrito é que mais da metade dele é dedicada a explicar a existência de sociedades diferentes e opostas à capitalista, entre elas as que existiam em nosso continente antes do processo de conquista e colonização europeia, às quais Rosa denomina de maneira genérica *comunistas agrárias ou primitivas*.

Os povos que não têm o conceito de "o meu e o seu"

Assim, em meados do século XIX, e até a década de 70, foi publicada uma abundante documentação que punha seriamente em questão a velha noção do caráter eterno da propriedade privada e da sua existência desde o começo do mundo, para pouco depois a destruir completamente. Após se ter visto, no comunismo agrário, uma particularidade dos povos germânicos, depois dos povos eslavos, indianos, árabes, kabyles, mexicanos, além do maravilhoso Estado dos Incas do Peru e de muitos outros tipos de povos "específicos", chega-se forçosamente à conclusão de que este comunismo de aldeia não era uma "particularidade étnica" de uma raça ou de um continente, mas a forma geral da sociedade humana numa determinada época do desenvolvimento da civilização. A ciência burguesa oficial, a economia política em particular, começou por opor uma resistência feroz a este princípio. A escola inglesa de Smith-Ricardo, predominante em toda a Europa durante a primeira metade do século XIX, negava firmemente a possibilidade de uma propriedade comum da terra. Os maiores gênios da ciência econômica na época do "Iluminismo" burguês comportaram--se exatamente como os primeiros conquistadores espanhóis, portugueses, franceses e holandeses que, por sua grotesca ignorância, eram totalmente incapazes, na América recentemente descoberta, de compreender as relações agrárias dos autóctones e, na ausência de propriedades privadas, declaravam simplesmente todo o país "propriedade do Imperador", terreno fiscal. No século XVII, o missionário francês Dubois, por exemplo, escrevia a propósito das Índias: "Os indianos não conhecem a propriedade da terra. Os campos que cultivam são propriedade do governo mongol". E um médico da faculdade de Montpellier, François Bernier, que viajou pela Ásia nos países do Grão-Mongol e publicou em 1699, em Amsterdã, uma descrição muito conhecida desses países, bradava indignado: "Estes três Estados, a Turquia, a Pérsia e a Índia, aniquilaram a própria noção do teu e do meu aplicada à posse da terra, noção que é o fundamento de tudo o que há de bom e de belo no mundo".

É da mesma ignorância e grotesca incompreensão para tudo o que não se parecia com a civilização capitalista que dava provas no século XIX o sábio James Mill, pai do célebre John Stuart Mill, quando escrevia na sua história das Índias britânicas: "Na base de todos os fatos por nós observados, não podemos chegar à conclusão senão de que a propriedade da terra nas Índias pertence ao soberano; porque se não admitíssemos que é ele o proprietário da terra, ser-nos-ia impossível dizer quem era o seu proprietário". Que a terra pôde muito simplesmente pertencer às comunidades camponesas que a cultivam desde milênios, que pôde existir um país, uma grande sociedade civilizada, em que a terra não era um meio de explorar o trabalho de outrem, mas simplesmente a base da existência das próprias pessoas que nela trabalhavam, é o que não podia de modo algum entrar na cabeça de um grande sábio da burguesia inglesa. Esta limitação, quase chocante, do horizonte intelectual aos limites da economia capitalista, demonstrava simplesmente que a ciência oficial do século dos gênios burgueses tinha uma visão e uma compreensão históricas mais restritas do que, perto de 2.000 anos antes, os romanos de quem generais como César, e historiadores como Tácito, nos transmitiram pontos de vista e descrições extremamente preciosas das relações econômicas e sociais entre os seus vizinhos germânicos, porém completamente diferentes das suas.[30]

---

[30] Rosa Luxemburgo, *Introducción a la economía política* (Buenos Aires, PyP, 1972, Cuadernos de Pasado y Presente 35), p. 88-9 [ed. bras.: *Introdução à economia política*, trad. Carlos Leite, São Paulo, Martins Fontes, 1977].

142 HERNÁN OUVIÑA

Esse material é particularmente importante porque nele se zomba tanto do suposto caráter "eterno" da propriedade privada – algo que Rosa demonstra ser falso a partir de estudos e investigações antropológicas similares às que Marx revisa e utiliza em seus últimos anos de vida quando se reencontra com a questão da Comuna rural –, quanto da ignorância subjacente à "sabedoria" da burguesia europeia (sobretudo economistas, mas também historiadores e filósofos), por sua incompreensão das realidades como a dos povos indígenas, ao mesmo tempo que se atreve a traçar um paralelismo entre essas formas comunitárias de vida social e o *espectro vermelho* que liderou as lutas ocorridas na Europa Ocidental durante o século XIX:

> Ora, à luz destas lutas de classes brutais, a mais recente descoberta da investigação científica – o comunismo primitivo – revelava o seu aspecto perigoso. A burguesia, tocada no ponto sensível dos seus interesses de classe, pressentia uma ligação obscura entre as velhas tradições comunistas, que nos países coloniais opunham resistência tenaz à procura do lucro e aos progressos de uma "europeização" dos indígenas, e o novo evangelho suscitado pela impetuosidade revolucionária das massas proletárias nos velhos países capitalistas.[31]

Como reconhece Michael Löwy, o fato de os capítulos destinados a analisar esse tipo de sociedades comunistas agrárias ou primitivas e sua eventual dissolução ocuparem mais páginas nesse manuscrito do que os consagrados à produção mercantil e à economia capitalista juntos "é provavelmente a razão por que essa obra foi ignorada pela maioria dos economistas marxistas"[32]. A subestimação desse manuscrito evidencia também um certo colonialismo eurocêntrico, pois, apesar das notáveis contribuições para se ponderar – e conceber como possíveis – outras formas de vida alheias à lógica do capital, ainda hoje ele não tem tido centralidade suficiente dentro da obra de Rosa Luxemburgo. Isso talvez aconteça em razão de uma concepção mais geral do marxismo, que bebe de certas leituras cientificistas refratárias às cosmovisões e práticas comunitárias de muitos dos povos indígenas que ainda hoje habitam nosso continente.

Assim como existiu uma tradição muito forte dentro do marxismo mais esquemático que postulava a existência em Marx de uma espécie de "essencialismo anticamponês", e de maneira equivocada tendeu a generalizar algumas de suas análises históricas e afirmações pontuais sobre o campesinato para validar um

---

[31] Ibidem, p. 90.

[32] Michael Löwy e Robert Sayre, *Rebelión y melancolía: el romanticismo como contracorriente de la modernidad* (Buenos Aires, Nueva Visión, 2008), p. 115 [ed. bras.: *Revolta e melancolia: o romantismo na contracorrente da modernidade*, trad. Nair Fonseca, São Paulo, Boitempo, 2015].

discurso segundo o qual o sujeito exclusivo da revolução deveria ser o proletariado industrial das grandes cidades, algo similar parece haver ocorrido com os escritos de Rosa. Ao contrário, esse manuscrito, assim como outros materiais e livros elaborados por ela – entre os quais vale considerar especialmente *A acumulação do capital* –, longe de interpretar essas sociedades agrárias como um obstáculo pernicioso e "selvagem" que é preciso atomizar e compelir a se converter em força de trabalho proletária, em um caminho linear e inevitável rumo ao "progresso", nos oferece outras formas de vida distantes do individualismo mercantil e da racionalidade burguesa própria da modernidade capitalista, que contribuem para a desnaturalização das relações sociais em que estamos imersos/as.

Rosa chega até mesmo a escrever parágrafos laudatórios sobre as dinâmicas organizativas que algumas dessas sociedades expressam, como a antiga comuna germânica conhecida como "marca", estudada pelo historiador Georg Ludwig von Maurer, destacando nela a ausência de Estado com leis escritas e obrigatórias, assim como de ricos e pobres, empresários e trabalhadores. E também recupera as investigações de Maxim Maxímovich Kovalévski, outro antropólogo que foi amigo de Marx e lhe facilitou em primeira mão o livro de Lewis Morgan, *A sociedade primitiva**, provocando nele reflexões muito profundas sobre as formas comunitárias de vida social.

Nos fragmentos mais disruptivos de *Introdução à economia política*, Rosa reconhece neles três a vocação comum para demonstrar o caráter universal do comunismo agrário, presente com suas particularidades em todos os continentes e povos em determinado momento histórico, e que resiste arduamente à acumulação por espoliação ainda em pleno século XX em diversos territórios da periferia global. Particularmente com o livro de Morgan, ficou demonstrado que

> o comunismo primitivo com a democracia e a igualdade social correspondentes é o berço da evolução social. Alargando o horizonte do passado pré-histórico, ele situou toda a civilização atual com a sua propriedade privada, a sua dominação de classe, a sua dominação masculina, o seu Estado e o seu casamento coercitivo, como uma curta etapa transitória, originada pela dissolução da sociedade comunista primitiva e que, por sua vez, deve dar lugar, no futuro, a formas sociais superiores.[33]

São numerosos os momentos em que Rosa zomba da estreiteza de visão da "ciência oficial da Ilustração burguesa", cujo *campo visual* é infinitamente

---

* Lewis H. Morgan, *A sociedade primitiva* (trad. Maria Helena Barreiro Alves, 3. ed., Lisboa, Presença, 1980). (N. E.)

[33] Rosa Luxemburgo, *Introducción a la economía política*, cit., p. 90.

144 HERNÁN OUVIÑA

mais estreito que o dos romanos de "perto de 2.000 anos antes". Ela ilustra esse daltonismo epistêmico de forma magistral ao descrever o vínculo entre os conquistadores e as populações autóctones em nosso continente: "Os europeus chocaram, nas suas colônias, com relações que lhes eram completamente estranhas e destruíam todas as suas noções sobre o caráter sagrado da propriedade privada"[34]. Esse questionamento sobre a matriz colonial da modernidade capitalista inclui, para ela, também as denominações de "selvageria" e "barbárie" que foram utilizadas na época (e, é preciso dizer, também na atualidade) para estigmatizar as sociedades nas quais prima o comunismo agrário ou a propriedade privada não ostenta a centralidade que deveria. Rosa denuncia com fina ironia:

> [As] noções de "estado selvagem" e de "barbárie" que se aplicavam sumariamente a estes estados da humanidade não tinham senão um valor negativo, caracterizando a ausência de tudo o que se considerava como o sinal da "civilização" segundo as concepções de então. De fato, segundo este ponto de vista, a vida propriamente civilizada e humana da sociedade começava com a história escrita. Tudo o que dependia do "estado selvagem" e da "barbárie" constituía por assim dizer uma etapa inferior e vergonhosa, anterior à civilização, uma existência quase animal sobre a qual a humanidade culta de hoje apenas podia lançar um olhar de desprezo condescendente.[35]

É preciso elucidar que essas e outras apreciações feitas por Rosa em seu manuscrito não significavam "romantizar" a totalidade das sociedades agrárias existentes, seja em um passado remoto ou, no caso de sua persistência, no momento histórico no qual ela escreve. Assim como o *amauta* José Carlos Mariátegui, ela não as via como entidades estáticas, paradas no tempo, mas sim de maneira dinâmica e como *contradição em movimento*, sobretudo aquelas assediadas pelo processo de acumulação capitalista em pleno século XX. Isso a levou a entender que a maioria delas contém, sem dúvida, elementos profundamente positivos, mas também ambiguidades e certos núcleos negativos que é importante problematizar.

Distantes do evolucionismo racista e colonial que algumas vezes permeou o próprio marxismo, as reflexões de Rosa apresentam-se hoje como imperecíveis, na medida em que ela decide adotar o "ponto de vista das vítimas da modernização capitalista"[36], proporcionando uma visão a contrapelo daquelas que celebram a subordinação de território e a espoliação de comunidades e povos indígenas em nossa região. E, ao mesmo tempo, permitem-nos ampliar o olhar

---

[34] Ibidem, p. 82.
[35] Ibidem, p. 90.
[36] Michael Löwy e Robert Sayre, *Rebelión y melancolía*, cit., p. 94.

A natureza como oprimida

Tendo como base o que foi formulado na seção anterior, também é possível identificar em Rosa uma sensibilidade particular pela luta em defesa do meio ambiente e dos bens comuns. Para isso, partimos de um fato irrefutável: hoje é mais nítido do que nunca que a natureza é uma oprimida. Isso foi antecipado pelo velho Paulo Freire, que já no fim de sua vida reconheceu que um capítulo que faltava em sua *Pedagogia do oprimido* era um relacionado à mãe terra[37]. Mas, ainda antes desse criador inigualável da educação popular, Rosa Luxemburgo pode ser considerada uma das primeiras marxistas a conferir centralidade à questão ecológica e ambiental e reivindicar uma férrea defesa dos animais e dos seres vivos, assim como da terra, contra a voracidade e a violência que o capitalismo impõe em sua sede de acumulação e constante espoliação.

Essa é uma faceta pouco explorada em Rosa e, quando o é, foca-se apenas a sua simpatia e paixão pela botânica e pela fitoterapia, assim como por certos animais específicos, como as aves ou os gatos. Sem dúvida, esse traço tão original é de grande relevância porque evidencia o seu profundo amor pela vida, assim como a sua sensibilidade e angústia extrema diante de toda injustiça que atente contra ela em quaisquer de suas formas, mas, em geral, nitidamente a desvincula de seu projeto socialista e de seu radical humanismo. Em contraponto a essas leituras, consideramos que *seu afeto pela natureza é uma faceta indissociável de sua proposta anticapitalista, antipatriarcal e anticolonial.*

Talvez sejam suas cartas que melhor evidenciem essa vocação *distante do antropocentrismo* (isto é, de uma concepção própria da modernidade que considera o ser humano uma espécie superior e o centro absoluto do universo, com direito a submeter e instrumentalizar como bem quiser as demais espécies e seres vivos), que, uma vez mais, nos reenvia para a perspectiva de totalidade, embora, dessa vez, para ampliar o olhar e incluir dentro desse universo também os animais e toda a natureza. Como expressou Anna Bisceglie,

> a quantidade de dirigentes e quadros, de militantes e "companheiros de caminhada" que Rosa recorda em suas numerosas cartas não pode ser separada da vivacidade com que descreve as paisagens ou lugares onde vai realizar seus

---

[37] Paulo Freire, *Pedagogía de la esperanza* (Buenos Aires, Siglo XXI, 2008) [ed. bras.: *Pedagogia da esperança: um reencontro com a pedagogia do oprimido*, 21. ed., São Paulo, Paz e Terra, 2014].

comícios, nem da ternura que reserva para os demais seres vivos, seja pardais, andorinhas ou piscos, abelhas ou vespas, flores ou folhas de todo tipo, nem das referências artísticas que sempre a acompanham. Em Rosa Luxemburgo sempre está presente todo um mundo, um mundo que às vezes se mostra por inteiro, com intensidade, e outras apenas se insinua. Um mundo que é necessário sentir dentro de cada um para nos aproximarmos dela.[38]

A natureza é um verdadeiro bálsamo para Rosa, que reconhece em mais de uma carta "a fusão íntima com a natureza"[39]. Ela serve de anticorpo contra a burocratização da vida cotidiana em sua agitação militante tão abnegada, constitui um escudo que evita que ela seja deglutida por essa racionalização e pelo desencanto do mundo próprio do fetichismo mercantil, neutraliza um capitalismo desequilibrado que tudo devora e converte em puro valor de troca quantificável, e também lhe dá asas nas sucessivas situações de prisão às quais se vê forçada. Por isso, concordamos com Isabel Loureiro quando sugere que, "no contato com a natureza, Rosa restaura as energias perdidas no combate político"[40].

São infinitas as cartas em que ela deixa transbordar seus sentimentos pela natureza e, especialmente, pelos animais que sofrem a violência irracional e predatória dos seres humanos, mergulhados no círculo vicioso da acumulação por espoliação e do colonialismo mais brutal. Entre elas, talvez uma das mais comoventes seja a que escreve da prisão de Breslau para sua amiga Sonia Liebknecht, às vésperas do Natal, em 24 de dezembro de 1917, em que compartilha a "dor aguda" que experimentou no pátio do presídio diante da animosidade com que soldados castigaram os búfalos que puxavam algumas carroças. Por sua belíssima e emocionada prosa, vale a pena reproduzir *in extenso* uma parte substancial da carta em que relata o que viveu.

Meu irmão búfalo

Ah, Sonitchka, que dor profunda experimentei aqui. Pelo pátio onde costumo passear chegam frequentemente carroças do Exército, carregadas de sacos ou de camisas e velhos casacos de soldados, muitas vezes manchados de sangue... São descarregados aqui, distribuídos pelas celas, remendados e novamente carregados e entregues ao Exército. Recentemente chegou uma carroça dessas, puxada por búfalos, em vez de cavalos. Pela primeira vez vi esses

---

[38] Dario Renzi e Anna Bisceglie, *Rosa Luxemburg* (Buenos Aires, Comuna Socialista, 2010), p. 27.

[39] Rosa Luxemburgo, *Cartas de la prisión*, cit., p. 216.

[40] Isabel Loureiro, *Rosa Luxemburgo: vida e obra* (São Paulo, Expressão Popular, 1999), p. 25.

animais de perto. São mais robustos e maiores que os nossos bois, têm cabeças achatadas e chifres baixos e recurvos, ou seja, o crânio semelhante ao dos nossos carneiros, inteiramente pretos, com grandes olhos negros e meigos. São originários da Romênia, troféus de guerra... Os soldados que conduziam a carroça contaram que foi muito trabalhoso caçar esses animais selvagens, e ainda mais difícil utilizá-los como animais de carga, eles que estavam acostumados à liberdade. Foram terrivelmente espancados até perceberem que tinham perdido a guerra e que para eles vale a sentença *vae victis*... Só em Breslau deve haver cerca de uma centena deles; além disso, eles, que estavam acostumados aos exuberantes prados romenos, recebem uma ração miserável e escassa. São impiedosamente usados para puxar todo tipo de carga e com isso em pouco tempo estão arruinados. Há alguns dias, portanto, chegou uma carroça carregada de sacos. A pilha de carga era tão alta que os búfalos não conseguiam passar pelo portão de entrada. O soldado que os acompanhava, um sujeito brutal, começou a bater tanto nos animais com o grosso cabo do seu chicote que os vigias lhe perguntaram indignados se não tinha compaixão dos animais. "De nós, homens, também ninguém tem compaixão", ele respondeu com um sorriso maldoso, e continuou a bater com força ainda maior... Os animais finalmente deram um arranco e passaram pelo obstáculo, mas um deles sangrava... Sonitchka, o couro do búfalo é de uma espessura e resistência proverbiais, e o daquele estava rompido. Enquanto descarregavam, os animais ficaram completamente imóveis, esgotados, e um deles, o que sangrava, olhava diante de si com uma expressão na face negra e nos olhos negros meigos como que de uma criança em prantos. Era, sem tirar nem pôr, a expressão de uma criança que foi duramente castigada sem saber para quê, por quê, sem saber como escapar do tormento e da violência crua... Eu estava diante dele, e o animal me olhava, meus olhos se encheram de lágrimas – eram as lágrimas dele, ninguém pode estremecer mais dolorosamente pelo irmão mais querido do que eu em minha impotência por aquele sofrimento mudo. Como estavam longe, inalcançáveis, perdidas, as belas, livres, verdes e viçosas pastagens da Romênia! Lá o sol brilhava tão diferente, o vento soprava tão diferente, eram tão diferentes as vozes dos pássaros que se ouviam lá, ou o chamado melodioso dos pastores. E aqui – esta cidade estranha, pavorosa, o estábulo abafado, o asqueroso feno mofado misturado à palha podre, as pessoas estranhas e terríveis e – as pancadas, o sangue que corre das feridas recentes... Oh, meu pobre búfalo, meu pobre irmão amado, nós dois estamos aqui impotentes e mudos e somos um

só na dor, na impotência, na saudade. Enquanto isso, os detentos afanavam-se em torno da carroça, ocupados em descarregar os pesados sacos e em arrastá-los até a casa; o soldado, por sua vez, com ambas as mãos nos bolsos das calças, andava pelo pátio a passos largos, sorria e assobiava baixinho uma canção da moda. E toda a gloriosa guerra desfilou ao meu lado.
Escreva logo. Um abraço para você, Sonitchka
Sua R

Soniucha, caríssima, apesar de tudo, fique tranquila e alegre. Assim é a vida e assim temos de aceitá-la com coragem, sem hesitação, sorrindo – apesar de tudo. Feliz Natal!...[41]

Por tudo isso, arriscamos como hipótese que existe em Rosa uma "afinidade eletiva" com a formulação de numerosos povos indígenas, comunidades afrodescendentes e organizações camponesas que postulam que a natureza, assim como os seres humanos, têm direitos que não podem ser pisoteados. Suas epístolas e reflexões mais intimistas, a paixão por imitar à perfeição aquelas aves que, como o chapim-real, anunciam nada menos do que a chegada da primavera (*"zwi-zwi"* deveria ser o único epitáfio de seu túmulo, segundo confessa a uma amiga), ou o diário pessoal no qual, atrás das grades, desenha, cola e detalha as variedades de flores de seu diminuto jardim, mas também os materiais e manuscritos teóricos e históricos destinados à formação e esclarecimento político, em que se denuncia a *acumulação originária* como processo permanente que destrói as "economias naturais" e desarticula ecossistemas e cosmovivências nas periferias do mundo capitalista (entre eles, a América Latina, um continente geopoliticamente estratégico em razão da biodiversidade que abriga), devem ser lidos de maneira conjunta e complementar para romper com a visão produtivista e o antropocentrismo que situa o ser humano (e em particular o burguês, macho, branco e adulto) como centro de gravidade da modernidade e que insiste em considerar a diversidade de seres vivos sob o homogeneizante e coisificador conceito de "recursos naturais" (instrumentalizador da natureza, da floresta e dos animais, em função do desejo de exploração e submissão às quais a racionalidade própria do sistema capitalista e colonial nos induz e compele).

Diversas intelectuais e ativistas contemporâneas ligadas ao ecofeminismo têm chamado a atenção para a necessidade de, na análise política e na crítica ao sistema patriarcal e capitalista, *partirmos novamente da relação com a natureza.*

---

[41] Rosa Luxemburgo, "Carta a Sonia Liebknecht (anterior a 24/12/1917), em *Cartas de la prisión*, cit., p. 208-10 [ed. bras.: *Textos escolhidos III*, cit.].

Vandana Shiva, por exemplo, tem tornado visíveis os estreitos vínculos entre a opressão do patriarcado, a violência contra as mulheres e a destruição constante da natureza em nome do "progresso"[42]. Por sua vez, Silvia Federici considera que "hoje, com a perspectiva de um novo processo de acumulação primitiva, a mulher representa a força de oposição principal no processo de mercantilização total da natureza"[43]. Já Mariarosa Dalla Costa sugere que é imprescindível construir uma proposta política tendo como coluna vertebral "o respeito pelos equilíbrios fundamentais da natureza, da vontade de conservar, em primeiro lugar, os poderes autogeradores/reprodutores, do respeito e do amor por todos os seres vivos"[44]. Em ambos os casos, não há dúvida sobre a conexão dessas formulações com aquelas precursoras – e, por isso mesmo, em geral incompreendidas – de nossa querida Rosa.

No começo da década de 1980, quando a questão socioambiental e o ecologismo radical ainda não apareciam como algo relevante para a maioria das organizações de esquerda, o historiador Luis Vitale tentou reconstruir a história latino-americana a partir do ponto de vista da *totalidade*, entendida a partir da inter-relação "natureza-sociedade humana", e na direção oposta das leituras produtivistas ou que analisam a realidade com base em critérios dicotômicos. Em seu livro pioneiro, intitulado *Hacia una historia del ambiente en América Latina*, ele propôs algumas chaves interpretativas que retomam aquela genuína inquietação luxemburguista e nos alertam para um provável colapso civilizatório.

> O marxismo contemporâneo tem um grande desafio: dar uma resposta teórica, programática e política à crise ambiental, partindo de uma clara concepção sobre a totalidade constituída pela natureza e pela sociedade humana. Definitivamente, em torno dessa questão-chave – que somente será solucionada no terreno da luta de classes – está em jogo a sobrevivência da humanidade. O dilema "socialismo ou barbárie" formulado por Rosa Luxemburgo é mais vigente do que nunca.[45]

---

[42] Vandana Shiva e Maria Mies, *Ecofeminismo: teoría, crítica y perspectivas* (Barcelona, Icaria, 1997).

[43] Silvia Federici, *La inacabada revolución feminista: mujeres, reproducción social y lucha por lo común* (Bogotá, Desde Abajo, 2014), p. 90.

[44] Mariarosa Dalla Costa, "Capitalismo y reproducción: mujeres, entre naturaleza y capital", em *Dinero, perlas y flores en la reproducción femenina* (Madri, Akal, 2009), p. 350.

[45] Luis Vitale, *Hacia una historia del ambiente en América Latina* (Cidade do México, Nueva Imagen, 1983), p. 108.

7
REVITALIZAR O INTERNACIONALISMO COM BASE NA DIVERSIDADE

Sem um estandarte de minha parte...
Te prefiro... igual, internacional.
Patricio Rey y sus Redonditos de Ricota

Considerando os problemas e os flagelos que assolam o mundo, hoje é crucial recuperar a proposta de internacionalismo e irmandade entre os povos esboçada por Rosa à luz das lutas anti-imperialistas, feministas, antixenofóbicas, socialistas, anticoloniais, migrantes, em defesa da soberania alimentar e do bom viver, que ensaiam e tecem de baixo as organizações e movimentos populares, a partir de uma vocação de articulação continental e planetária correspondente aos desafios de nosso presente.

Vivemos um contexto marcado pela exacerbação do racismo, implementação de políticas migratórias restritivas, construção de muros fronteiriços, proliferação de guerras e genocídios de caráter étnico e pelo auge de tendências neofascistas tanto na América Latina quanto na Europa. Por isso, é importante revitalizar a visão de Rosa sobre o internacionalismo e sua coerência em relação a essa faceta, que, em geral, é minimizada ou não é considerada prioritária por muitas organizações de esquerda e movimentos latino-americanos. Mas, para tal, não podemos omitir o debate sobre a chamada questão nacional (ou melhor, plurinacional) nem rejeitar suas reflexões sobre o vínculo entre autodeterminação territorial e luta de classes, que também proporciona pistas para contribuirmos para um projeto multicivilizatório que garanta o reconhecimento das diversidades e, ao mesmo tempo, suprima todo tipo de desigualdade.

A questão (pluri)nacional em Rosa: de mal-entendidos e preconceitos infundados

Diferentemente do que afirma boa parte de seus críticos, uma problemática-chave em Rosa Luxemburgo é a da questão nacional, à qual dedicou vários ensaios e investigações, além de anos estoicos de debate e polêmica militante. Como polonesa e judia nascida em um território ocupado pelo Império tsarista, mas também como ativista migrante contrária à guerra e a favor do internacionalismo, ela vivencia um período de expansão colonial inusitada sobre continentes e realidades da periferia capitalista, do fim do século XIX ao sangrento desenlace da Primeira Guerra Mundial, razão pela qual desde a sua juventude e incursão pela militância ela considera que esse tema é central nos debates teórico-políticos dentro das fileiras socialistas.

Nas palavras de Georges Haupt[1], suas reflexões e estudos sobre o tema são, além de notáveis, também "pioneiros", sobretudo se levamos em conta que a tese de doutorado que Rosa defende em Zurique, em 1897, sob o título *O desenvolvimento industrial na Polônia*, constitui a primeira investigação exaustiva dessa questão que analisa, a partir de uma ótica materialista, o processo de imbricação capitalista entre Polônia e Rússia e suas implicações para o debate político sobre a questão nacional[2]. A partir daí, os textos jornalísticos e os manuscritos de Rosa relacionados a esse problema serão uma constante em sua obra militante, à margem das conjunturas dinâmicas e dos territórios específicos nos quais decida encarar a discussão.

Como sugere María José Aubet (uma das pesquisadoras que aborda com mais rigor esse eixo na obra de Rosa), assim como aconteceu com outros aspectos de seu pensamento, predominam leituras superficiais de seus posicionamentos em relação à questão nacional, em geral condicionadas por "lentes" leninistas que bloquearam a possibilidade de termos um conhecimento fidedigno do posicionamento tanto de Rosa quanto do próprio Lênin, e da polêmica entre ambos em geral[3].

Uma primeira elucidação importante a ser feita é a que já destacamos como traço do marxismo de Rosa, e que remete tanto a seu ponto de vista de *totalidade* quanto à *historicidade* dos fenômenos e processos que busca analisar, mas também à necessidade de não se conceber a obra de Marx e Engels como um sistema acabado e rígido pronto para "uso". Assim como para Gramsci, os pais do marxismo não eram "pastores de cajado" para ela. Esse último ponto é fundamental, porque eles fizeram apreciações sobre a questão polonesa e a realidade russa em geral ancoradas em seu tempo e subordinadas a uma leitura política e até pragmática, por vezes não isenta de preconceitos.

De fato, como bem registraram numerosos estudiosos do tema, obcecado com o bastião contrarrevolucionário que o Império tsarista encarnava na época, Marx

---

[1] Georges Haupt, "Rosa Luxemburgo y la cuestión nacional", *Revista Cuadernos Políticos 21*, 1979.

[2] Rosa Luxemburgo, *El desarrollo industrial en Polonia y otros escritos sobre la cuestión nacional* (Cidade do México, PyP, 1979, Cuadernos de Pasado y Presente 71).

[3] María José Aubet, *Rosa Luxemburgo y la cuestión nacional* (Barcelona, Anagrama, 1977).

põe suas expectativas na possibilidade de uma revolução de tipo nacional na Polônia que fragilize o absolutismo russo e contribua para a sua implosão de dentro para fora, a partir da constituição de um Estado polonês soberano e democrático. Nas décadas posteriores, os diferentes partidos socialistas não fizeram outra coisa a não ser repetir esses argumentos para justificar a independência polonesa, sem nenhuma fundamentação sólida para além da citação de autoridade de Marx.

Rosa é a primeira que, baseada em uma perspectiva materialista, questiona a reivindicação de independência da Polônia. Não o faz a partir de uma elucubração abstrata, mas sim de uma investigação rigorosa – sua tese de doutorado, defendida na Universidade de Zurique em 1897 – sobre a estrutura socioeconômica polonesa, baseando-se em dados estatísticos e em uma genealogia pormenorizada da história recente do país a partir do vínculo produtivo com a Rússia. A conclusão de Rosa é contundente: desde a época em que Marx elaborou suas formulações, houve uma transformação monumental que resultou no entrelaçamento da Polônia com a Rússia, em função de um desenvolvimento capitalista específico, que tornava inviável e utópica a luta pela reconstrução e independência da Polônia. Tratava-se, portanto, de unir forças entre a classe trabalhadora polonesa e a russa para combater conjuntamente o tsarismo[4].

Essa polêmica não era acadêmica nem intelectual, mas principalmente política. Na época, existia na terra natal de Rosa o Partido Socialista Polonês, que reivindicava como prioritária a reconstrução da Polônia e rivalizava com a organização em que ela militava, a Social-Democracia do Reino da Polônia e Lituânia. Segundo Leopoldo Mármora, os nacionalistas, que Rosa chega a qualificar de "social-patriotas", interpretavam o marxismo "tão ao pé da letra que transgrediam seu espírito, aferrando-se a máximas de Marx e Engels de meados do século sem considerar a situação histórica em transformação"[5]. As divergências com esse setor serão uma constante por vários anos, tanto nos congressos da Segunda Internacional quanto na imprensa polonesa e russa.

Um ponto relevante a ser destacado é que a postura de Rosa, ao contrário do que afirmam alguns, nunca foi doutrinária nem absoluta no que diz respeito à questão nacional, e sim concreta e histórica. Embora paradoxal, o posicionamento de Rosa em relação à Polônia era, em sentido estrito, infinitamente mais "marxista" (apesar de questionar o argumento de Marx por considerá-lo obsoleto) do que o de seus intérpretes ortodoxos. É que, como escreverá mais tarde em sua grande obra *A questão nacional e a autonomia*, o método seguido

---

4   Rosa Luxemburgo, *El desarrollo industrial en Polonia y otros escritos sobre la cuestión nacional*, cit.

5   Leopoldo Mármora, "Introducción", em Eduard Bernstein et al., *La Segunda Internacional y el problema nacional y colonial. Primera parte* (Cidade do México, PyP, 1978, Cuadernos de Pasado y Presente 73), p. 36.

por Marx em relação às nacionalidades "não levava em conta nenhuma fórmula abstrata, mas somente as relações reais de cada caso particular", por isso "não existem verdades 'eternas' nem tampouco 'direitos eternos' [...] sendo essa eterna mutação a única verdade 'eterna'"[6]. Nesse documento de grande densidade teórica e analítica, Rosa não tem receio de insistir também sobre certos erros cometidos por Marx sobre essa questão, entre eles "sobrevalorizar o significado internacional do nacionalismo polonês"[7].

Simultaneamente, Rosa urge com o SDKPiL para que se junte ao novato POSDR, surgido no começo do século XX. Em seu Segundo Congresso (a rigor, seu verdadeiro ato de fundação), os delegados poloneses (com Rosa à distância, embora imersa para valer na discussão) exigem que se suprima do projeto de programa do novo partido o ponto relacionado de maneira genérica ao "direito à autodeterminação das nações" e, diante da negativa de Lênin, optam por se retirar do evento. Após essa altercação, as polêmicas com o dirigente bolchevique se sucederão, sempre tendo como pano de fundo o fato de que, em um caso, estamos na presença de um militante proveniente de um império opressor plurinacional (a Rússia tsarista) e, no outro, de uma ativista migrante, originária de uma nação oprimida e fraturada por três Estados absolutistas (Polônia).

A questão nacional e a luta de classes

O problema nacional não é nem pode ser algo estranho à classe trabalhadora. A opressão bárbara mais insuportável e a repressão da cultura espiritual da sociedade não podem deixá-la indiferente. É um fato indiscutível, para honra da humanidade de todos os tempos, que nem a opressão mais desumana dos interesses materiais pode suscitar uma rebelião tão fanática e tão ardente, um ódio tão grande, como o que engendra a opressão da vida espiritual: religiosa e nacional. Mas as rebeliões heroicas e os sacrifícios para defender esses valores espirituais só podem ser levados a cabo pelas classes que, por sua situação material social, são revolucionárias. Adaptar-se à opressão nacional, suportá-la com humildade canina, era algo que podia fazer a nobreza e talvez a burguesia, quer dizer, as classes possuidoras e hoje radicalmente reacionárias por seus interesses, essas classes que constituem a imagem mais fidedigna do "materialismo" grosseiro do estômago, em que tendem a converter,

---

[6] Rosa Luxemburgo, *La cuestión nacional y la autonomía* (Cidade do México, PyP, 1979, Cuadernos de Pasado y Presente 81), p. 32-3.

[7] Ibidem, p. 38.

> nas mentes de nossos publicistas caseiros, a filosofia materialista de Feuerbach e Marx.
>
> Nosso proletariado, como classe que não possui "bens terrenos" na sociedade atual, é chamado pelo desenvolvimento histórico à missão de derrocar todo o sistema existente. Como classe revolucionária, deve sentir e sente a opressão nacional como uma dolorosa ferida, como uma vergonha, até que essa injustiça se converta numa gota no oceano da miséria social, da inferioridade política, da indigência espiritual, que é o destino do mercenário do capitalismo na sociedade atual.[8]

A Revolução Russa de 1905, marcada por rebeliões populares tanto no território polonês quanto no resto do Império Russo, parece demonstrar a viabilidade das formulações luxemburguistas sobre a causa comum que ligava o proletariado de ambas as realidades. Depois de viver um crescimento estrepitoso devido ao irrompimento de um clima de politização intenso, o SDKPiL se torna um partido com certo enraizamento popular na Polônia. Nesse contexto, Rosa elabora um detalhado documento que serve de programa da organização intitulado *O que queremos?*.

Esse material é muito útil tanto pela forma pedagógica e didática como expõe e caracteriza cada uma das reivindicações quanto pela integralidade de exigências que inclui. Interessa-nos ressaltar aquelas vinculadas em sentido estrito à luta contra a opressão nacional. Em seus fundamentos, deixa claro a ratificação de que a Polônia não se separe da Rússia para construir um país independente, mas que, ao contrário, os povos trabalhadores russo e polonês atuem pela queda do absolutismo. Essa posição, como poderia parecer à primeira vista, não significa que a opressão sofrida pelo povo polonês lhe seja indiferente. Assim como já fora formulado no prefácio do livro *Questão polonesa e o movimento socialista* (em que manifesta seus sentimentos de solidariedade e empatia com a causa polonesa e com outros povos que sofrem esse tipo de subjugação, sem omitir a importância de um ponto de vista da totalidade que considere tanto os fatores espirituais quanto materiais, situe historicamente o conflito e não rejeite a importância da luta de classes), no programa do SDKPiL assume-se como exigência fundamental a liberdade da cultura nacional polonesa e, em um plano mais amplo, a "igualdade de todas as nacionalidades que habitam o Império Russo, com a garantia de liberdade de seu desenvolvimento cultural: escola nacional e liberdade de uso da língua materna"[9].

---

[8] Idem, "Prefacio a *La cuestión polaca y el movimiento socialista*", em *El pensamiento de Rosa Luxemburgo* (org. María José Aubet, Barcelona, El Serbal, 1983), p. 151.

[9] Idem, "O que queremos?", em *Textos escolhidos I (1899-1914)* (org. Isabel Loureiro, trad. Stefan Fornos Klein, 3. ed., São Paulo, Editora Unesp/Fundação Rosa Luxemburgo, 2017), p. 224.

A proposta concreta que proclama para que isso se torne realidade é a autonomia para a Polônia por meio de um autogoverno territorial, que não suponha secessionismo, e sim uma igualdade plena, que ao mesmo tempo rompa com todo tipo de repressão exercida até então contra o povo polonês e garanta a diversidade de sua vida espiritual e cultural por meio da "autoadministração do território". Assim, o SDKPiL exige que

> as questões especificamente ligadas ao nosso país sejam tratadas pelas pessoas de nossa nação, com a ajuda de funcionários próprios e de um parlamento nacional próprio, escolhido por toda a população adulta do país por eleições gerais, iguais, secretas e diretas, e que sejam introduzidas aqui escolas, tribunais e outras instituições polonesas necessárias.[10]

Em última instância, Rosa está propondo um *Estado plurinacional constitucionalmente democrático e participativo* que, nas palavras de María José Aubet, somente poderia ser conquistado graças ao protagonismo do único movimento de libertação que, ao mesmo tempo que defendia seus interesses, defendia e lutava pelos interesses de todo o povo oprimido: o movimento operário. Essa libertação, portanto, garantiria ao mesmo tempo a emancipação, mas seria definitiva e completa somente em uma sociedade sem classes[11].

Guardadas as devidas distâncias e o contexto histórico específico, essa proposta de Rosa tem pontos de contato evidentes com a reivindicação de numerosos povos indígenas e nacionalidades subjugados do território latino-americano, que, longe de exigirem uma separação completa ou a criação de um Estado próprio em chave monoétnica ou monolíngue, defendem um Estado plurinacional no qual sejam suprimidas as lógicas hierárquicas e racistas e se abra passagem para um processo real de descolonização e interculturalidade integral.

Mas, como havíamos mencionado, Rosa não tenta forjar uma resposta unívoca e abstrata para a questão (pluri)nacional. Por isso elucida, por exemplo, que "a autonomia nacional não constitui uma forma política única e aplicável a todos os grupos nacionais, tampouco é um ideal puramente libertário que represente uma meta à qual possam aspirar os socialistas independentemente de qualquer tipo de condição"[12]. É preciso, em primeiro lugar, problematizar o próprio conceito de "nação" como um todo homogêneo que muitas vezes, sob a bandeira do "movimento nacional", tende a mascarar os antagonismos de classe. De fato, ao omitirem-se as condições históricas concretas e não se ter presente uma

---

[10] Ibidem, p. 225-6.
[11] María José Aubet, *Rosa Luxemburgo y la cuestión nacional*, cit., p. 105.
[12] Rosa Luxemburgo, *La cuestión nacional y la autonomía*, cit., p. 159.

perspectiva de totalidade, corre-se o risco de diluir os componentes internos e a heterogeneidade constitutiva de um projeto ou aposta desse tipo.

Presa, e no auge da Primeira Guerra Mundial, Rosa redige e consegue enviar clandestinamente para fora da prisão um folheto de denúncia conhecido como *A crise da social-democracia*. Nele, retoma o debate sobre a questão nacional, embora condicionada pelo clima chauvinista e até xenófobo que permeia até mesmo o movimento operário europeu. É por isso que não tem esperança alguma nas guerras tidas como "defensivas" ou "nacionais", na medida em que considera que "enquanto existirem Estados capitalistas, sobretudo enquanto a política mundial imperialista determinar e configurar a vida interna e externa dos Estados, o direito à autodeterminação nacional não terá absolutamente nada em comum com essa prática, tanto na guerra quanto na paz"[13].

Esse livreto é atravessado pela angústia em relação ao conflito bélico global e ao auge dos nacionalismos mais fervorosos, ao mesmo tempo que repudia qualquer situação de opressão nacional ou étnica em qualquer lugar do mundo, pois

> somente um político burguês, para quem as raças dos senhores representam a humanidade e as classes dominantes representam a nação, pode falar de "autodeterminação nacional" em relação aos Estados coloniais. No sentido socialista desse conceito não existe nenhuma nação livre se sua existência estatal repousar sobre a escravização de outros povos, pois os povos coloniais também contam como povos e membros do Estado. O socialismo internacional reconhece às nações o direito a serem livres, independentes, com direitos iguais, mas somente ele pode criar essas nações, apenas ele pode realizar o direito à autodeterminação dos povos.[14]

Poderíamos pensar que essa caracterização redunda em resignação diante de um contexto regressivo e belicista em que quase nada pode ser feito. Pelo contrário, Rosa conclui reafirmando que essa palavra de ordem do socialismo não é "uma santificação do existente, mas uma indicação e um estímulo para a política revolucionária, transformadora e ativa do proletariado"[15].

---

[13] Idem, *La crisis de la socialdemocracia* (Cidade do México, Roca, 1972), p. 122 [ed. bras.: "A crise da social-democracia", em *Textos escolhidos II (1914-1919)*, org. e trad. Isabel Loureiro, 3. ed., São Paulo, Editora Unesp/Fundação Rosa Luxemburgo, 2017, p. 15-144].

[14] Idem.

[15] Idem.

A militância internacionalista como bandeira

Talvez por ter sido uma ativista polonesa, judia e migrante, que teve a humanidade – e, dentro dela, a classe trabalhadora – como única pátria, Rosa exercitou desde jovem e até seus últimos dias de vida a solidariedade internacional e a fraternidade. E fez isso a partir da diversidade de identidades subalternas forjadas nesse quebra-cabeças difícil de montar que era a Europa, questionando as fronteiras artificiais impostas por impérios e Estados e rechaçando por meio da *práxis* militante os chauvinismos e as xenofobias que proliferaram na esteira da Primeira Guerra Mundial, inclusive nas fileiras dos sindicatos e partidos de esquerda.

Assim como Marx, um "mouro" migrante que jamais pôde voltar a sua terra de origem e foi expulso de diversos países por regimes autoritários, falecendo no exílio, Rosa ostentou essa conotação de "estrangeira" para grande parte da liderança social-democrata, mesmo depois de radicada de maneira definitiva na Alemanha. Inimiga das fronteiras estatais e do chauvinismo que fomentava uma cultura de inimizade e a desvinculação entre povos, ela exercitou o nomadismo e a mobilidade constante durante toda a sua vida, sempre em busca de garantir a autoafirmação da condição humana.

Também aqui, para ela, o ponto de vista metodológico da *totalidade* é imperioso, não apenas para entender fenômenos como as guerras, o imperialismo, os endividamentos, a divisão do trabalho entre países e regiões, o subdesenvolvimento, a crise e o domínio colonial, mas também para assumir a luta de classes e outros antagonismos como uma relação de forças global que se fratura, se territorializa e se ressignifica – com seus traços distintivos – em múltiplas realidades, mas exige necessariamente respostas em nível planetário[16].

---

[16] Sobre isso, René Zavaleta elaborou dois conceitos para entender tanto a especificidade como o comum de cada sociedade, particularmente na América Latina: "forma primordial" e "determinação dependente", como pares contrários e combináveis que remetem à dialética entre a lógica do *lugar* (as peculiaridades de cada sociedade) e a *unidade* do mundo (o comparável em escala global). Se a noção de "forma primordial" permite dar conta da *equação* existente entre Estado e sociedade no interior de um território e no marco de uma história local, definindo "o grau em que a sociedade existe em relação ao Estado e o inverso, mas também as formas de sua separação ou afastamento", a "determinação dependente" está relacionada ao conjunto de condicionamentos externos que põem um limite (ou margem de manobra) aos processos de configuração endógenos. Segundo Zavaleta, "cada sociedade, até a mais frágil e isolada, tem sempre uma margem de autodeterminação; mas não a tem de forma alguma se não conhecer as condições ou particularidades de sua dependência. Em outros termos, cada história nacional cria um padrão específico de autonomia, mas também engendra uma modalidade concreta de dependência" (*El Estado en América Latina*, La Paz, Los Amigos del Libro, 1990, p. 123).

Por essa razão é que sempre batalhava para respaldar e fortalecer uma identidade internacionalista na classe trabalhadora, na contramão das tendências nacionalistas que os Estados imperiais e as constantes guerras entre potências atiçavam. Por isso, costumava afirmar de maneira insistente que *a fraternidade universal dos/as trabalhadores era uma única pátria*. Não é por acaso que, durante sua ativa militância como educadora na escola de formação do partido, tenha lutado pela incorporação de uma matéria específica que pudesse reconstruir e sistematizar a história do socialismo e também das lutas sindicais *a partir de um ponto de vista internacional*, que contemplasse e ao mesmo tempo transcendesse (de uma perspectiva de articulação e mútuo condicionamento) as respectivas realidades nacionais.

> Estou muito feliz por termos, o camarada Schulz e eu, finalmente conseguido introduzir a história do socialismo internacional; agora trabalho para introduzir o *movimento sindical* e sua história, e também sua situação em diversos países, como matéria específica (fiz essa solicitação na última conferência dos professores e da direção). Eu a considero de uma importância extraordinária e tão necessária quanto a história do socialismo.[17]

Como vimos, em 1911, em razão do conflito desencadeado pela atitude imperialista da Alemanha e outras potências no Marrocos, Rosa polemiza com aqueles que pretendem ignorar essa questão sob o argumento mesquinho de que lhes é distante e alheia e, ainda por cima, vinha estragar a "paz" conquistada internamente na Alemanha em uma conjuntura de eleições para o ano seguinte. Diante dessas posições oportunistas, ironiza: "Ouvimos falar muito da 'esplêndida situação' com a qual nos aproximamos das eleições para o Reichstag, e ao mesmo tempo nos advertem em repetidas ocasiões para não estragar essa 'situação' com alguma ação imprudente"[18]. É que, para ela, o anti-imperialismo e a solidariedade entre os povos não estavam subordinados a conveniências pragmáticas ou instrumentais, nem deveriam respeitar tempos e lógicas eleitoreiras, mas constituíam atitudes éticas e políticas de caráter estratégico que deveriam ser exercitadas cotidianamente e de forma militante, não com discursos e documentos que se esgotam na mera retórica da denúncia.

Costuma-se perder de vista que *A acumulação do capital*, longe de ser um livro de "economia", é um estudo político com a clara intenção de tornar visível e denunciar a dinâmica expansionista e imperial das potências e Estados europeus

---

[17] Rosa Luxemburgo, *Textos escolhidos III (Cartas)* (org. Isabel Loureiro, trad. Mario Luiz Frungillo, 3. ed., São Paulo, Editora Unesp/Fundação Rosa Luxemburgo, 2017), p. 173.

[18] Idem, "En relación a Marruecos", *Marxist Internet Archive*, abr. 2014 [1911]. Disponível em: <https://www.marxists.org/espanol/luxem/1911/7/a.htm>; acesso em: 20 jan. 2021.

sobre regiões e territórios periféricos, assim como seus limites objetivos e contradições inerentes em escala global, o que não equivalia, para ela, a atribuir um sentido da inevitabilidade (pois isso redundaria, nas palavras de Walter Benjamin, em uma aceitação passiva que nadasse "a favor da corrente do progresso"). Esse livro desempenha o papel de um ensurdecedor grito anti-imperialista, uma vez que ausculta o processo violento pelo qual "o capital esquadrinha o mundo inteiro, procura obter meios de produção em qualquer lugar e os tira ou os adquire de todas as culturas dos mais diversos níveis, bem como de qualquer forma social"[19].

É por isso que o caráter crescentemente planetário da acumulação capitalista não se parece quase nada com o descrito pela teoria burguesa liberal, que fala "da 'competição pacífica', das maravilhas técnicas e da pura troca de mercadorias". Na verdade, enquanto fenômeno histórico, tem o imperialismo como "expressão política", que se vale das mais variadas artimanhas e mecanismos para conseguir seus propósitos: "Como métodos da política colonial reinam o sistema de empréstimos internacionais, a política das esferas de influência e as guerras. Aí a violência aberta, a fraude, a repressão e o saque aparecem sem disfarces"[20].

Da mesma forma, no "Rascunho das Teses de Junius", aprovado com leves emendas de Karl Liebknecht[21] na Conferência do Grupo Internacional em 1º de janeiro de 1916, e divulgado clandestinamente como parte das *Cartas de Spartacus*, Rosa afirma de maneira contundente:

> A luta de classes no interior dos Estados burgueses contra as classes dominantes e a solidariedade internacional dos proletários de todos os países são duas regras vitais inseparáveis para a classe trabalhadora em sua luta de libertação histórico-mundial. Não existe socialismo fora da solidariedade internacional do proletariado, e não existe socialismo fora da luta de classes. O proletariado socialista não pode, nem na paz nem na guerra, renunciar à luta de classes e à solidariedade internacional sem cometer suicídio.[22]

---

[19] Idem, *La acumulación del capital* (Cidade do México, Grijalbo, 1967), p. 274 [ed. bras.: *A acumulação do capital: contribuição ao estudo econômico do imperialismo*, trad. Marijane Vieira Lisboa e Otto Erich Walter Maas, 3. ed., São Paulo, Nova Cultural, 1988].

[20] Ibidem, p. 351.

[21] Karl Liebknecht (Leipzig, 13 de agosto de 1871 – Berlim, 15 de janeiro de 1919) era filho de Wilhelm Liebknecht, dirigente socialista e cofundador do Partido Social-Democrata da Alemanha. Advogado e impulsionador de organizações juvenis na Alemanha, foi deputado no Reichstag e lá se opôs aos créditos de guerra. Em várias ocasiões, foi preso por causa de seu ativismo político antimilitarista, acusado de "alta traição". Juntamente com Rosa, formou a ala esquerda da social-democracia e fundou a Liga Spartacus, assim como o Partido Comunista da Alemanha.

[22] Rosa Luxemburgo, "Rascunho das Teses de Junius", em *Textos escolhidos II*, cit., p. 12.

Bolívar Echeverría afirma de maneira sugestiva que a falta de pertencimento a uma nação-Estado foi o que permitiu a Rosa conceber o internacionalismo como um postulado-guia, no qual assentou seu discurso e sua prática militante ao longo de toda a sua vida. Por isso a obsessão permanente – acrescenta esse marxista equatoriano – por "despertar e difundir o caráter 'histórico-mundial' da revolução comunista"; porque

> o internacionalismo proletário não pode ser resultado de uma coincidência automática dos interesses proletários nos distintos e enfrentados Estados nacionais; deve ser levantado de maneira consciente e organizado mediante uma política que torne presente o alcance mundial de toda conquista comunista, inclusive as que parecem as mais internas, locais ou nacionais das lutas proletárias.[23]

Transcorridos mais de 150 anos desde a sua divulgação, a palavra de ordem do *Manifesto Comunista* que convoca à união dos/as trabalhadores do mundo ainda espera ser concretizada. Recriar para nosso tempo histórico esse internacionalismo implica assumir a diversidade como traço constitutivo das lutas travadas em todos os cinco continentes. O desafio, portanto, é deixar de pensar com base na homogeneidade esse tipo de plataforma e projeto de irmanação, sem que isso signifique uma apologia da fragmentação ou do encapsulamento. Pensar e atuar dialeticamente, tendo como preceito uma política colaborativa, de tal maneira que se possam conjugar tanto as construções territoriais em cada lugar quanto as plataformas de articulação e os projetos conjuntos que transcendem fronteiras, constitui um imperativo ético e político de primeira ordem para os povos do mundo.

Como anéis concêntricos, essas instâncias por fundar seguramente exigem diferentes níveis de coordenação e confluência, variados e simultâneos espaços de irmanação, com agendas e temporalidades complementares, entre as organizações, movimentos, comunidades e povos do Sul global. Aquele mundo em que cabem muitos mundos de que nos fala o zapatismo simboliza essa ansiada *unidade na diversidade*, tão necessária nesta época submersa na desvinculação, na competição constante e nas violências múltiplas de um sistema de morte cada vez mais desequilibrado. Mais do que nunca, como afirmou o poeta e militante cubano José Martí, pátria deve equivaler a humanidade.

---

[23] Bolívar Echeverría, *El discurso crítico de Marx* (Cidade do México, Era, 1986), p. 151.

Epílogo
Apostar na revolução
Socialismo ou barbárie!

Apesar de suas lúcidas reflexões e sua capacidade de reinventar a política com base no protagonismo popular e na práxis revolucionária, Rosa não nos deixa um corpo acabado nem uma estratégia plenamente coerente de transformação, e sim *flashes* em meio à escuridão, relâmpagos que interrompem a normalidade à qual este sistema nos acostumou. Assim como um caleidoscópio, ela nos oferece um pensamento sob risco e de dentro do abismo, em constante movimento e dinamismo, multicolorido, intenso e indisciplinado, razão pela qual nos encontramos, mais do que com "obras", com simples hipóteses, trilhas variadas e caminhos possíveis, pegadas dispersas no barro da história, plantas esmagadas ou caules quebrados que – assim como no caso dos caçadores do paleolítico, para usar um feliz paralelismo do historiador Carlo Ginzburg – nos proporcionam luminosas pistas e inusitados indícios. Rosa sempre se nega a conceber seus textos e iniciativas militantes como fechados. Pelo contrário, ela os pensa e ensaia como intervenções abertas e inacabadas, assim como a própria realidade que habitou. Essa ausência de um *corpus* estruturado e fechado por completo sabota a tentação constante de pretender conformar um sistema de pensamento unitário e definitivo.

Assim, de maneira análoga é que concebe a revolução. Jamais quis equiparála a um acontecimento abrupto e breve, tampouco a um ato de mero assalto ao céu estatal, fruto da decisão arbitrária de um comitê central ou um grupo de dirigentes esclarecidos. E, menos ainda, na chave de um evento futuro e distante. A revolução sonhada por Rosa é a partir de e para a vida cotidiana. Somente a partir do protagonismo consciente e ineludível das massas, e em função do exercício "aqui e agora" de uma democracia participativa, é que se pode gestar uma transformação genuína e integral. O certo é que sua confiança na capacidade criativa e emancipatória do povo não está arraigada em fórmulas científicas nem em máximas teóricas. É uma humilde aposta ético-política sem garantias, que tem a auto-organização dos/as oprimidos/as como sustentáculo fundamental e tenta combinar – assim como seu *alter ego* com um destino igualmente trágico – *o pessimismo da razão com o otimismo da vontade.*

Essa atitude que funde realismo e utopia, pensamento crítico e esperança vital, ciência e revolução, saber e sentir, busca desativar dicotomias e se revela com mais ímpeto em seus últimos escritos, redigidos em pleno apogeu insurrecional nas ruas de Berlim. "O começo", sugestivo artigo de novembro de 2018, inicia-se com uma afirmação concisa e contundente: "A revolução começou". No entanto, sem omitir o clima de profunda convulsão social e enorme expectativa vivido nas ruas, encarrega-se de elucidar que a abolição do domínio do capital e a edificação do socialismo é

> uma obra poderosa que não pode ser realizada pelo alto, com alguns decretos, num abrir e fechar de olhos, que só pode nascer pela própria ação consciente das massas trabalhadoras da cidade e do campo, que só pode ser levada a porto seguro através de todas as tempestades, pela mais alta maturidade intelectual e pelo idealismo inesgotável das massas populares.[1]

Por isso "as revoluções não ficam quietas". Elas, acrescenta, continuam "passo a passo, com tempestade e ímpeto, com luta e sofrimento, e miséria e vitória até atingir o objetivo"[2]. Assim, sem pressa nem pausa, como os/as zapatistas, Rosa caminha perguntando, mas jamais se cansa de caminhar.

Poucos anos antes, em meio ao desconcerto e à desolação generalizada que a Primeira Guerra Mundial causou, Rosa consegue redigir atrás das grades seu conhecido folheto *A crise da social-democracia* contra a loucura belicista na qual a Europa se encontrava mergulhada e a favor de uma luta que fortalecesse a irmanação entre os povos do mundo[3]. Em um de seus parágrafos mais emocionados, ela lançou uma máxima que passaria para a posteridade como palavra de ordem internacionalista e antídoto para essa hecatombe genocida: *socialismo ou barbárie!*

Michael Löwy[4] chegou a postular que essa frase condensa uma significação metodológica e política de primeira ordem para todo projeto tido como emancipatório, na medida em que, a contrapelo de todo determinismo ou leitura linear

---

[1] Rosa Luxemburgo, "O começo", em *Textos escolhidos II (1914-1919)* (org. e trad. Isabel Loureiro, 3. ed., São Paulo, Editora Unesp/Fundação Rosa Luxemburgo, 2017), p. 230.

[2] Ibidem, p. 232-3.

[3] Idem, *La crisis de la socialdemocracia* (Cidade do México, Roca, 1972) [ed. bras.: "A crise da social-democracia", em *Textos escolhidos II*, cit., p. 15-144].

[4] Michael Löwy, *Dialéctica y revolución* (Cidade do México, Siglo XXI, 1981).

da história, nos lembra que *a sorte não está lançada* e desempenha o papel de anticorpo contra certas visões triunfalistas, que calaram fundo no seio do marxismo e desconsideram a importância da práxis revolucionária como catalisadora de qualquer mudança social profunda. Longe de ser um elemento secundário, essa "faísca animadora da vontade consciente" emerge como um fator decisivo na construção do socialismo como alternativa civilizatória, a partir de uma tríade que, para Rosa, era crucial: *organização, consciência* e *luta*, não como "momentos separados, mecânica e temporalmente distintos", mas enquanto "diferentes aspectos do mesmo processo"[5].

Hoje, é mais evidente do que nunca que tampouco nós que desejamos superar a barbárie do capitalismo, do patriarcado e da colonialidade temos qualquer garantia de triunfo. Nossa aposta é tão frágil quanto incerta, e nela residem tanto a possibilidade de construir uma sociedade radicalmente diferente da atual quanto a sobrevivência da humanidade e do planeta Terra em seu conjunto. Por isso, o socialismo não é apenas uma opção entre tantas, e sim uma urgência e necessidade histórica balbuciada ao pé de um desfiladeiro e a poucos passos do abismo. Simboliza, sobretudo, esse freio de mão do qual falava Walter Benjamin nos tempos sombrios do fascismo para evitar a catástrofe que se avizinha. Guerras, fome em massa, espoliação de bens comuns e contaminação ambiental, violência social, precariedade, repressão política, xenofobia, feminicídios, exploração, pandemia e desigualdades que se aprofundam são características de um capitalismo criminoso que, em tempos de crises e neoliberalismo revigorado, tal como *Moloch*, não faz outra coisa a não ser exacerbar seus traços constitutivos mais perversos, sacrificando milhões no altar do egoísmo e do dinheiro.

Diante desse panorama desolador, não resta outra coisa a não ser dobrar a aposta na *práxis* coletiva, em função de uma política revolucionária e colaborativa que consiga se reinventar com base nos afetos e no autocuidado, na esteira desses e tantos outros desafios do nosso tempo histórico. Que pense o compromisso e comprometa o pensamento com rebeldia, sim, mas também em franca ruptura com as disciplinas que, como o nome indica, disciplinam, pois restringem o olhar e deixam "fora de foco" essa totalidade dinâmica, em movimento e em permanente transformação que é a sociedade enquanto bloco histórico. Que ensaie uma nova gramática alternativa e alterativa e estimule a ousadia e a imaginação, sem deixar de ter os pés no chão.

Trazer Rosa para o presente é uma oportunidade também de reinstalar os *debates estratégicos* no coração das experiências e projetos emancipatórios que afloram em nosso continente. Cada um dos capítulos deste livro buscou abrir uma janela

---

[5] Rosa Luxemburgo, "Problemas de organización de la socialdemocracia rusa", em Vv. Aa., *Teoría marxista del partido político* (Córdoba, PyP, 1969, Cuadernos de Pasado y Presente 12), p. 46.

por onde espreitar as diferentes inquietações e urgências que, para ela, remetem a problemas candentes e núcleos traumáticos que precisam ser discutidos, encarados e resolvidos de forma coletiva e sem receituário prévio algum, pois, como escreve em uma de suas cartas, "a história não conhece esquemas imutáveis".

As diversas lutas e resistências postas em prática em toda a América Latina nos convocam a enriquecer e atualizar suas reflexões e categorias a partir da perspectiva da interseccionalidade, do atravessamento de opressões, das diferentes condições subalternas e da concepção do capitalismo como sistema de dominação múltipla, que em todos os casos inclui uma heterogênea totalidade de totalidades, na qual o racismo, o patriarcado, o adultocentrismo, a espoliação socioambiental e a exploração de classe se condicionam e constituem mutuamente. Diante dessa hidra de mil cabeças, com indignação, mas sem nunca perder a alegria, devemos contrapor *um socialismo em que caibam muitos socialismos*, tão multicolorido e heterogêneo quanto uma *whipala*. Que abrigue em seu seio o bem viver, a plurinacionalidade, os feminismos populares, a democracia comunitária, o ecologismo radical, a soberania alimentar, o direito à cidade, a educação popular e a descolonização, que hoje ressurgem com força telúrica das próprias entranhas de Abya Yala.

Nesse contexto, a defesa da vida – em todas as suas formas, tonalidades e expressões – torna-se uma atitude ética e militante ineludível, que implica lutar contra o capitalismo, o patriarcado e a colonialidade, tanto em um plano geral e internacionalista quanto em termos mais específicos e situados, confrontando práticas violentas e relações de opressão moleculares e imperceptíveis – e, por isso mesmo, tão arraigadas – presentes nos territórios e espaços intersticiais que habitamos, com a paixão e o humanismo como motores dessa aspiração pessoal e coletiva por conquistar nossos sonhos.

Poucos dias antes de seu assassinato e em plenas jornadas revolucionárias nas ruas de Berlim, Rosa tentou conjugar essas dimensões geralmente desencontradas. Para ela, o pessoal e íntimo, aquilo que a partir de um olhar superficial e instrumentalista nos aparece como insignificante, também era profundamente político e assim o expressou sem meias palavras:

> A mais violenta atividade revolucionária e a mais generosa humanidade – eis o único e verdadeiro alento do socialismo. Um mundo precisa ser revirado, mas cada lágrima que cai, embora possa ser enxugada, é uma acusação; e aquele que, para realizar algo importante, de maneira apressada e com brutal descuido esmaga um pobre verme, comete um crime.[6]

---

[6] Idem, *Obras escogidas* (Buenos Aires, Pluma, 1976), p. 208. [ed. bras.: "Uma questão de honra", em *Textos escolhidos II*, cit., p. 239-42].

Para além dos aniversários que nos convocam a trazê-la para o presente, sua herança se mantém mais viva do que nunca na infinidade de projetos e iniciativas que germinam, de baixo e à esquerda, em cada canto insurgente do planeta Terra, particularmente em Nossa América. Essa sensibilidade extrema é, hoje, um farol estratégico para continuarmos semeando esperanças e exigindo o impossível, com a plena certeza de que muitas derrotas renascerão, mais cedo do que tarde, como luminosas vitórias. Porque de uma coisa estamos seguros/as: as revoluções futuras serão a conquista do pão, mas também – que não se tenha dúvida – o florescimento das Rosas.

Referências bibliográficas

Obras de Rosa Luxemburgo (por ano de edição)

1948. *Cartas de la prisión*. La Plata, Calomino.

1967. *La acumulación del capital*. Cidade do México, Grijalbo. [Ed. bras.: *A acumulação do capital: contribuição ao estudo econômico do imperialismo*. Trad. Marijane Vieira Lisboa e Otto Erich Walter Maas. 3. ed., São Paulo, Nova Cultural, 1988.]

1970. *Huelga de masas, partidos y sindicatos*. Córdoba, PyP, Cuadernos de Pasado y Presente 13. [Ed. bras.: Greve de massas, partidos e sindicatos. In: *Textos escolhidos I (1899-1914)*. Org. Isabel Loureiro. Trad. Stefan Fornos Klein. 3. ed., São Paulo, Editora Unesp/Fundação Rosa Luxemburgo, 2017, p. 263-350.]

1971. *La comuna de Berlín*. Colab. Karl Liebknecht. Cidade do México, Grijalbo.

1972. *Crítica de la revolución rusa*. Buenos Aires, Anagrama. [Ed. bras.: A Revolução Russa. In: *Textos escolhidos II (1914-1919)*. Org. e trad. Isabel Loureiro. 3. ed., São Paulo, Editora Unesp/Fundação Rosa Luxemburgo, 2017, p. 175-212.]

1972. *Introducción a la economía política*. Buenos Aires, PyP, Cuadernos de Pasado y Presente 35. [Ed. bras.: *Introdução à economia política*. Trad. Carlos Leite. São Paulo, Martins Fontes, 1977.]

1972. *La crisis de la socialdemocracia*. Cidade do México, Roca. [Ed. bras.: A crise da social-democracia. In: *Textos escolhidos II (1914-1919)*. Org. e trad. Isabel Loureiro. 3. ed., São Paulo, Editora Unesp/Fundação Rosa Luxemburgo, 2017, p. 15-144.]

1973. *Cartas de amor a León Jogiches*. Buenos Aires, La Flor.

1975. *Cartas a Karl y Luise Kautsky*. Barcelona, Galba.

1976. *La Liga Spartakus:* dossier sobre la revolución alemana 1918-1919. Barcelona, Anagrama.

1976. *Obras escogidas*. Buenos Aires, Pluma.

1976. ¿Reforma social o revolución?. In: *Obras escogidas*. Buenos Aires, Pluma. [Ed. bras.: Reforma social ou revolução?. In: *Textos escolhidos I (1899-1914)*. Org. Isabel Loureiro. Trad. Stefan Fornos Klein. 3. ed., São Paulo, Editora Unesp/Fundação Rosa Luxemburgo, 2017, p. 1-112.]

1978. Problemas organizativos de la socialdemocracia rusa. In: *Obras Escogidas*. Madri, Ayuso. [Ed. bras.: Questões de organização da social-democracia russa. In: *Textos escolhidos I (1899-1914)*. Org. Isabel Loureiro. Trad. Stefan Fornos Klein. 3. ed., São Paulo, Editora Unesp/Fundação Rosa Luxemburgo, 2017, p. 151-76.]

1979. *El desarrollo industrial en Polonia y otros escritos sobre la cuestión nacional*. Cidade do México, PyP, Cuadernos de Pasado y Presente 71.

1979. *La cuestión nacional y la autonomía*. Cidade do México, PyP, Cuadernos de Pasado y Presente 81.

1981. *Obras escogidas*, Prólogo e seleção de Bolívar Echeverría. Cidade do México, Era.

1983. *El pensamiento de Rosa Luxemburgo*. Org. María José Aubet. Barcelona, El Serbal.

1998. *La cuestión nacional y la autonomía*. Barcelona, El Viejo Topo.

2009. *¿Qué quiere la Liga Espartaco?* Buenos Aires, La Minga. [Ed. bras.: O que quer a Liga Spartakus?. In: *Textos escolhidos II (1914-1919)*. Org. e trad. Isabel Loureiro. 3. ed., São Paulo, Editora Unesp/Fundação Rosa Luxemburgo, 2017, p. 287-98.]

2014. En relación a Marruecos. *Marxist Internet Archive*, abr. 2014 [1911]. Disponível em: <https://www.marxists.org/espanol/luxem/1911/7/a.htm>; acesso em: 20 jan. 2021.

2017. *Textos escolhidos I (1899-1914)*. Org. Isabel Loureiro. Trad. Stefan Fornos Klein. 3. ed., São Paulo, Editora Unesp/Fundação Rosa Luxemburgo.

2017. *Textos escolhidos II (1914-1919)*. Org. e trad. Isabel Loureiro. 3. ed., São Paulo, Editora Unesp/Fundação Rosa Luxemburgo.

2017. *Textos escolhidos III (Cartas)*. Org. Isabel Loureiro. Trad. Mario Luiz Frungillo. 3. ed., São Paulo, Editora Unesp/Fundação Rosa Luxemburgo.

2015. *Espontaneidad y acción:* debates sobre la huelga de masas, la revolución y el partido. Buenos Aires, Razón y Revolución.

2018. *Cartas de amor de Rosa Luxemburgo*. Buenos Aires, Fundación Rosa Luxemburgo.

Obras sobre Rosa Luxemburgo (por ordem alfabética)

ARÉVALO, Oscar. *Rosa Luxemburgo:* un águila de la revolución. Buenos Aires, Centro de Estudios, 1971.

ARICÓ, José. Prólogo. In: LUXEMBURGO, Rosa. *Crítica de la revolución rusa*. Buenos Aires, La Rosa Blindada, 1969.

_____. Advertencia. In: LUXEMBURGO, Rosa. *Huelga de masas, partido y sindicatos*. Córdoba, PyP, 1970, Cuadernos de Pasado y Presente 13.

AUBET, María José. *Rosa Luxemburgo y la cuestión nacional*. Barcelona, Anagrama, 1977.

BADÍA, Gilbert. *Los espartaquistas*. Barcelona, Mateu, 1971.

BASSO, Lelio. *Rosa Luxemburgo*. Cidade do México, Nuestro Tiempo, 1977.

_____. *Per conoscere Rosa Luxemburg*. Milão, Mondadori, 1977.

BORÓN, Atílio. Rosa Luxemburgo y la crítica al reformismo social-demócrata. In: LUXEMBURGO, Rosa. *¿Reforma social o revolución?* Buenos Aires, Luxemburg, 2010.

BROUÉ, Pierre. *Revolución en Alemania. De la guerra a la revolución. Victoria y derrota del izquierdismo*. Barcelona, Redondo, 1973.

BRUNETTO, Luis. *Rosa Luxemburgo y la revolución alemana*. Buenos Aires, Sudestada, 2018.

CLIF, Tony. *Rosa Luxemburg:* introducción a su lectura. Buenos Aires, Galerna, 1971.

CÓRDOVA, Armando. Rosa Luxemburgo y el mundo subdesarrollado. *Revista Problemas del Desarrollo*, n. 18, 1974.

CORNELL, Drucilla. Rosa Luxemburg, feminista socialista. In: VV. AA. *Luxemburg*. Buenos Aires, Fundación Rosa Luxemburgo, 2019.

DÍAZ VALCÁRCEL, José Antonio. *La pasión revolucionaria de Rosa Luxemburgo*. Madri, Akal, 1975.

DUNAYEVSKAYA, Raya. *Rosa Luxemburgo, la liberación femenina y la filosofía marxista de la revolución*. Cidade do México, FCE, 1985.

ETTINGER, Elzbieta. *Rosa Luxemburgo:* su vida. Buenos Aires, Sudamericana, 1988.

EVANS, Kate. *La Rosa Roja:* biografía gráfica sobre Rosa Luxemburgo. Buenos Aires, IPS, 2017. [Ed. bras.: *A rosa vermelha:* uma biografia em quadrinhos de Rosa Luxemburgo. Trad. Marcelo Brandão Cipolla. São Paulo, WMF Martins Fontes, 2017.]

FRÖLICH, Paul. El debate sobre la experiencia belga. In: VV. AA. *Debate sobre la huelga de masas. Primera parte*. Córdoba, PyP, 1975, Cuadernos de Pasado y Presente 62.

_____. *Rosa Luxemburgo: vida y obra*. Madri, Fundamentos, 1976. [Ed. bras.: *Rosa Luxemburgo: pensamento e ação*. Trad. Nélio Schneider e Erica Ziegler. São Paulo, Boitempo, 2019.]

GERAS, Norman. *Actualidad del pensamiento de Rosa Luxemburgo*. Cidade do México, Era, 1980. [Ed. port.: *A actualidade de Rosa Luxemburgo*. Trad. M. Resende. Lisboa, Antídoto, 1978.]

GOMES, Rosa. *Rosa Luxemburgo:* crise e revolução. São Paulo, Ateliê, 2018.

GUERIN, Daniel. *Rosa Luxemburgo y la espontaneidad revolucionaria*. Buenos Aires, Proyección, 1973. [Ed. bras.: *Rosa Luxemburgo e a espontaneidade revolucionária*. Trad. Cecília Bonamine. São Paulo, Perspectiva, 1982.]

HAFFNER, Sebastian. *A Revolução Alemã (1918-1919)*. São Paulo, Expressão Popular/Fundação Rosa Luxemburgo, 2018.

HAUG, Frigga. *Rosa Luxemburgo y el arte de la política*. Madri, Tierradenadie, 2012.

_____. La línea Luxemburgo-Gramsci. *Revista Internacional Marx Ahora*, n. 35, 2013.

HAUPT, Georges. Rosa Luxemburgo y la cuestión nacional. *Revista Cuadernos Políticos*, n. 21, 1979.

KOHAN, Nestor. Luxemburg: una rosa roja para el siglo XXI. *Revista Cuadernos del Sur*, n. 28, 1999.

KOROL, Claudia. Las revoluciones de Rosa. In: VV. AA. *Revolución:* escuela de un sueño eterno. Buenos Aires, Cuadernos Relámpago/Negra Mala Testa, 2018.

KOWALIK, Tadeusz. *Teoría de la acumulación y el imperialismo en Rosa Luxemburgo*. Cidade do México, Era, 1979.

LASCHITZA, Annelies; RADCZUN, Günter. *Rosa Luxemburgo y el movimiento obrero alemán*. Havana, Ciencias Sociales, 1977.

LORA, Guilhermo. *Rosa Luxemburgo*. La Paz, Partido Obrero Revolucionario, 1987.

LOUREIRO, Isabel. *Rosa Luxemburgo:* vida e obra. São Paulo, Expressão Popular, 1999.

_____. *Rosa Luxemburgo:* os dilemas da ação revolucionária. São Paulo, Editora Unesp, 2003.

_____. *A Revolução Alemã* (1918-1923). São Paulo, Editora Unesp, 2005.

_____ (org.). *Socialismo ou barbárie:* Rosa Luxemburgo no Brasil. São Paulo, Fundação Rosa Luxemburgo, 2008.

LÖWY, Michael. *Dialéctica y revolución.* Cidade do México, Siglo XXI, 1981.

_____. La chispa prende en la acción. La filosofía de la praxis en el pensamiento de Rosa Luxemburg. *Portal Viento Sur,* 20 nov. 2012. Disponível em: <https://vientosur.info/spip.php?article7444>. Acesso em: 19 jan. 2021.

_____. Imperialismo ocidental versus comunismo primitivo. In: SCHÜTRUMPF, Jörn (org.). *Rosa Luxemburgo ou o preço da liberdade.* Trad. Isabel Loureiro, Karin Glass, Kristina Michahelles e Monika Ottermann. 2. ed. ampl., São Paulo, Fundação Rosa Luxemburgo, 2015.

_____; SAYRE, Robert. *Rebelión y melancolía:* el romanticismo como contracorriente de la modernidad. Buenos Aires, Nueva Visión, 2008. [Ed. bras.: *Revolta e melancolia:* o romantismo na contracorrente da modernidade. Trad. Nair Fonseca. São Paulo, Boitempo, 2015.]

MIES, Maria. *Patriarcado y acumulación a escala mundial.* Madri, Traficantes de Sueños, 2019.

NEGT, Oskar. De la dialéctica materialista entre espontaneidad y organización: Rosa Luxemburg. *Revista Materiales,* n. 3, 1977.

NETTL, John Peter. *Rosa Luxemburgo.* Cidade do México, Era, 1974.

PITTALUGA, Robert. Reflexiones en torno a la idea de espontaneidad en Rosa Luxemburgo. *Revista El Rodaballo,* n. 9, 1998.

QUESADA MONGE, Rodrigo. *Rosa Luxemburgo:* utopía y vida cotidiana. San José de Costa Rica, Nadar/Euna, 2017.

RENZI, Dario; BISCEGLIE, Anna. *Rosa Luxemburg.* Buenos Aires, Comuna Socialista, 2010.

SCHÜTRUMPF, Jörn (org.). *Rosa Luxemburgo ou o preço da liberdade.* Trad. Isabel Loureiro, Karin Glass, Kristina Michahelles e Monika Ottermann. 2. ed. ampl., São Paulo, Fundação Rosa Luxemburgo, 2015.

STUKE, H. Luxemburg. In: KERNIG, Claus D. (org.). *Marxismo y democracia:* conceptos fundamentales. Madri, Rioduero, 1975, v. 3.

TORRES, Patricia. *Rosa Luxemburgo:* el futuro por asalto. Buenos Aires, Capital Intelectual, 2008.

TRÍAS, Juan; MONEREO, Manuel. *Rosa Luxemburgo:* actualidad y clasicismo. Madri, El Viejo Topo, 2001.

VIDAL VILLA, José M. *Conocer Rosa Luxemburg y su obra.* Barcelona, Dopesa, 1978.

VV. AA. *El desafío de Rosa Luxemburgo.* Buenos Aires, Proceso, 1972.

VV. AA. *Rosa Luxemburgo:* una rosa roja para el siglo XXI. Havana, Centro de Investigación y Desarrollo de la Cultura Cubana Juan Marinello, 2001.

WEISS, Peter. *La estética de la resistencia.* Barcelona, Hiru, 1999.

Obras em geral (por ordem alfabética)

AMIN, Samir. *El eurocentrismo:* crítica de una ideología. Cidade do México, Siglo XXI, 1989.

ANDERSON, Perry. *Consideraciones sobre el marxismo occidental.* Madri, Siglo XXI, 1979. [Ed. bras.: *Considerações sobre o marxismo ocidental/Nas trilhas do materialismo histórico.* Trad. Fábio Fernandes, São Paulo, Boitempo, 2019.]

_____. *Tras las huellas del materialismo histórico*. Buenos Aires, Siglo XXI, 1986. [Ed. bras.: *Considerações sobre o marxismo ocidental/Nas trilhas do materialismo histórico*. Trad. Fábio Fernandes, São Paulo, Boitempo, 2019.]

ARICÓ, José. *Marx y América Latina*. Lima, Cedep, 1980.

_____. *Nueve lecciones sobre economía y política en el marxismo*. Cidade do México, El Colegio de México, 2011.

BAMBIRRA, Vania; SANTOS, Theotonio dos. *La estrategia y la táctica socialistas de Marx y Engels a Lenin*. Cidade do México, Era, 1980.

BASSO, Lelio et al. *Transición al socialismo y experiencia chilena*. Santiago, Centro de Estudios Socio-Económicos, 1972.

BEBEL, August. *La mujer y el socialismo*. Buenos Aires, Estudio, 1981.

BENJAMIN, Walter. *Sobre el concepto de historia*: tesis y fragmentos. Buenos Aires, Piedras de Papel, 2007. [Ed. bras.: LÖWY, Michael. *Walter Benjamin*: aviso de incêndio, uma leitura das teses "Sobre o conceito de história". Trad. Wanda Nogueira Caldeira Brant, Jeanne Marie Gagnebin e Marcos Lutz Müller. São Paulo, Boitempo, 2007].

BENSAID, Daniel. *Marx intempestivo*. Buenos Aires, Herramienta, 2003. [Ed. bras.: *Marx, o intempestivo*: grandezas e misérias de uma aventura crítica (séculos XIX e XX). Trad. Luiz Cavalcanti de M. Guerra. Rio de Janeiro, Civilização Brasileira, 1999.]

BERNSTEIN, Eduard et al. *La Segunda Internacional y el problema nacional y colonial. Primera Parte*. Cidade do México, PyP, 1978, Cuadernos de Pasado y Presente 73.

_____. *Las premisas del socialismo y las tareas de la socialdemocracia*. Cidade do México, Siglo XXI, 1982.

BOGGS, Carl. *El marxismo de Gramsci*. Cidade do México, Premia, 1985.

BOLOGNA, Sergio. Composición de clase y teoría del partido en el origen del movimiento de los consejos. In: VV. AA. *Guerra y revolución*. Cidade do México, Somos, 1984.

BONEFELD, Werner. La permanencia de la acumulación primitiva: fetichismo de la mercancía y constitución social. *Revista Theomai*, n. 26, 2012.

BRICIANER, Serge (org.). *Anton Pannekoek y los consejos obreros*. Buenos Aires, Schapire, 1975.

BRIE, Michael; KLEIN, Dieter. Los caminos: revolución, reforma, transformación: reflexiones desde una óptica marxista. In: VV. AA. *Reforma ou revolução?* Para além do capitalismo neoliberal: concepções atores e estratégias. São Paulo, Fundação Rosa Luxemburgo/Laboratório de Políticas Públicas da Uerj/Expressão Popular, 2004.

CARLO, Antonio. La concepción del partido revolucionario en Lenin. *Revista Pasado y Presente*, n. 2/3 (nova série), 1973.

COLE, George D. H. *Historia del pensamiento socialista*. Cidade do México, FCE, 1959. 7 v.

COLLETTI, Lucio. Bernstein y el marxismo de la Segunda Internacional. In: _____. *Ideología y sociedad*. Barcelona, Fontamara, 1975.

CUEVA, Agustin. *La teoría marxista*: categorías de base y problemas actuales. Quito, Revolución Ecuatoriana, 2004.

DALLA COSTA, Mariarosa. Capitalismo y reproducción: mujeres, entre naturaleza y capital. In: _____. *Dinero, perlas y flores en la reproducción femenina*. Madri, Akal, 2009.

DE ANGELIS, Massimo. Marx y la acumulación primitiva. El carácter continuo de los "cercamientos" capitalistas. *Revista Theomai*, n. 26, 2012.

DROZ, Jacques. *Historia del socialismo*. Barcelona, Laia, 1977.

DUSSEL, Enrique. *El último Marx y la liberación latinoamericana*. Cidade do México, Siglo XXI, 1990.

ECHEVERRÍA, Bolívar. *El discurso crítico de Marx*. Cidade do México, Era, 1986.

ELEY, Geoff. *Un mundo que ganar:* historia de la izquierda en Europa, 1850-2000. Barcelona, Crítica, 2003.

ENGELS, Friedrich. Introducción. In: MARX, Karl. *La lucha de clases en Francia*. Buenos Aires, Papel Negro, 2004. [Ed. bras.: Prefácio. In: MARX, Karl. *As lutas de classes na França de 1848 a 1850*. Trad. Nélio Schneider. São Paulo, Boitempo, 2012.]

EXÉRCITO ZAPATISTA DE LIBERTAÇÃO NACIONAL (EZLN). *El pensamiento crítico frente a la hidra capitalista*. Cidade do México, EZLN, 2015.

FEDERICI, Silvia. *Calibán y la bruja*. Buenos Aires, Tinta Limón, 2010. [Ed. bras.: *Calibã e a bruxa*: mulheres, corpo e acumulação primitiva. Trad. Coletivo Sycorax, São Paulo, Elefante, 2017.]

_____. *La inacabada revolución feminista:* mujeres, reproducción social y lucha por lo común. Bogotá, Desde Abajo, 2014.

FORNET-BETANCOURT, Raúl. *Transformación del marxismo:* historia del marxismo en América Latina. Cidade do México, Plaza y Valdés, 2001.

FREIRE, Paulo. *Pedagogía de la esperanza*. Buenos Aires, Siglo XXI, 2008. [Ed. bras.: *Pedagogia da esperança*: um reencontro com a pedagogia do oprimido. 21. ed., São Paulo, Paz e Terra, 2014.]

GAGO, Verónica. *La potencia feminista*. Buenos Aires, Tinta Limón, 2019.

GARCÍA LINERA, Álvaro. Estado, democracia y socialismo. Una lectura a partir de Poulatnzas. In: COLLOQUE INTERNATIONAL NICOS POULANTZAS. *Un marxisme pour le XXIe siècle*. Paris, Université de Paris-Sorbonne, 16-17 jan. 2015.

GILLY, Adolfo. *Historia a contrapelo:* una constelación. Cidade do México, Era, 2006.

GONZÁLEZ, Horacio. *Restos pampeanos*. Buenos Aires, Colihue, 1999.

GONZÁLEZ CASANOVA, Pablo (org.). *Historia del movimiento obrero latinoamericano*. Cidade do México, Siglo XXI, 1984.

GORZ, André. *Estrategia obrera y neocapitalismo*. Cidade do México, Era, 1969.

GRAMSCI, Antonio. *Revolución rusa y Unión Soviética*. Cidade do México, Roca, 1974.

_____. *Antología*. Buenos Aires, Siglo XXI, 1998.

_____. *Cuadernos de la cárcel*. Cidade do México, Era, 1999, v. 4 e 5. [Ed. bras.: *Cadernos do cárcere*. Org. e trad. Carlos Nelson Coutinho. 5. ed., Rio de Janeiro, Civilização Brasileira, 2010.]

_____. *La cuestión meridional*. Buenos Aires, Quadrata, 2003. [Ed. bras.: *A questão meridional*. Trad. Carlos Nelson Coutinho e Marco Aurelio Nogueira. São Paulo, Paz e Terra, 1987.]

_____. *Cartas de la cárcel*. Cidade do México, Era, 2003. [Ed. bras.: *Cartas do cárcere*. Org. e trad. Luiz Sérgio Henriques. Rio de Janeiro, Civilização Brasileira, 2005.]

_____. *La ciudad futura y otros escritos*. Buenos Aires, Dialektik, 2006. [Ed. bras.: *Odeio os indiferentes*. Trad. Daniela Mussi e Alvaro Bianchi. São Paulo, Boitempo, 2020.]

GUEVARA, Ernesto. *Escritos y discursos.* Havana, Ciencias Sociales, 1977.

_____. *América Latina:* despertar de un continente. Bogotá, Ocean Sur, 2003.

HARNECKER, Marta. *Inventando para no errar:* América Latina y el socialismo del siglo XXI. Barcelona, El Viejo Topo, 2010.

HARVEY, David. *El nuevo imperialismo.* Madri, Akal, 2004.

HEGEL, Georg Wilhelm Friedrich. *Lecciones sobre la filosofía de la historia universal.* Madri, Altaya, 1994.

HOBSBAWM, Eric et al. *Historia del marxismo.* Barcelona, Bruguera, 1980, v. 1-8. [Ed. bras.: *História do marxismo.* Trad. Carlos Nelson Coutinho e Nemesio Salles. 2. ed., Rio de Janeiro, Paz e Terra, 1991. 12 v.]

KELLOG, Paul. Engels y las raíces del revisionismo. *Revista Crítica de Nuestro Tiempo,* n. 12, 1995.

KOŁAKOWSKY, Leszek. *Las principales corrientes del marxismo: su nacimiento, desarrollo y disolución.* Madri, Alianza, 1982.

KOLLONTAI, Aleksandra. *Mujer, historia y sociedad:* sobre la liberación de la mujer. Cidade do México, Fontamara, 1979.

KORSCH, Karl. *Karl Marx.* Barcelona, Ariel, 1975. [Ed. port.: *Karl Marx.* Trad. Gilda Lopes Encarnação, Lisboa, Antígona, 2018.]

KOSIK, Karel. *Dialéctica de lo concreto.* Cidade do México, Grijalbo, 1967. [Ed. bras.: *Dialética do concreto.* Trad. Célia Neves e Alderico Toríbio. 7. ed., Rio de Janeiro, Paz e Terra, 2002.]

KRÚPSKAIA, Nadiéjda. *Acerca de la educación marxista.* Buenos Aires, Porvenir, 1964.

LÊNIN, Vladímir Ilitch. Un paso adelante, dos pasos atrás. In: _____. *Obras escogidas.* Buenos Aires, Problemas, 1946. [Ed. port.: Um passo adiante, dois passos atrás. In: _____. *Obras escolhidas.* Lisboa, Avante!, 1977, t. 1.]

_____. El Congreso Socialista Internacional de Stuttgart. In: _____. *Obras Completas.* Buenos Aires, Cartago, 1967, t. XIII.

_____. *Cuadernos filosóficos.* Buenos Aires, Estudio, 1972. [Ed. bras.: *Cadernos filosóficos.* Trad. Avante! e José Paulo Netto. São Paulo, Boitempo, 2018.]

_____. *¿Qué hacer?* Buenos Aires, Anteo, 1973. [Ed. bras.: *O que fazer?* Trad. Avante! e Paula Vaz de Almeida. São Paulo, Boitempo, 2020.]

_____. *El imperialismo, etapa superior del capitalismo.* Buenos Aires, Anteo, 1974. [Ed. bras.: *O imperialismo:* fase superior do capitalismo. Trad. Leila Prado. 4. ed., São Paulo, Centauro, 2010.]

_____. *El Estado y la revolución.* Pequim, Lenguas Extranjeras, 1992. [Ed. bras.: *O Estado e a revolução.* Trad. Avante! e Paula Vaz de Almeida. São Paulo, Boitempo, 2017.]

_____. *Contra la burocracia.* Córdoba, PyP, 1971, Cuadernos de Pasado y Presente 25.

LENK, Kurt. *Teorías de la revolución.* Barcelona, Anagrama, 1978.

LIEBMAN, Marcel. *Enigmas de la revolución rusa.* Madri, Daimon, 1969.

LIEBEL, Manfred. Colonialismo y la colonización de las infancias a la luz de la teoría poscolonial. In: MORALES, Santiago; MAGISTRIS, Gabriela (orgs.). *Niñez en movimiento:* del adultocentrismo a la emancipación. Buenos Aires, El Colectivo/Ternura Revelde/Chirimbote, 2018.

176 HERNÁN OUVIÑA

LÖWY, Michael. *El marxismo en América Latina*. Santiago, LOM, 2007. [Ed. bras.: *O marxismo na América Latina:* uma antologia de 1909 aos dias atuais. Trad. Cláudia Schilling e Luís Carlos Borges. 4. ed., São Paulo, Expressão Popular/Fundação Perseu Abramo, 2016.]

LUKÁCS, György. *Historia y conciencia de clase*. Barcelona, Sarpe, 1985.

_____. *Derrotismo y dialéctica:* una defensa de *Historia y conciencia de clase*. Buenos Aires, Herramienta, 2015.

MANDEL, Ernest. *La burocracia*. Cidade do México, Quinto Sol, 1973.

MARIÁTEGUI, José Carlos. *Ideología y política*. Lima, Amauta, 1972.

_____. *Historia de la crisis mundial*. Lima, Amauta, 1973.

_____. *Siete ensayos de interpretación de la realidad peruana*. Lima, Amauta, 1975. [Ed. bras.: *Sete ensaios de interpretação da realidade peruana*. Trad. Felipe Lindoso. São Paulo, Expressão Popular, 2007.]

_____. *Peruanicemos al Perú*. Lima, Amauta, 1976.

MÁRMORA, Leopoldo. Introducción. In: BERNSTEIN, Eduard et al. *La Segunda Internacional y el problema nacional y colonial. Primera parte*. Cidade do México, PyP, 1978, Cuadernos de Pasado y Presente 73.

_____. *El concepto socialista de nación*. Cidade do México, PyP, 1986, Cuadernos de Pasado y Presente 96.

MARX, Karl. *Introducción general a la crítica de la economía política y otros escritos sobre problemas metodológicos*. Buenos Aires, Cuadernos de Pasado y Presente, 1974.

_____. *La guerra civil en Francia*. Pequim, Lenguas Extranjeras, 1978. [Ed. bras.: *A guerra civil na França*. Trad. e notas Rubens Enderle. São Paulo, Boitempo, 2016.]

_____. Tesis sobre Feuerbach. In: _____. *La cuestión judía y otros escritos*. Buenos Aires, Planeta, 1993. [Ed. bras.: Karl Marx – 1. Ad Feuerbach (1845). In: _____. *A ideologia alemã*. Trad. Rubens Enderle, Nélio Schneider e Luciano Cavini Martorano. São Paulo, Boitempo, 2007.]

_____. *Elementos fundamentales para la crítica de la economía política (Grundrisse) 1857-1858*. México, Siglo XXI, 1997. [Ed. bras.: *Grundrisse:* manuscritos econômicos de 1857-1858. Trad. Mario Duayer e Nélio Schneider. São Paulo/Rio de Janeiro, Boitempo/Editora UFRJ, 2011.]

_____. *El capital*. Buenos Aires, Siglo XXI, 2004, t. I. [Ed. bras.: *O capital:* crítica da economia política, Livro I: O processo de produção do capital. Trad. Rubens Enderle. São Paulo, Boitempo, 2011.]

_____. *Comunidad, nacionalismo y capital:* textos inéditos. La Paz, Vicepresidencia del Estado Plurinacional de Bolivia, 2018.

_____; ENGELS, Friedrich. *Manifiesto del Partido Comunista y documentos de la Liga de los Comunistas*. In: _____. *Obras fundamentales*. Cidade do México, FCE, 1988. [Ed. bras.: *Manifesto Comunista*. Trad. Álvaro Pina e Ivana Jinkings. São Paulo, Boitempo, 2010.]

_____; _____. *Correspondencia*. Buenos Aires, Cartago, 1973.

_____; _____. *Escritos sobre Rusia:* el porvenir de la comuna rural. Cidade do México, Cuadernos de Pasado y Presente, 1980.

MAZZEO, Miguel. *El hereje:* apuntes sobre John William Cooke. Buenos Aires, El Colectivo, 2016.

_____. *Marx populi*. Buenos Aires, El Colectivo, 2018.

MELLA, Julio Antonio. *Textos escogidos*. Havana, La Memoria, 2017.

MELGAR BAO, Ricardo. *El movimiento obrero latinoamericano:* historia de una clase subalterna. Cidade do México, Alianza, 1988.

MICHELS, Robert. *Los partidos políticos:* un estudio sociológico de las tendencias oligárquicas de la democracia moderna. Buenos Aires, Amorrortu, 2017. [Ed. port.: *Para uma sociologia dos partidos políticos na democracia moderna*. Trad. José M. Justo. Lisboa, Antígona, 2001.]

MORALES, Santiago; MAGISTRIS, Gabriela (orgs.). *Niñez en movimiento*. Buenos Aires, Chirimbote/El Colectivo/Ternura Revelde, 2018.

NAVARRO, Mina Lorena. *Luchas por lo común:* antagonismo social contra el despojo capitalista de los bienes naturales en México. Cidade do México, Bajo Tierra/Buap, 2015.

OUVIÑA, Hernán; THWAITES REY, Mabel. La estatalidad latinoamericana revisitada. Reflexiones e hipótesis alrededor del problema del poder político y las transiciones. In: THWAITES REY, Mabel (org.). *El Estado en América Latina:* continuidades y rupturas. Santiago, Arcis, 2012.

_____; _____ (orgs.). *Estados en disputa:* auge y fractura del ciclo de impugnación al neoliberalismo en América Latina. Buenos Aires, El Colectivo/Clacso/Iealc, 2018.

PALERM, Ángel. *Antropología y marxismo*. Cidade do México, Nueva Imagen, 1980.

PLA, Alberto et al. *Historia del movimiento obrero*. Buenos Aires, Centro Editor de América Latina, 1985.

PEÑA, Milcíades. *Introducción al pensamiento de Marx*. Buenos Aires, El Cielo por Asalto, 2000.

POULANTZAS, Nicos. *Estado, poder y socialismo*. Cidade do México, Siglo XXI, 1979.

RAUBER, Isabel. *Revoluciones desde abajo:* gobiernos populares y cambio social en Latinoamérica. Buenos Aires, Continente, 2010.

REGALADO, Roberto (org.). *América Latina hoy:* ¿reforma o revolución? Cidade do México, Ocean Sur, 2009.

RENNA, Henry. *Sobre el ejercicio y construcción de autonomías*. Santiago, Poblar, 2014.

SADER, Emir. *El nuevo topo:* los caminos de la izquierda latinoamericana. Buenos Aires, Siglo XXI, 2009. [Ed. bras.: *A nova toupeira:* os caminhos da esquerda latino-americana. São Paulo, Boitempo, 2009.]

SÁNCHEZ VÁSQUEZ, Adolfo. *De Marx al marxismo en América Latina*. Cidade do México, Itaca, 1999.

_____. *Filosofía de la praxis*. Cidade do México, Era, 2000.

SCHRAM, Stuart; D'ENCAUSSE, Helene Carrere (orgs.). *El marxismo y el Asia*. Buenos Aires, Siglo XXI, 1974.

SEGATO, Rita Laura. *La guerra contra las mujeres*. Madri, Traficantes de Sueños, 2016.

SHIVA, Vandana; MIES, Maria. *Ecofeminismo:* teoría, crítica y perspectivas. Barcelona, Icaria, 1997.

SILVA, Ludovico. *Marx y la alienación*. Caracas, Monte Ávila, 1974.

_____. *Anti-manual para uso de marxistas, marxólogos y marxianos*. Caracas, Ipasme, 2006.

STOLOWICZ, Beatriz. El debate actual: posneoliberalismo o anticapitalismo. In: REGALADO, Roberto (org.). *América Latina hoy:* ¿reforma o revolución? Cidade do México, Ocean Sur, 2009.

TARCUS, Horacio (org.). *Diccionario biográfico de la izquierda argentina*. Buenos Aires, Emecé, 2007.

TRÓTSKI, Leon. *Nuestras tareas políticas*. Cidade do México, Juan Pablo, 1975.

_____. *Historia de la revolución rusa*. Madri, Sarpe, 1985.

_____. *La teoría de la revolución permanente*. Buenos Aires, Centro de Estudios, Investigaciones y Publicaciones "León Trotsky", 2000. [Ed. bras.: *A revolução permanente*. Trad. Herminio Sacchetta. 2. ed., São Paulo, Expressão Popular, 2007.]

TSE-TUNG, MAO. *Cinco tesis filosóficas*. Buenos Aires, Independencia, 1984.

VALDÉS GUTIÉRREZ, Gilberto. *Posneoliberalismo y movimientos antisistémicos*. Havana, Ciencias Sociales, 2009.

VAN KOL, Henri. Sobre la política colonial. In: CALWER, Richard et al. *La Segunda Internacional y el problema nacional y colonial. Segunda parte*. Cidade do México, PyP, 1978, Cuadernos de Pasado y Presente 74.

VEGA CANTOR, Renán. *Capitalismo y despojo*. Bogotá, Impresol, 2013.

VITALE, Luis. *Hacia una historia del ambiente en América Latina*. Cidade do México, Nueva Imagen, 1983.

_____. *La mitad invisible de la historia:* el protagonismo social de la mujer latinoamericana. Buenos Aires, Sudamericana, 1987.

VV. AA. *Teoría marxista del partido político*. Córdoba, PyP, 1969, Cuadernos de Pasado y Presente 12.

_____. *Debate sobre la huelga de masas. Primera parte*. Córdoba, PyP, 1975, Cuadernos de Pasado y Presente 62.

_____. *Revolución:* escuela de un sueño eterno. Buenos Aires, Cuadernos Relámpagos/Negra Mala Testa, 2018.

WRIGHT MILLS, Charles. *Los marxistas*. Cidade do México, Era, 1970. [Ed. bras.: *Os marxistas*. Trad. Waltensir Dutra. Rio de Janeiro, Zahar, 1968.]

ZAVALETA, René. *El poder dual:* problemas de la Teoría del Estado en América Latina. La Paz, Los Amigos del Libro, 1987.

_____. *El Estado en América Latina*. La Paz, Los Amigos del Libro, 1990.

ZETKIN, Clara. *La cuestión femenina y la lucha contra el reformismo*. Barcelona, Anagrama, 1976.

BREVE CRONOLOGIA
Rosa Luxemburgo

1871   5 de março. Nasce em Zamość, pequena cidade localizada no sudoeste da Polônia, então sob domínio russo. É a mais nova de cinco irmãos, filhos de Lina Löwenstein e Elias Luxemburg.

18 de março. Criação da Comuna de Paris, experiência de autogoverno popular que dura 72 dias e é brutalmente reprimida.

1873   Muda-se com a família para Varsóvia, capital da Polônia russa.

1875   Por causa de uma doença, uma de suas pernas é engessada e Rosa fica de cama durante um ano. Como consequência desse erro médico, terá uma perna mais curta, o que a obrigará a mancar por toda a vida.

1887   Aos dezesseis anos, segundo alguns biógrafos, ingressa no grupo Proletariado, organização clandestina polonesa que luta pelo socialismo.

1888   Muda-se para Zurique (Suíça) para evitar ser presa pela polícia tsarista e matricula-se na universidade que, diferentemente de instituições acadêmicas de sua região natal, aceita estudantes mulheres.

1890   Conhece Leo Jogiches, com quem militará e manterá uma relação amorosa durante quase duas décadas.

1897   Defende sua tese e obtém o doutorado em ciências políticas.

1898   Publica *O desenvolvimento industrial na Polônia*, versão revisada de sua tese de doutorado.

Casa-se com Gustav Lübeck, filho de um casal de amigos, para obter a cidadania alemã.

Conhece Clara Zetkin e as principais referências da social-democracia alemã.

1900   Publica *Reforma social ou revolução?*, livro que compila uma série de artigos contra as posições revisionistas de Eduard Bernstein.

1903   Sofre três meses de prisão por insultar publicamente o imperador alemão, Guilherme II.

180 HERNÁN OUVIÑA

1904 Participa do Congresso da Segunda Internacional em Amsterdã.

Publica o folheto "Questões de organização da social-democracia russa", polemizando com as posições ultracentralistas de Lênin.

1905 Eclode a revolução na Rússia. Surgem pela primeira vez os sovietes (conselhos).

1906 Após ser detida, e sob ameaça de ser executada, passa quatro meses na prisão por participar das revoltas populares de Varsóvia.

Depois de libertada da prisão, redige *Greve de massas, partidos e sindicatos*, livro em que esboça uma interpretação original do processo revolucionário na Rússia e reivindica a espontaneidade das massas contra a inação e a atitude conservadora de sindicatos e organizações de esquerda.

Participa do Congresso Social-Democrata de Mannheim, no qual defende sua visão da greve de massas como ferramenta de luta política.

1907 Torna-se educadora da escola de formação política do Partido Social-Democrata Alemão, onde permanecerá até 1913. Como parte da sistematização de suas aulas, elabora durante esse período o rascunho de um livro intitulado *Introdução à economia política*, que nunca chega a publicar em vida.

Instala-se em sua casa Constantin (Costia) Zetkin, filho mais novo de sua amiga e companheira de militância Clara Zetkin, com quem inicia uma relação amorosa que durará, com algumas pausas, até 1912.

É presa durante dois meses por causa de seus discursos públicos antimonárquicos e em favor da ação direta.

1910 Em razão de suas diferenças em relação à luta de massas, rompe a relação política e amistosa com Karl Kautsky, principal referência teórica da social-democracia alemã e europeia.

1913 Publica *A acumulação do capital*.

É condenada a um ano de prisão por seu ativismo antimilitarista. Ao apelar da sentença, profere diante do tribunal prussiano um discurso em que denuncia as atrocidades da guerra.

1914 Começa a Primeira Guerra Mundial. A social-democracia alemã vota no Parlamento em favor dos créditos de guerra.

Na casa de Rosa, é realizada a primeira reunião de quem se opõe ao conflito bélico interimperialista.

Inicia uma relação amorosa com Paul Levi, seu advogado, com quem depois manterá um vínculo de estreita amizade até sua morte.

1915 Fica um ano na prisão por causa de sua militância antimilitarista e contrária à guerra.

Escreve *A crise da social-democracia*, conhecido como *Brochura de Junius* em razão do pseudônimo com o qual o assina.

Redige da prisão declarações públicas e documentos contra a guerra.

É publicado o primeiro número de *Die Internationale* [A Internacional], jornal com o qual colabora e cujos 9 mil exemplares se esgotam em poucas horas.

Forma-se a Liga Spartacus.

1916 Traduz textos e redige as *Cartas de Spartacus*.

Sai da prisão em fevereiro, mas é presa novamente em 10 de julho.

Permanecerá na prisão durante o resto da guerra.

1917 Eclode a Revolução Russa.

Abril. É criado o Partido Social-Democrata Independente da Alemanha (USPD), ao qual se junta o espartaquismo, sem deixar de conservar sua autonomia e denunciar o caráter "centrista" da nova organização.

1918 Escreve na prisão o rascunho de *A Revolução Russa*.

Revolução Alemã.

8 de novembro. Rosa é solta. Vive clandestinamente em Berlim.

9 de novembro. O kaiser abdica. Cai o Império e proclama-se a República.

Dirige *A Bandeira Vermelha*, jornal oficial do espartaquismo.

Redige o programa *O que quer a Liga Spartacus?*

30 de dezembro. Fundação do Partido Comunista da Alemanha.

1919 Insurreição em Berlim.

Escreve seu último artigo, intitulado *A ordem reina em Berlim*.

15 de janeiro. É assassinada juntamente com Karl Liebknecht.

Sobre o autor

Hernán Ouviña é graduado em ciência política e doutor em ciências sociais pela Universidade de Buenos Aires (UBA), professor da Faculdade de Ciências Sociais da UBA e pesquisador do Instituto de Estudos Latino-Americanos e Caribenhos da mesma instituição, além de ensinar em diversos cursos de pós-graduação em universidades da Argentina.

Participou de diversas iniciativas de educação popular e coordenou oficinas de formação com movimentos sociais e sindicatos de base na Argentina e na América Latina. É autor e organizador de livros e materiais voltados para o pensamento crítico e a realidade latino-americana, entre eles *Zapatismo para principiantes* (2007); *Gramsci y la educación: pedagogía de la praxis y políticas culturales en América Latina* (2011); *Pedagogías críticas en América Latina: experiencias alternativas de educación popular* (2015); *Estados en disputa: auge y fractura del ciclo de impugnación al neoliberalismo en América Latina* (2018); e *Reinventar a los clásicos: las aventuras de René Zavaleta Mercado en los marxismos latinoamericanos* (2018).

Anêmonas (*Anemone coronaria*) catalogadas por
Rosa em uma das páginas do herbário que cultivou
de maio de 1913 a outubro de 1918.

Publicado em 5 de março de 2021, quando se comemoram 150 anos do nascimento de Rosa Luxemburgo, este livro foi composto em Adobe Garamond Pro, corpo 11/13,5, e impresso em papel Avena 80g/m² na gráfica Rettec para a Fundação Rosa Luxemburgo e a Boitempo, com tiragem de 4 mil exemplares.